フランス革命の代償

ルネ・セディヨ

山﨑耕一＝訳

草思社文庫

フランス革命の代償◉目次

第三章　法制上の決算　95

第四章　文化の決算　142

第五章　芸術の決算　187

第二部　経済的要因

第一章　農業の決算　240

第二章　産業の決算　279

まえがき

大革命から二世紀たって、大革命という現象を感情をはさまずに考察できるようになった。大革命を生きた人びとの子供の世代にとって革命はあまりに近すぎる出来事だったから、冷静に判断することはできなかった。彼らが革命を考えるときには、熱意か、さもなければ軽蔑を感じないではいられなかったのである。孫の世代は一種の神話を受け継ぎ、それを疑ってみようとはしなかった。バスチーユ攻略、(封建的諸権利の廃止が表明された)八月四日の晩、人権宣言などは国民の栄光ある伝統をあらわす称号となったのである。自由・平等・博愛は進歩派の「信仰箇条《クレド》」の一部をなしていた。ラ・ファイエット、ダントン、ロベスピエールらは、英雄もしくは巨人とみなされた。ボナパルトが皇帝ナポレオン一世となって、こうした偉人たちの行列の殿《しんがり》をつとめることになる。異論が唱えられたり、盲目的な崇拝が否定されることはあっても、革命は賞賛されるべきだということ自体が疑問視されることはなかった。フランス史が一七八九年から始められるようなことはないにせよ、大革命が最も賞揚されるべきエピソードであるのは間違いないと思われていた。なぜなら、大革命のおかげで、世界中がフランスに感謝しているからだ。

今日、大革命を祝うのは勝手であるが、新しい文献を読み計量的方法を遡及的に用いて、その肯定面と否定面を計ってみることも禁じられてはいない。大革命は、もはや、その全体をまとめて受け入れなければならない「ひとまとまり」とみなされる必要はないのである。伝説が一掃されたところで実態が明らかになる。全体を否定しさることもできないが、全体を誤りなきものとすることもできない。大革命には、いくつかの偉大な場面があり、偉大な登場人物がいる。と同時に、うしろめたい部分もあるのだ。崇高な面とともに、有害な面も取り上げるべきだろう。

大革命とナポレオン帝政を切り離すことができるだろうか。この二つは、人の一生の二分の一か三分の一にあたる時間のなかでつながっているのである。二つは一体のものであり、しばしば同じ人物が双方で活躍している。たとえば戦闘的なジャコバン派だったボナパルト中尉は、なりゆきの結果、ボナパルト将軍となってサン＝ロッシュ通りで王党派を制圧した。第一統領となってからはアンギアン公を誘拐し、裁判にかけ、処刑し、王党派の反乱指導者カドゥダルを捕らえて処刑した。「私は大革命という本のしおり紐にすぎない」と彼はセント＝ヘレナ島で言っている。

しかしながら皇帝ナポレオンは、軍靴をはいた大革命の体現者として、国有財産を手に入れた者の獲得分を確認し、共和暦二年の兵士たちが征服した土地を守るためにイギリスと戦いつづけただけでないこともまた確かである。君主制を再建し、帝室をたて、貴族の位を作り、諸機関を設立し、革命家たちが混乱の種をまいたところに秩序を回復させようとするとき、彼は大革命とは対立する存在であるようにもみえるのである。

大革命はテルミドールで終わるわけではないし、統領政府で終わるわけでもない。帝政は大革命の遺産であり、大革命の否定的側面をさらにひどくすることもあれば、修正することもあった。帝政は革命の論理的帰結なのである。

したがって、大革命の代償に関するこの研究では、一七八九年から一八一五年までに展開した一連の出来事全体が視野に収められることになる。この間のさまざまな出来事の歴史はたくさん書かれており、ここでまたそれを繰り返すことはしない。それが正しいか間違っているかをただすつもりもない。ここでは単に、それらの決算をしてみたいのである。もっと正確に言うなら、数字にもとづいて、人口動態、領土、法律、文化、芸術、そして農業、産業、商業、財政、社会の各分野の決算書を作成することが課題なのである。決算書を作るというのは、二つのものを秤にかけてみるということである。秤の皿に得たものと失ったもの、進歩と後退を載せて、その重さを計ってみよう。秤の竿は嘘をつかないだろう。

第一部

人的要因

第一章　人口動態の決算

平和から戦争へ

死者二〇〇万人。これが、大革命と帝政期における諸戦争でフランス一国が払った代償だったようだ。二〇〇万人のうちの大部分は若者であり、彼らは子孫を残さずに死んだのである。彼らとその子供や孫として生まれるはずだったフランス人がいなくなったことは、この時代の人口動態全体に影を落とし、人口衰退を招くことになる。

二〇〇万人というのは、史上最も死者が多かった二つの戦争、すなわち第一次世界大戦と第二次世界大戦でのフランス人の犠牲者を合わせた数にほぼ匹敵する。しかし、この犠牲者数が人口約二七〇〇万人の国民にふりかかるときには、四〇〇〇万人の国民にかかるよりずっと重大な意味を持つのである。

十八世紀のフランスはこの種の試練に耐える習慣を失っていた。ルイ十四世統治の末期から、フランスの領土は侵入を受けていなかった。フランスがおこなった戦争はすべて、国境のずっと向こうのポーランドやプロシア、あるいはカナダが戦場となった。ロレーヌとコルシカは、死者数百人というわずかの犠牲で手に入れた。さらに言えば、戦争に動員されたのはほとんどが職業軍人であり、彼らは「レースつきの軍服で」戦ったのである。たまにレースに血がつくこともないわけではなかったが。

大革命によってすべてが変わった。まず、再び外国軍の侵入を受けることになった。一七九二年からフランス国内で戦闘がおこなわれ、一八一四年と一五年の二度にわたる敵の占領まで続いた。他方で、戦争は職業軍人だけの問題ではなくなった。大量動員により、国民全員が戦闘の名誉と恐怖に参加することが求められた。ホロコーストの民主主義的進展である。

さらに悪いことに、これに内戦が重なった。そして通例にもれず、内戦は最も無慈悲なものだったのである。パリの牢獄での虐殺、諸都市の大広場でのギロチン処刑、そしてヴァンデーの殺戮もまた革命における大殺戮に関するデータのうちに数えられる。

しかしながら、最も多くの死者を出したのは、もちろん、戦場においてである。戦場においてというより、もっと正確には戦場のためにであった。兵士たちの多くは戦場で負傷し病院で死んだのである。負傷兵はそこで手当ても受けられず死に瀕することになり、しばしば壊疽《えそ》やチフスが死因となった。

とはいえ、フランスは「いかなる征服もおこなわず、いかなる国民の自由も攻撃しないことを厳粛に決意する」と一七九〇年五月二十二日の国民公会の布告《デクレ》で宣言し、一七九一年の憲法でも同じ趣旨を繰り返している（第六編第一条）のである。「ボヘミア・ハンガリー王に宣戦布告して然るべきであると宣言することを、国民議会をして決断せしめた諸要因の表明」（一七九二年四月二十二日の審議。コンドルセが本文を起草）でもこの規定を引用しているが、これはいかにも奇妙に思われる。この「表明」こそは戦争の第一幕であった。そしてこの戦争は、アミアンの和約による短い休憩（一八〇二年三月—〇三年四月）と第一次王政復古の幕間狂言（一八一四年四月—一五年三月）の二つの中断をはさんで二三年間続き、ヨーロッパを荒廃させることになる。

たしかに、大革命は当初、世界中に平和を宣言した。憲法制定議会は人類愛を実践し、戦争は暴君制から生じる当然の結果だと考えた。その平和主義は善意のものだった。どうして自由な国民がその兄弟である他の国民を攻撃できるだろうか。諸外国はこうした善意の表明を喜んで受け入れた。おかげで自分たちは自分たちなりの問題を自由に、最大限の利益をめざして解決できるのだ。

しかし博愛には博愛の義務があって、それが好戦論をもたらしうる。自然のなりゆきというものだ。アヴィニョンの教皇領が合併を求めているのだから、二つの国民が自由に合体するのを認めなければならない。それは征服ではなく、結合にすぎないのだ。同様に封建的諸権利は廃止されたのであり、それはアルザスに領地を持つドイツ人領主にも適用されるべきである。彼らに補償が必要だろうか。フランス側の主張からすれば必要ないはずだが、実際には、補償を拒んだことから開戦となる。

自分でもそれと気づかぬうちに、革命フランスは平和から戦争へと急速に移行していった。亡命貴族たちは、アンシャン・レジームを回復してみせると空威張りを繰り返し、オーストリアは当然自分たちの大義に与《くみ》するものと思っていた。このような亡命貴族の動きにたいして、ジロンド派は、再び愛国者たちの熱意をかきたてるのに機は熟したと考えた。ジロンド派の指導者ブリソとその友人たちは解放戦争――それは副次的に国内問題を一掃することになるだろう――の提唱者となった。さまざまなクラブの集会では「戦争は、今日、国に恩恵をもたらすだろう。恐れるべき唯一の災禍は戦争をしないことだ」といった発言がなされた。「戦争は必要な療治である」（『国王の友《アミ・デュ・ロワ》』一七九二年一月十五日）。『デュシェーヌ親爺』紙は「立法者ども、目をさませ。こん畜生、戦争だ。畜生め、平和が欲しかったら戦争しろ！」と叫んでいる。博愛の夢よ、さらば！　熱狂のうちに戦争遂行の票決がなされる。すなわち対オーストリア戦争であり、それは諸国王との戦争を始めるということである。抑圧された諸国民を解放し、専制君主どもを廃位しにいくのだ。

こうした熱狂は一時的なものにすぎなかった。大革命は好戦的だったにしても、帝政は、その伝説とは裏腹に、戦争は望まなかったのである。そもそもフランスは、「自然の国境」――もしくは好んでそのように考えられていたもの――に到達したからには、手に入れた領土の確保に努めるほうが理にかなっていた。ナポレオンは、中傷者が得意がって描いたような天性の征服者だったのではない。彼は、大革命がおこなった征服を確実なものにするために大革命の軍隊を引き継いだのであり、領土を守るためにのみ、それを拡大した。彼がそうせざるをえなかったのはイギリスのせいである。イギリスは対岸に強大な勢力が存在するのを許そうとはしないのである。かつてカレーがそうだったように、エスコー川河口が敵の手に落ちることがロンドンにとっては最大の脅威であった。革命の諸原則がイギリスに不都合だったわけではなく、それらがフランスとその経済を弱体化させるのに役立つものなら、喜んで支持しただろう。ヨーロッパ大陸が混乱していることをよしとするイギリスにしてみれば、統領政府と帝政がもたらした秩序はろくでもないものだった。イギリスは、「聖ジョージ軍団」〔「聖ジョージ」はイギリス貨幣の別称。イギリスがヨーロッパの同盟国に資金援助することを「聖ジョージ軍団の出撃」という〕を後ろ楯にして、危険な国フランスにたいして何度も同盟を形成した。それは、フランスがフランドル沿岸地方から撤退し、もとの六角形の国土にもどるまで繰り返されることになる。

国民の動員

四半世紀におよぶ戦争を遂行するうえで、フランスは人間の数の点ではまさっていた。それでも最も人口が多い国というだけでは十分ではなかった。農民は犂《すき》を捨て、職人は仕事場を離れ、ブルジョワは室内履きを脱いで銃や大砲をとらねばならなかった。徴兵士官によって集められた傭兵の軍隊だけでは足りなかった。武装した国は武装した国民を要求する。志願兵の募集がおこなわれた。

残念ながら志願兵はあふれるほどにはいなかった。たぶん、愛国心が足りなかったのだろう。平均的なフランス人は、昨日までは国王に忠実だったのであり（道理や愛情からというよりむしろ、習慣と忠義によってであるが）、共和国の軍隊で兵役につこうとは思わなかったのである。当時、「愛国者」とはアンシャン・レジームを拒絶し、新制度を擁護する者のことであって、「祖国」に連帯感を持つ者のことではなかった。彼らはせいぜい自分の小さな郷土、自分の住む地方、さらには自分の畑や小教区に愛着を持っていたにすぎない。国家が君主と一体視されることはなくなったが、フランス人にとってフランスという国は、自分たちとは無縁のもの、あるいは関心のないものだった。そうしたわけであるから、なぜ武装した国の軍隊に参加したりするだろうか。

「大革命は叫ぶ。義勇兵たちよ、諸君の兄弟であるすべての国民を解放するために死せよと。」詩人ラマルチーヌはこのように共和暦二年の、あの素晴らしい裸足の兵士たちを賞揚する。しかし歴史家たちは、頼まれもしないのに諸国民を解放しようと馳せ参じた者は多くなかったことを明らかにしている。

各自治体は「志願兵」の割当分を満たすよう強制された。その数は郡《ディストリクト》ごとに決められていた。くじ引きでない場合には、職責によって指名がおこなわれ、ならず者や失業者、さらには邪魔な「愛国者」が厄介払いされたのである。指名された者が自分は兵隊の仕事に向いていないと思えば、何百リーヴルかを払って別の人間と代わってもらうことができた。志願兵の取引がおこなわれたのである。

兵役志願者に関する統計は明らかではない。統計をとると、お追従ではない本物の熱狂が欠けていたことをはっきりと立証してしまうからだ。実際に軍隊に加わった人数は、各地に設けられ、志願兵の出願場所とされた「祖国の演壇」に出頭した数より確実に少ない。志願者が不足したので、新奇のテクニック、すなわち徴兵をおこなわざるをえなくなった。一七九三年に一つの布告《デクレ》が発せられ（八月二十三日）、大量動員が組織された。それは、貴族や傭兵からなる職業的軍隊とは別のものだった。国民全体が戦場で死ぬよう召集されたのである。平等主義的な大革命は、少数の者たちにゆだねられていた特権を国民に開放した。武勲や戦死が民主化されたのである。

「第一条　フランス国民は、その代表者組織を通じ、自由と憲法の擁護のため、また国土を敵から解放するため、団結して立ち上がることを宣言する。」

このテクストは、国民公会で熱狂のうちに採択され、戦争を「国有化」した。人間であれ馬であれ、食糧や武器・弾薬であれ、国のあらゆるものが政府の意のままとなった。「若者は戦場に赴く。既婚の男性は武器を作り、食糧を輸送する。女性はテントや衣服を作り、病院で奉仕する。子供たちは古布を包帯にする。老人は広場へ出て、戦士の勇気を奮い立たせ、王にたいする嫌悪と共和国への愛を説く。」

まず十八歳から二十五歳までの未婚もしくは子供がいないやもめの男性が動員された。彼らは郡の首邑《しゆゆう》に出頭し、武器と指令を受け取る。そして即日出発できるよう用意をととのえておかなければならない。二十五歳から三十歳までの世代が第二の動員対象である。彼らは国内の役務を果たすとともに、戦場に赴く準備をしていなければならない。三十歳から六十歳までの男性は、戦況の推移に応じて、議員が召集できることになっていた。

動員された者に装備、宿舎、食糧を与え、武器を製造し、農民から徴発した馬の支払いをするため、共和政府はアシニア紙幣を増発した。総動員令に対応して、すぐに紙幣発行額は最高になった（一七九三年九月二十八日の布告により、二〇億フラン）。この発券額でもじきに間に合わなくなり、二カ月後に追加発券しなければならなくなる。

こうした対価を支払って、国民公会は一七九四年におよそ一二〇万人を動員するに至る。常備の兵員が八〇万人を超すという前例のない軍隊である。

国民の動員は何の問題もなくスムーズにおこなわれたわけではない。王党側についたヴァンデー地方は言うにおよばず、あらゆる地方で、やる気のなさや頑固な拒否がしばしば見られた。たとえばフランドル地方であがった総動員にたいする不満の声も、民衆のさまざまな怒りの一事例にすぎない。ジョルジュ・ルフェーヴルは「多くの村で誰も動こうとしなかった」ことを報告している（『大革命期におけるノール県の農民』）。カンブレ郡内の自治体の多くは、当該の法律を無視しようとした。「モルベックでは女たちが群れ集まり、ついで男たちがやってきた。鉄輪《かなわ》をはめた杖や殻竿で武装し、『アリストクラート万歳、愛国者くたばれ』と叫んでいた。」似たような場面はステーンベック、メテレン、メリ、ブラリンゲン、ベンゲン、セルキュ、およびステンヴォルド郷《カントン》全域で見られた。「アズブルクにおいてさえ、四、五〇〇人の農民の一群が守備隊を攻撃した。」他所では、一〇〇ないし三〇〇リーヴルか国有財産となった土地の一片と引き換えでなければ軍隊に加わろうとしなかった。賞金を出して募兵したのである。

じきに、再度の立法化が必要となった。もはや祖国は危機になく、領土は侵犯されていなかったが、戦争は続いていたからである。重要なのは、例外的な布告にかえて確定的な法律を作り、状況に左右されない軍事機構を設立することだった。こうした目的のために一七九八年（共和暦六年）、ジュルダン法が制定された。

ジャン＝バチスト・ジュルダンはフルリュスの戦い（一七九四年）の勝利者だが、

五百人会の議員に選ばれ、募兵に関する新たな条件を制定する法案を議会に提出した。これ以後、二十歳から二十五歳までの男子は自動的に兵士とみなされ、祖国防衛の義務を負うことになった。彼らは年齢に応じて五つの階層に分類され、政府は必要に応じて、まず二十歳層を召集し、戦況の推移に従って、さらに他の四つの階層を召集することができた。平時の兵役期間は一年から五年までで、戦時には無期限となった。法律制定以前に結婚していた者、これまでの戦争で兵役についたことがある者を除いて、いかなる免除も認められなかった。しかし免除請求が続出したので、一八〇〇年からは、勉学中の者もしくは祖国に有益な勤労についている者には兵役免除を認めざるをえなくなった。こうして特免および兵役免除資格買い取りの道が開かれたのである。修正されたものの、ジュルダン法は帝政下で徴兵の憲章となる。これによって「大軍隊《グラン・ダルメー》」の中核となるフランス軍が組織され、「マリー＝ルイーズ」、すなわち徴兵を一年早める習慣ができたためにナポレオンの最後の戦役に加わることになった、軍事訓練をほとんど受けていない年少の徴募兵まで動員することができるようになったのである。

名誉の戦死

大革命および帝政期に戦場で死んだフランス人の統計に関しては、いくつか疑問を提出する余地がある。死者と負傷者を区別するのはたやすいことではないし、フランス人と同盟国の人間が入りまじっている軍隊の中で両者を区別するのも容易なことではない。民間の犠牲者と軍人の犠牲者を混同しないようにせねばならないだろう。それに、教区台帳を引き継いだばかりの戸籍台帳は、きちんとしていないこともしばしばあり、外国で戦死した軍人についてはほとんど記載されていない。つまり、ヴァルミの会戦（一七九二年）やシャンポベールの戦い（一八一四年）の戦死者は台帳にその旨の記述があるが、マレンゴの戦い（一八〇〇年）やワグラムの戦い（一八〇九年）の戦死者は記載されていないのである。

こうした条件のもとでは、統計は推定でしかありえず、その推定も研究者によって異なっている。革命期に関しては、ヴァンデーの戦いにおける恐るべき数字を含めなければ、平均的な数字として、死者四〇万（アレクサンドル・サンギネッティ『兵士の歴史』）と見積もられている。一七九三年には、無能な将軍や選挙で選ばれた隊長のせいで、最も多くの犠牲者が出ている。帝政期の戦争に関しては、一般に、七〇万と一七〇万（テーヌの見積もり）のあいだで推計が揺れている。最も小さい数字は四三万であり、最も大きなもので二六〇万である。別格はラ・ファイエットの見積もりで、彼は一八一五年六月二十一日（ワーテルローの三日後）に、皇帝に退位を求める両院合同議会の演壇で、「エジプトの砂漠からロシアの草原のあいだに斃《たお》れた三〇〇万の戦没フランス人」に言及している。この死者の水増しは、統計的な探究にもとづくというよりは弁舌の効果を求めたものであろう。こうした数値の開きは統計がいかに不正確であるかを示すものだ。人口学者のブルジョワ＝ピシャは八六万人とみており、ジャン・テュラールは一〇〇万人としている。ここではテュラールの数値を採用しよう。確認された死者四七万、帰還しなかった行方不明者五三万である。まったくの仮説にすぎないにせよ、人的損失は恐るべきものである。

戦争ごとに、あるいは戦闘ごとに損失を計算しようとするのは無駄な試みである。似たりよったりの推定値が出てくるのがおちだ。よく知られた会戦のなかには、象徴ないしは伝説として有名な戦いもあれば、実際に恐るべき犠牲を払った戦いもある。エピナルのイメージを高めたヴァルミは典型的な前者のタイプの戦闘であり、犠牲者数（八〇〇ないし九〇〇名）の二〇倍もの砲弾（二万発）が発射された。この会戦は、指揮官のケレルマンやデュムーリエよりもむしろ部隊長グリボーヴァルが率いる砲兵隊のおかげで、赤痢が蔓延していたプロシア軍に勝ったのだった。逆にジェマップの戦い（一七九二年）では、デュムーリエは損失をごまかして死者数百名としているのだが、実際にはもっと多かったのである。ボナパルト、ついでナポレオンの軍旗のもとで流血はさらに激しくなった。フランス陣営だけでも、マレンゴで六〇〇〇人、アウステルリッツで八〇〇〇人（その多くは戦闘ののちにブリュンの病院で死んだ）、アイラウで一万人——皇帝は死者二〇〇〇、負傷者六〇〇〇としか認めていないが——、エスリングで一万五〇〇〇人、ワグラムで三万人が斃れた。スペインのゲリラは執念深く、三〇万人ほどが殺された。モスクワ川では一万人ものフランス人の水死体が引き上げられ、ベレチナ川渡河の際には、行方不明者（ヴィクトルの部隊で四〇〇〇人、ウディノとネイの部隊で三〇〇〇人）を抜きにして七〇〇〇人が失われた。ロシア戦役では六五万人が動員され、五〇万人がニーメン川を渡ったが、うち一〇万人が帰還し、一〇万人が捕虜となり、三〇万人が散弾や飢餓や寒さのために斃れた。その三分の二がフランス人だった。

帝政の最後の戦役で流された血の量も似たりよったりだった。ナポレオンはメッテルニヒに「私のような人間にとって、一〇〇万人が死のうと問題ではないのだ」と言ったと伝えられる。一八一三年の戦役では約二五万人が犠牲になった。ドレスデンでは、九〇〇〇人が弾丸に当たった。ライプツィヒでは、六万人が斃れた。ワーテルローでは八時間の戦闘でおそらく二万六〇〇〇人、すなわち参戦者実数の三分の一が死んだ。

さらに、こうした悲劇的な統計には退却中に息をひきとった負傷兵、野戦病院で死んだ者、帰還後に死んだ者をつけ加えねばならない。捕虜の多くは食糧不足や虐待に耐えられなかった。彼らの統計も作らねばならないだろう。行方不明者の多くは脱走兵であるが、これも考慮に入れなければならない。

脱走はこの時期の意味深い現象の一つであり、募兵の必然的な結果だった。募兵はまだ風習になじんでおらず、フランス人には抑圧的な改革と思われたのである。脱走するより先に、彼らはまず徴兵を免れようとした。ヴァンデーの人びとのように蜂起する場合もあった。あるいは、免除規定にかなうように、急いで結婚した。ときには、前線勤務を免れるために、わざと自分の体を傷つけた。歩けないように膝に炎症を起こさせたり、火薬と弾丸の入った紙の薬包が食いちぎれないように犬歯を抜いてしまったり、銃を正しく構えられないように親指を切ったりしたのである。不具者になるにはさまざまなやり方があった。

共和暦二年にすでに、デュムーリエは二万五〇〇〇人の脱走兵を数えており、うち一五〇〇人は敵陣へ寝返ったとしている。共和暦七年、総裁政府が死に瀕していると き、七万七〇〇〇名の募兵のうち三万一〇〇〇名の若者が脱走した。帝政の晩年、栄光とともに敗北もまた見通せるようになり、召集がふえて若年層が徴発されると、脱走が伝染病のように広まった。一八一一年には一二ほどの「徴兵隊」の移動分遣隊が国内を巡回して、森や山に出没する六万人の徴兵拒否者を服従させようとしたが、拒否者たちはしばしば住民と共謀し、その協力を得ていた。ダヴーが指揮する騎兵部隊はエスコー川とエルベ川のあいだで隠れ家を探す者たちに切りかからねばならなかった。ドイツ人が彼らを迎え入れ、脱走をそそのかしたのである。一八一二年にはフランスのいくつかの都市で、とりわけ学生のあいだで反乱が企てられ、部隊の動員に抗議した。新たな移動分遣隊が反抗分子を追跡したが、捕らえることができなかったので彼らの家を占拠し、家族に課税した。

大軍隊に動員された外国人は、不服従の範を示した。クロアチア人、スイス人、ポルトガル人はまっさきに逃亡した。ポーランド人の若者も多くが、国へ帰りたいという誘惑にさからえなかった。親衛隊予備軍を除いて、すべての部隊で実兵員の目べりがみられた。ロシア戦役では、憲兵が軍隊の後方と側面を見張っていたにもかかわらず、約五万人が蒸発した。

一八一四年のフランス戦役で新たに徴募された兵士たちは、よく知っている県を通過すると、ためらうことなく隊列を離れた。皇帝が没落すると、軍隊は文字どおり解体した。人びとはそれを望んでいたし、アルトワ伯が「募兵停止！」の命令を発したからである。道路は潰走する兵でごった返した。

四半世紀におよぶ戦争のあいだに、脱走兵はときとして略奪者となり、その数は敗北とともに増加した。ユゴーの『レ・ミゼラブル』でワーテルローの戦場の場面に登場する、あのテナルディエは略奪者だった。もっと簡単に言えば、落伍者たち——負傷兵、軽傷兵、浮浪者——が大軍隊に陰気につきまとっていたのである。彼らのうち一八一三年十一月にライン川を再渡河したのは約四万人で、憲兵隊は彼らをもとの部隊に連れ戻そうとした。落伍者の多くはチフスにかかっていたが、彼らを戦争の犠牲者のなかに入れるべきかどうか、彼らにチフスをうつされて死亡した民間人を戦争の負債に数えるべきかどうかは、微妙なところである。

一七八九年から一八一五年までに、敵に斃されるか、負傷がもとで死ぬか、行方不明になるかして戦争の犠牲になったのは、全部で一四〇〇万人だったが、うち四〇〇万人は大革命における戦争の犠牲者であり、一〇〇〇万人が帝政期の戦争の犠牲者だった。最終的な決算をおこなうには、さらに恐怖政治（一七九三年七月以降）による死者とヴァンデーの死者を加算しなければならない。

亡命から斬首まで

今度は帝政期よりも革命期のほうが問題となる。統領政府（一七九九年十一月―一八〇四年五月）が虐殺期から国内安定期への過渡期となっている。一八〇四年三月のカドゥダルとアンギアン公爵の処刑は、ボナパルトがナポレオンとして帝位につくために必要とした、贖罪の生贄《いけにえ》にすぎない。

大革命は、当初、人を殺すことではなく、人に恐怖を与えることから始まった。貴族が亡命したのは民衆の騒擾を逃れるためだった。バスチーユ攻略の直後に、王妃と親しいポリニャック家や王弟のアルトワ伯が範を示した。ルイ十六世をヴェルサイユからパリへ連れ戻した一七八九年十月の「蜂起《ジュルネー》」ののちに、亡命の動きが高まった。この時期の亡命者は貴族だけではなかった。警戒心を抱く農民やブルジョワ、さらには聖職者もいたのである。イギリスに一万人、スペインに六〇〇〇人が逃れた。

アリストクラートはどこに亡命したのだろうか。当初の亡命先はトリノで、そこで彼らは反革命に関する噂を交換した。ついでコブレンツが主な亡命地となり、ここで彼らは戦いの準備をした。亡命は形を変えた脱走だった。しかし、主要な財産が土地だった時代にあっては、亡命者はわずかな資産しか持ち出せなかった。生活のために働こうという者はイギリスに向かった。サン＝カンタン侯爵はミネラルウォーターを売り、フォシニ＝リュサンジュ家は細密画の商人となった。ボーコー伯爵夫人は針仕事で抜きんでており、ラウル・ド・ラ・ノガレドはワインの売買を始めた。宿屋、医者、菓子屋、さらには売春斡旋屋や諜報員になる者がいた。シャトーブリアンは本屋の仕事をするかたわら、フランス語を教え、『キリスト教精髄』の下書きをしていた。亡命者はザクセンやロシア、さらにはアメリカにも居を構えた。ワイマール近郊で、イニャス・ド・ウェンデルはコークス精錬の実験を続けた。オデッサではアルマン・ド・リシュリュー公爵が地方総督になった。ロシアのアレクサンドル帝のもとでは、外交官となったポツォ・ディ・ボルゴが陰謀を企んだり帝の諮問に答えたりしていた。

トゥール・デュ・パン公爵夫人は、アメリカ合衆国で農場主になった。デラウェア州ウィルミントンの近くで、ピエール＝サミュエル・デュポン・ド・ヌムールは火薬工場を作った。多国籍化学企業デュポン社の始まりである。

テルミドール後、追放者の多くはフランスにもどった。偽名を記載した正規のパスポートを使うか、亡命者リストから名前を抹消してもらうかして帰国したのである。当局が甘くなったので、それは金次第だった。総裁政府（一七九五年十月―九九年十一月）は反対に、亡命者に厳しくなり、財産を没収したり処刑するといって脅したが、統領政府になると過去のいきさつは水に流そうという方向に傾いた。亡命者リストからの抹消は確認され、適用の範囲が広がった。帰国した亡命者は統領の供廻りになろうとしたり、さらには皇帝の宮廷に地位を求めたりした。

全体として何人が国を離れ、何人がもどったのだろう。一八二五年に作成が完了した亡命に関する二万五〇〇〇の文書には六万七二五〇人の家長名が記載されており、そうなれば亡命者は家族を含めて約二〇万人となる。追放者リストは九巻あり、一四万五〇〇〇人の名前を載せている。ミッシェル・ヴォヴェルは亡命者を六万人と一〇万人のあいだとみているが確定はしておらず、アメリカ人のD・グリアは一二万九〇〇〇人としている（『フランス革命期の亡命者の範囲』）。テーヌは一五万人と結論しており、この見積もりをジョルジュ・ルフェーヴルもありうる数値とみている。亡命者の数は一〇万人をかなり超える、としておこう。

　これに加えて二万五〇〇〇人が諸侯の軍隊に加わり、二万五〇〇〇人がイギリスに腰を据え、うち一万人は一七九七年になってもなおそこに留まっていた。一八一五年に帰国より永久追放を選んだ人数は、国全体の人口からみれば、無視してかまわない数である。亡命は一過性の偶発事だった。

　斬首のほうは、もとにもどせるというものではない。断頭台からもどって来る者はいないのである。虐殺は農村の大恐怖〔一七八九年七月末から八月にかけて、フランスのほぼ全土に広まった農民のパニック〕によって、またバスチーユの守備兵やパリ地方総監、パリ市総代の殺害によって一七八九年から始まった。一七九二年九月、統率力を失った政権が、修道院や牢獄にいた多くの反革命容疑者が殺されるのを放置したことで、被害者の数は増加した。アベイ牢獄で一五〇人から二〇〇人、コンシエルジュリで三〇〇人、ラフォルス牢獄で一八〇人、シャトレで二一五人、カルムで一一五人、ビセートルで二〇〇人、うち子供が三三人、ベルナルダンで七二人、サン＝フィルマン神学校で七五人……などである（フレデリック・ブリュッシュの『九月の虐殺』に近い推定値である）。サン＝ラザールとサント＝ペラジだけが被害を免れた。「九月の虐殺」を総括すると、パリの四日間だけで死者一三〇〇人である。これは単なる前哨戦にすぎない。

　恐怖政治とともに望ましくない人物を排除する合法的な形式がととのえられ、一つの統治手段となった。ロベスピエールは、自分では忘れてしまったが、憲法制定議会で死刑の廃止を提案していたのである。しかし議会は、一七八九年十月、市民にも平等に斬首刑を受ける権利があると布告するほうを選んだ。斬首刑は、それまでは貴族の特権だった。グレーヴ広場で、ついで革命広場《プラス・ド・ラ・レヴォルシオン》と転覆王座《バリエール・デュ・トロン・ランヴェルセ》の壁でギロチンがたえまなく働きつづけ、多いときには連日五、六〇人の犠牲者が荷馬車で運ばれてきた。パリでは、革命裁判所が活動を始めた一七九三年三月から、「テルミドール九日のクーデタ」でロベスピエールが没落する一七九四年七月までに、一八六二名が処刑された。テルミドール後の処刑まで含めると最終的には二六三九名が犠牲となった。斬首されたのは、アリストクラートよりも職人や小商店主のほうが多く、狂信というよりは惰性から処刑がおこなわれた。

パリのギロチン処刑に関するこの決算は、敵の手にかかった者の数と比べれば、ごくわずかだと思えるかもしれない。しかし、法廷で判決が下され、執行人の手でもたらされる死は、戦場でこうむる死とは別の意味を持つのである。

それに、パリだけが大革命の舞台だったわけではない。ヴェルサイユがすぐにパリに感応し、一七九二年九月九日には六六人の拘置者が虐殺された。地方はときとして首都より進んでいた。死刑の五二パーセントは西部で、一九パーセントは南東部で宣告された。革命熱が高く、断固として抑圧を実施している地方では、狂ったように死刑が宣告され執行されたが、しばしば、ギヨタン医師の手になるまどろっこしい器具を使うより、もっと手っ取り早い処刑手段がとられた。

反革命家がすきをうかがっているところでは、公安委員会から派遣された委員が競って撲殺にのりだした。トゥーロンは、ポール・ド・ラ・モンターニュと改名されたが、フレロンはそこで一日に二〇〇人の首を斬り落としたことを自慢した。「すでに八〇〇人のトゥーロン住民が銃殺された。共和国はそれにふさわしいやり方で復讐をとげたのだ」と、彼はこともなげに宣言している。「サン＝キュロット市民たるブルトゥス・ボナパルト」（リュシアン）は、シャン・ド・マルスの集団銃殺後、国民公会に送った声明のなかで、「年齢も性別も問わなかった」、「共和国の大砲で死ななかった者どもは、自由の剣と平等の銃剣でこま切れにした」と誇らしげに説明している。バラスはマルセイユで死刑宣告を乱発したことを自慢した。ヴォクルーズでは議会から派遣された派遣議員メニェが、反乱した村に放火したうえ、オランジュの委員会に三三二人の処刑を認めさせた。リヨンでコロ・デルボワは、一六八四人をギロチン刑もしくは銃殺刑にしたことを自らの功績のうちに数えており、ブロトー平野では六〇人の若者が大砲によって処刑された。ボルドーではタリアンが「頭の凸凹をならして背の高さを等しくし、財布に流血させて金をしぼりとる」ことにつとめた。彼の愛人テレサ・カバリュスは財布のほうを重視するようしむけたが、それは、おそらく、彼女自身の利益のためだった。カンブレでジョゼフ・ルボンは「人頭の煮込み料理」を作ってやると断言し、アラスでは、町の楽隊が『サ・イラ』を奏でるなかで斬首がおこなわれた。パリは、人民の敵を罰する地方総督たちを肯定し、奨励し、祝福した。

革命による処刑全体の統計は、当然のことながら、存在しない。当事者たちはもういないから、歴史家がこのぞっとする推計をやらねばならない。多くの人は恐怖政治下で死刑宣告を受けた者を一万七〇〇〇名、牢獄で死んだり私刑で殺された者を三万五〇〇〇名としている。六つの県では死刑宣告は下されず、三一の県では一〇名以下だった。しかし革命派と反革命派の対立が最も激しかった地方では半狂乱の状態で斬首がおこなわれた。その二八パーセントは農民、三一パーセントが職人・労働者、商人・投機人がおそらく二〇パーセント以上であるのにたいし、貴族は八ないし九パーセント、聖職者は六ないし七パーセントにすぎなかった。

処刑をおこなった者のなかには、その愛国的情熱のために自らの命を差し出すことになる者もあった。ルボンは自身もまた断頭台に上ることになるし、コロ＝デルボワはギアナに流刑となって死んだ。彼らもまた、大革命による犠牲者の列を延ばすことになる。しかしフレロンはボナパルトのもとで副県知事になったし、バラスは王政復古下で百万長者の城主となった。

それでも、パリや地方におけるこれらの処刑はすべて、刺身のつまかオードブルにすぎなかった。メイン・ディッシュはヴァンデーだった。そして、ヴァンデーの反乱全体からすると、ナントで起きたカリエによる溺殺事件ですら一都市における小さな付随的事件にしかみえないのである。

ヴァンデーでのジェノサイド

「ヴァンデーはもはや存在しない。女子供もろとも、われわれの自由の剣のもとに死んだのだ。私は彼らをサヴネの沼に葬った。子供たちを馬で踏みつぶし、女たちを虐殺したから、野盗が生まれることもない。囚人を一人でも残したと咎められるようなことはしていない。すべて処分した。……道という道は死体で埋まっている。死体が多すぎるので、何カ所かではピラミッドのように積み上げねばならなかった。」

フランソワ・ウェステルマン将軍は、自らの武勲について、こう報告している。彼の行為は国民公会の指示に沿ったものであり、公会は一七九三年八月二日の布告《デクレ》により、当該地方全体を組織的に破壊し、収穫物を含めてすべてに火を放ち、反乱者を殺戮するよう命じていた。

ジェノサイドと言わねばならないのだろうか。この言葉は一九四四年に初めて使われたもので、しかもユダヤ人の悲劇を意味するために作られた言葉である。何人かの歴史家は、この言葉があまりにも「情動的で象徴的な役割」を負わされていると考えて、今のところ、「虐殺《マサクル》」という語を用いている。ニュアンスは微妙なところである。しかし、当該住民にたいする犠牲者の比率から言えば、大革命下の西部諸州の人びとは、ヒトラー占領下のユダヤ人より多くの生命を犠牲にしたのだ。どちらの場合にも、抹殺をめざす断固たる意志が認められる。

ヴァンデーと王党派のシュアン（ふくろう党）の反乱に加わった者は、まずは、徴兵を拒否するために蜂起した。しかし同時に彼らの信仰と彼らの国王を守るためでもあった。蜂起した者たちは「字句どおりの意味で、軍の倉庫や敗れた共和国軍兵士の手から」（ミシュレ）武器を奪った。彼らは聖心《サクレクール》の名において、また「タンプルに幽閉されている幼少の王」のために、「カトリックかつ王党派の偉大なる軍隊」のなかで戦ったのである。この軍隊には銃よりも三叉のほうが多く、物資はないが闘争心はあった。指揮官たちは互いに妬みあい、無視しあい、口論が絶えなかった。

あらゆる内戦がそうであるように、苛烈な戦争であった。ときどき役割が入れ替わる奇妙な戦争でもあった。たとえば共和国軍《ブルー》がビロン公爵に率いられているときに、反乱軍《ブラン》のほうは密猟監視人ストフレや、元塩密売人コトロー、別名ジャン・シュアンに率いられていたのである。容赦ない白兵戦がおこなわれ、両軍が残酷さを競いあった。

たまに王党派の指揮官が慈悲を示すことがあっても、その行為はつとめて公にされなかった。ボンシャンは五〇〇〇人の共和国軍捕虜の命を救った。ヴァンデーに派遣されていたメルラン・ド・ティオンヴィルはその件を公安委員会に報告した。しかし彼は、「この不幸な行為は忘却の淵に沈められるべきである。国民公会にも知らせないほうがいい。野盗どもにはものを書いたり新聞を作ったりする時間はない。この一件も、他の多くの件と同様、忘れ去られるだろう」という勧告をつけ加えている。

　両陣営のあいだには力の差があった。農民たちには地の利があったが、共和国軍は組織と武器の点でまさっていた。蹂躙し尽くそうという激情の点でもまさっていた。

　バレールの報告にもとづく一七九三年十一月一日の布告。「野盗を迎え入れた都市、もしくは可能な限りの手段を用いて追い払おうとしなかった都市はすべて反乱都市として処罰され、取り壊されるであろう。」

　ルイエ准将の報告。「われわれの手に落ちる者は、捕虜であれ、負傷者であれ、入院中の病人であれ、すべて射殺する。」

「地獄の分遣隊」を指揮するテュロー将軍の命令。「武器携帯を認められた野盗は銃剣による銃殺の列に加えられる。この場合には、生娘、成人女性、子供も同様に扱う。疑わしいというだけの者でも容赦はしない。」「すべての村、折半小作地、森林、えにしだ、その他燃えるものにはすべて火を放つ。」「繰り返すが、町、村、折半小作地を焼却するのが不可欠だと私はみなしているのである。」できれば住民もろとも、ということだ。

第二分遣隊司令官がそのテュロー将軍にあてた報告。「われわれは火を放ち、かつ、われわれに武器で刃向かった者はすべて殺している。万事順調で、敵と思われる者を毎日一〇〇名以上殺している。」

第五分遣隊を指揮するネヴィの報告。「私は、いつものように、火を放ち、敵の頭を叩き割った。」

派遣議員フランカステルが公安委員会にあてた手紙。「この呪われた地方では兵火がまだ十分に使用されていない。」

派遣議員ガルニエの公安委員会あての手紙。「ブレスト軍は三〇〇〇人の女性を殺したとのことである。彼女たちは子供をポン＝ト＝ボ川に投げ込んだ。近隣一帯が死体で埋まっている。それでもなお、女たちはいなごの大軍のようにいたるところに見出される。実際に悪臭を放つ死体を見なければ、死んだ女たちが生き返ったのだと信じたくなるほどである。」

司令官ペリグオがテュローにあてた手紙。「父も母も子も、皆殺しにした。」

グリニョンが麾下の部隊にあてた命令。「この地方に多少は愛国者がいるかもしれないとは承知しているが、そんなことはどうでもよい。われわれは全員を滅ぼさねばならない。」

デュケノワの報告。「私はすべての家に火を放って燃やし尽くし、発見した住民全員の喉をかき切った。」

コルドリエの報告。「男女合わせて六〇〇名ほどを、(銃剣で銃殺するために)垣根に向かって順に並ばせた。」

オラドゥールで用いられた方法が先取りされ、しかも面白みを増すために手が加えられた。ルマンでは一七九三年十二月に、一斉射撃による銃殺がおこなわれ、子供が押しつぶされ、女性は凌辱された。サディズムの熱狂にとりつかれて、被害者の身体に薬包を挿入して火をつけた。まだ息のある女性は三叉で突き刺した。ウェステルマンは、その翌日、生存者を切り殺すために狩出しをおこなった。

ナントでは、捕虜はサヴネの牢獄に詰め込まれていたが、国民公会の派遣議員ジャン=バチスト・カリエが一〇〇人から二〇〇人のグループごとに銃殺を開始した。カリエはこのやり方がさほど迅速なものとは思わなかった。しかも積み上げられた死体から伝染病が発生した。共和国の恩恵を拒む者を排除する手間をロワール川に負わせていけない理由があるだろうか。彼は九〇人の司祭を乗せた川船をロワール川に沈めさせた。これがきっかけとなって、溺死刑というテクニックの端緒が開かれた。毎晩、牢獄で一〇〇人から二〇〇人の収容者が選び出され、船倉の奥へ放り込まれた。そして舷窓や甲板を厳重に釘づけしたあとで、船を沈めたのである。カリエはこの水死刑を「垂直的追放」と呼んだ。男女が一緒に縛られて処刑された場合には「共和主義的結婚」だった。この所業によってロワール川は「国民的水浴場」と俗称されるようになり、川に浮かんだ死体を魚や鳥がついばんだ。カリエは、子供を含む四〇〇〇から五〇〇〇人の男女を溺死させたことを鼻にかけた。しかし、これは自慢話であり、彼はさばを読んでいる。六回の溺殺で少なく見積もっても一八〇〇名が犠牲となり、うち八〇〇名が最もうまくいった溺殺だった。「共和主義的結婚」は反革命側の宣伝の産物なのかもしれない。

アンジェでは市長が遅れをとるまいとがんばった。「三日間に八〇〇人の野盗をポン・ド・セにおいて銃殺し、死体をロワール川に投げ込んだ」と彼は書いている。キブロンでは、一七九五年六月に、シュアンの乱に加わった亡命貴族が降伏を余儀なくされた。ウンベール将軍は助命を約束したが、オッシュは、国民公会の命令に忠実に法を適用した。九五二名の囚人は、サン＝タンヌ・ドレ近くのシャン・デ・マルティールで銃殺された。

これが、派遣議員エンツとフランカステルを満足させた「決定的解決」のきわだった例なのである。彼らは一七九四年四月二十一日にすでに「ヴァンデーは無人境であり、生存者は一万二〇〇〇人にも満たないと、諸兄は確信してかまわない」と書いている。カリエは自らの信条を吐露して、「フランスをわれわれのやり方で再生させられないくらいなら、墓場にしてしまったほうがましだ」と述べた。

犠牲者の数は、最も少ないもので一〇万、最高は六〇万と見積もられ、六倍もの開きがある。レイナルド・セシェ（『フランス人同士のジェノサイド』）があげている行方不明者一一万七〇〇〇という数字は、「ヴァンデーの反乱」で内戦に巻き込まれた諸県だけのものである。見積もりのなかで最も大きな六〇万という数字は人口動態学の専門家ピエール・ショーニュがあげているもので、この数字はアレクサンドル・サンギネッティの『兵士の歴史』のなかにも出てくる。彼は共和国軍《ブルー》と反乱軍《ブラン》の双方を含め、刀剣による死者、猟銃によるもの、一七七七年型の銃によるもの、病死者、焦土での餓死者、裁判ぬきの処刑、治療を受けられずに死んだ負傷者を数え上げている。内戦は冷酷なものなのである。

ここではあいだをとって四〇万人台としておこう。これには、ブルターニュとヴァンデーで戦死した叛徒、共和国軍の死者、およびノルマンディからジロンドに至る西部諸州での死者が含まれる。

この悲劇的な明細にはさらに以下のものをつけ加えなければならない。特にリヨネ、プロヴァンス、コルシカの身内同士の争いの犠牲者、白色テロの犠牲者、一七九五年のコンパニョン・ド・ジェウによるテロや一八一五年の「ヴェルデ」の頃のテロ、アヴィニョンにおけるブリュヌ元帥の暗殺やトゥルーズでのラメル将軍の暗殺の際の犠牲者である。こうしたフランス人同士の果たし合いを全部計算に入れて内戦の犠牲者を総括すると、およそ六〇万人台ということになる。

大革命期と帝政期の人的損失をもういちど足し算してみよう。一八〇〇年までの戦争における死者が四〇万人、ナポレオン戦争で一〇〇万人、内乱で六〇万人、念のためつけ加えるならさらに断頭台での死者もいる。総計二〇〇〇万人が死んだのである。

出生率の回復

「パリは一晩で、この殺戮による損失を取り戻すだろう。」一八〇七年、アイラウの戦闘が終わった晩に皇帝ナポレオンが言ったとされるこの発言は、皮肉めいたことながら、人口動態を扱う統計学者にはおなじみの真実をあらわしているのである。

実際、十八世紀におけるフランス人の出生率はかなり高く、多くの殺戮を補って余りあるものだった。「私には年に三〇万人の人的収入がある」とナポレオンは確言していた。この出生率のおかげでフランスは一七八九年にヨーロッパで最も人口の多い国になっていた。大革命前夜のフランスの人口については、二三〇〇万（カロンヌの推計）、二四八〇万（ネッケル）、二六三〇万（一七九〇年の課税委員会）、というようにさまざまな推計があるが、正しそうなのは二七〇〇万（マルチェフスキの研究）、二七五〇万（エルネスト・ラブルース）、同じく二七五〇万（国立経済統計研究所。ただし二十世紀の国境枠にもとづく）であろう。いずれにせよ、十八世紀の初め（一七〇九年には一九〇〇万人）に比べれば、かなりの数である。スペイン（一〇五〇万人）、イギリス（一〇〇〇万人）、イタリア（当時は統一国家ではないので単なる地理的区域としてであるが、一八〇〇万人）、オーストリア（二〇〇〇万人）、神聖ローマ帝国（二〇〇〇万人）を軽くしのいでいた。フランスの人口は、ロシアを含めたヨーロッパの全人口の一五パーセントを占めており、それは当時の世界の全人口のおよそ二〇分の一にあたる。

ルイ十六世統治下には、毎年九〇万から一〇〇万人の子供が生まれた。この出生数は、この国の人口を考慮に入れるなら、相当のものだった。出生率は三七パーミル（＝三・七パーセント）に迫っていたのである。二世紀たった今日（一九八〇年代後半）、フランスの出生率は当時の三分の一になっている。現在これほどの出生率は第三世界の最多産国にしか見られないであろう（インドで一九七一―八一年の平均が三六パーミル）。

しかしながら、一七七〇年ごろから、この豊かな出生率にも減退の兆しが見えていた。フランスでは、他の国々よりも先に、出産にブレーキがかかった。まるで国民の集団意識が過剰人口の弊害を防ごうとしたかのようだった。実際、可耕地の収穫率からすればフランスは人口過剰だったのである。この問題を解消するには、農業生産性を改善するか（しかし輪作技術はもっとあとにならなければ普及しない）、移民を奨励するか（しかしフランス人は祖国から離れるのを嫌った）しなければならなかっただろう。

だが、どちらも駄目なら子供を減らすしかない。結婚年齢を上げたり（しばしば女性は二十五歳、男性は三十歳で結婚した）、他のヨーロッパ諸国に一世紀先んじた避妊法によって、最初の成果があらわれた。アリストクラート層が最も熱心だった。とはいえ「村においてさえ人は自然をあざむいている」（モンチョン、一七七八年）のだった。出産にブレーキがかかったことから、せっかちな観察者は、フランスは人口が減少していると思ってしまった。モンテスキューもミラボーもそう見ていた。重農主義のチャンピオンであるフランソワ・ケネーも「人口状態」についての細ごまとした計算のなかで、この点を厳粛に肯定したものである。今日ではこの人口減少という作り話を信じる者はいない。

流行がおよばない諸州の出生率はかなり高いままだった。ブルターニュではとりわけ多産であり、農村部は全体として高い妊娠率を保っていた。一組の夫婦は、一七七〇年から八九年までの二〇年間に、平均して五・二七人の子供をもうけていた。

一七八九年以降、この伸びがくだけることはなかったものの、屈折はした。一七九〇年から一八一九年の期間に妊娠率はフランス農村部で四・四九人に下がった。それでも人口一〇〇〇人にたいして一七九一年から九五年には毎年三六人の子供が生まれており、一七九六年から一八〇〇年には約三五人、一八〇一年から〇五年までが三二人強、一八〇五年から一五年には三二人弱だった（J・C・トゥタンの『フランス経済の計量的歴史』に示された数値による)。これだけの子供が生まれれば、戦争にもかかわらず人口をふやすのに十分だったのである。そのうえ、かつては新生児四人に一人の割で死んでいたのだが、分娩法が改善されたおかげで、乳幼児の死亡率は目にみえて減少した。一八〇〇年以降は一〇〇〇人中一八〇人から一九〇人である。

粗再出産率(一〇〇人の女性から生まれる女児の数)は、統計年報によれば、やや上昇した。一八〇六年に一九七、一八一〇年に二〇〇、一八一五年に二〇四である。ほとんど毎年、九〇万人以上の子供が生まれた。一七九四年には最高を記録し(一二〇万人以上)、一七九九年にも高い数値を示した(一一〇万人)。ついでしだいに減少するようになり(一八〇一年には九六万五〇〇〇人、一八〇四年には九三万四〇〇〇人)、一八一二年と一三年にはその後退がさらにはっきりした(八八万四〇〇〇人と八九万五〇〇〇人)。このときの出生率は三〇パーミル(三パーセント)を割ったのである。しかしこの二年間が鍋底だったのであり、一八一四年には持ちなおした(九九万四〇〇〇人、出生率は三三パーミル)。というのは、一八一三年には徴兵を避けるために多くの婚姻が結ばれたからである。ここでもまた、一七九四年と同じく、戦争によって出生が増加したのである。

一般的に言って、大革命と帝政下では結婚がしやすくなった。まず、両親の同意は二十一歳以下でない限り必要がなくなった(以前は女子は二十五歳、男子は三十歳までだった）。だが、特に重要なのは、結婚すれば軍隊に行かなくてもよくなった、という点である。年間の結婚数は二二万九〇〇〇組（一八〇六―一〇年の平均）から二五万組（一八一一―一五年の平均）になった。十八世紀前半にはおよばなかったものの、婚姻率はかなり高い数値であった。一八〇一年から一〇年には一四ないし一五パーミル、一八一一年から一五年には一七パーミル以上という「爆発的」なポイントを示した。それだけの人間が兵役を逃れたのである。

『人口《ポピュラシオン》』誌がノール県の、当時人口が一〇〇〇人ちょっとの小さな村（サンジン＝アン＝ムラノワ）についておこなった調査では、結婚の再増加が示されており、それが出産の再増加へつながった。この村では一七八九年以前には年平均九組の結婚があったが、一七九〇年以降は平均するとほぼ一二組となった。年平均の出産数は、大革命以前には三四人前後だったが、一七九〇年から九九年のあいだには四〇人を超え、一八〇〇年から一五年にかけても三八人以上を保った。

モーゼル県のブーレイ町《コミユン》に関する『人口』誌の別の調査では、一七八九年までの一〇年間には年平均九組弱が結婚していたが、一七九〇年から九九年には一八組以上となり、一八〇〇年から二〇年のあいだにもなお一三組を数えた。

言うまでもなく、独身で兵隊にとられるよりは結婚して一家の父となるほうがまだましだった。共和主義的愛国心も、ナポレオンへの熱狂も、故郷の村を離れるに足るほど強いものではなかったのである。

統計調査の始まり

死亡率のほうは、少なくとも成人については、大革命以前に減少しつつあった。大規模な災厄は消滅していた。最後のペストの流行は一七二〇年にさかのぼるものであり、最後の飢饉が起こったのは一七一〇年だった。この年の「大いなる冬」には収穫物が全滅した。ぶどうの木は枯れ、果樹は凍裂し、家畜が倒れ、河川や港が凍結し、原野には狼がふえたのである。十八世紀前半の死亡率は四〇パーミル（四パーセント）だったが、一七八九年には三三パーミル（三・三パーセント）以下に下がった。

革命期のあいだ、一七九一年から九五年には三二パーミルにとどまり、食糧供出や窮乏に起因するさまざまな困難にもとりたててめげる様子はなかった。影響を受けたのはだいたいが都市民で、農業国フランス全体には無縁だったのである。死亡率は大革命中の都市において最悪となった。シャルトルの救貧院では一七九〇年に一〇名、一七九五年には一〇〇名の死者が数えられた。統領政府および帝政のもとでは、衛生観念が発達したことから、死亡率は低下した。一八〇五年までは三〇パーミル前後であり、ついで、戦死者を除けば、二七パーミル以下に下がった。これは主として種痘が普及したおかげである。一八一五年にオルレアンではすでに住民の二二パーセントが種痘を受けていたが、ガール県、ユール県、ムルト県では三パーセントだった。チフスについては、ロシアからの撤退中に感染がみられたが、ライン川からフランス側にはほとんど被害がおよばなかった。

死者が最も少なかったのは一八一〇年の七三万人であり、最も多かったのは一八一四年で、外国勢の侵入と流行病もあって八七万三〇〇〇人が死んだ。平均すると八〇万人弱である。したがって柩の数は常に揺り籠より少なく、フランスはアンシャン・レジーム下の人口増加を引き継ぎ、人口はふえつづけたのだった。

平均寿命はほとんど変化しなかった。大革命前には、二十歳までの寿命があった新生児は一〇〇〇人につき四五〇人であり、六十歳に達する者は一八〇人だった。革命の混乱後の調査（ジャン・フラスチエが実施した）によれば、オ・ラン県では二十歳まで生き延びるのは四七〇人、六十歳までだと二八〇人だった。ミュルーズの町では二十歳までが四二五人、六十歳までは一五五人だった。改善がはっきり認められるのは農村部だけだったのである。

大革命の開始から帝政の終わりまでの二五年間をふり返ってみよう。誤差の範囲は一〇パーセント以下と思われる。出生は二二五〇万人で、自然死は一八一〇万人である。外国との戦争と内戦での死者は二〇〇万人だった。死者の総計は二〇一〇万人となり、二四〇万人の出生超過となる。

一七八九年のフランスの人口は二七〇〇万人だったとするのがほぼ正しいと思われるのだが、J・C・トゥタンの計算によれば、一八〇一年には二七五〇万人、一八〇五年には二八九〇万人になっている（おそらく統領政府期の平和という幕間劇の効果である）。さらに一八一五年には二九四〇万人だった。四半世紀で九パーセントの増加である。

かなりの率ではあるが、それ以前の増加率と比較すれば減速傾向があらわれている（その前の四半世紀には一四パーセントだった）。もしも戦争によって二〇〇万人の犠牲者が出なかったならば、フランスの人口は少なくとも三一〇〇万人にはなっており、以前の人口増加率を維持したはずである。

最初の統計調査は一八〇一年におこなわれ、以後、五年おきに実施されることになった。アンシャン・レジーム下では見積もり調査にとどまっていた。行政機関は全般的な統計調査を実施するだけの要員を持っていなかったし、個人に申告を求めたり、厳格な確認をおこなうのは不作法と思われていたからである。それで、戸数を数えてそれに平均的な住人指数をかけたり、ネッケルがやったように都市や州ごとに異なる指数（二三から三〇、平均二五・七五）を出生数にかけたりするにとどまっていたのである。帝政下では行政府はより集権化され、かつ自由の尊重ということを以前ほど気にかけなくなったので、堂々と調査を敢行した。治安取り締まりのために、そしてそれ以上に徴兵の必要から、市民の数と分布をできるだけ正確に把握しておくのは大切なことだった。それに、文明国は人口統計の確立へと向かう時代だった。アメリカ合衆国は一七九〇年から、その方向へと進んでいたのである。

しかし、統計調査の手段はまだ不十分だった。一八〇六年の調査は基礎作業に手抜きがあったために不正確で、水増しされていたようである。一八一一年には正確に数え上げるよりも、前回の人口調査を生かしながら推計をおこなうにとどまった。

疑問の余地があるとはいえ、これらの統計調査のおかげで、人口変動を大規模に観察することができるようになった。国内の人の動き、人口の集中化、老齢化などである。

集中化、老齢化

集中化は確実に進んでいた。家族を中心とする伝統的なふるい習慣が守られている故郷から、かつてないほど人が出て行った。彼らは、別の生活が営める大都市、とりわけパリに行きたがったのである。

十月の蜂起で王権はヴェルサイユを離れ、首都となったパリには、あらゆる権力が集中した。ジロンド派の連邦主義とヴァンデーの反乱を壊滅させることによって、パリは地方を屈服させた。ナポレオンは自らの威光を示すことに大いに野心を燃やし、パリのために種々の大計画を立てたので、帝政の中央集権主義は首都への一点集中を定着させ、政治、行政、金融、商業、そして知的活動におけるパリの優位に拍車をかけたのである。

その結果、パリは、大革命中は亡命貴族やギロチン逃れの人びとが流出して多少は人口が減ったにせよ、その後は過度に膨張した。高賃金の魅力にひかれた者や、大都市のほうが軍務を免れやすいだろうと考える徴兵者が流入し、人口がふくれあがったのである。一七九九年のブリュメール十八日のクーデタから一八一五年のワーテルローの戦いのあいだに住民数は五五万から七〇万になった。一五年間で二七パーセントの増加である。アンシャン・レジームのときは地方が犠牲にならないよう、フランス全体の均衡を維持することがはかられたのであるが、右のような首都の成長は、十九世紀以降にフランスの全人口の五分の一を集めることになるパリの肥大化を予見させるものだった。

その結果、労働力を失う県もあった。人びとは季節的に、もしくは定住するつもりでパリに出て行ったのである。たとえばサヴォワの荷役人夫や煙突掃除、ノルマンディの石工、中央山塊《マシフ・サントラル》の石積み職人、オーヴェルニュの水運び、フランドルの織物職人などである。

すべての地方がこうした流出に悩んだといえるであろうか。農業県のなかには発展を示したところもあった。ロワレ県、ロワール＝エ＝シェール県、ソム県、シャラント県である。ランド県では農業への投資がおこなわれ、アルトワ、ピカルディ両地方では甜菜《てんさい》類の栽培が導入されて、ともに利益をあげていた。人口が増加している都市もあった。リヨン（人口一一万人で、大人口集積地としてマルセイユに追いついていた）、リール、ストラスブール、メッツ、カーンである。

しかし、衰退した地方もある。東部国境の諸州、すなわちロレーヌ、アルザス、ブルゴーニュ、フランシュ＝コンテがそうだった。いくつかの大都市、特に大陸封鎖の波を受けた港湾都市、すなわちルアン、ナント、ボルドー、マルセイユも同様だった。ブザンソン、ナンシ、アンジェ、トゥルーズでも人口は減少した。

全体として、都市化傾向は十八世紀全体を通じてあらわれていたものの、その進展は遅々たるもので、パリだけがその恩恵に浴していた。フランスは基本的には農業国で、全体の七八パーセントが農民だったのである。

戦争によって戦闘に参加するほうの性が失われたことから、フランスは女性化の傾向を示した。男性一〇〇〇人にたいし、女性は一八〇六年には一〇三四人、一八一五年には一〇五九人だった。当時、成人の場合、女性のほうが一〇〇万人も多かった。一七八五年から九〇年までに生まれた世代の女性の一四パーセントが独身を余儀なくされ、その分だけ出生が減ったのである。

大革命と帝政がもたらした社会の指導的幹部やエリート層の急激な若返りも、人口変動の一つと見るべきだろうか。一見したところ、若者は一息で老人支配の社会を吹き飛ばし、まだ髭も生えていないような新参者が権力を執ることになったのが革命の最大の刷新であるような印象を受ける。実際、オッシュは二十五歳で将軍になったし、マルソーは二十四歳だった。ボナパルトは三十五歳で皇帝になった。しかし、コンデ親王は三十年戦争の際に二十二歳でロクロワの勝利を勝ち取り、ルイ十六世は二十歳で国王になったことも忘れてはならない。君主制もまた若者の昇進をもたらしたし、ルイ十四世、ルイ十五世がともに五歳のときに王冠を戴いたように、若すぎると言えることもあったのである。

実際のところ、大革命は主に四十代の人びとがおこなったのであり、しかも当時の平均寿命は四十歳に達していなかったのである。一七八九年にミラボーは四十歳、ラ・ファイエットは三十二歳だった。ダントンは三十五歳、ロベスピエールは三十六歳で処刑台に上り、マラは五十歳で刺殺された。フーシェは四十歳で警察長官となり、タレイランは五十歳で帝室侍従長となった。最初の五人の総裁は、一七九五年に、いずれも四十代だった。すなわちバラスは四十歳、カルノーとラ・レヴェリエール＝レポは四十二歳、ルトゥルヌールは四十四歳、レウベルは四十八歳である。一七九九年にルは三人の統領のうち三十代は、ボナパルトただ一人で、カンバセレスは四十六歳、ルブランは六十四歳だった。

真に若者と呼べるのは、反対の陣営にいた。ヴァンデーの反乱の指導者シャレットは三十歳で戦争を指揮し、シュアンの乱の指導者カドゥダルは二十二歳で反逆者となった。同じくヴァンデーの指導者ロッシュジャクランは二十一歳でソミュールの勝利者となり、マラを刺殺したノルマンディ出身のシャルロット・コルデは二十五歳でギロチンにかけられた。

王政復古で、痛風病みのルイ十八世が王座につき、ほとんどが亡命生活のうちに年老いてしまった顧問官たちに囲まれることになった。そのため、革命と帝政という幕間狂言のほうは、相対的に若いというイメージがあとからつけ加わったのである。

現実には、フランスは人口構成全体が老齢化に向かっていた。J・ブルジョワ＝ピシャの計算によれば、一七七五年から一八一六年のあいだに、二十歳以下は四二・八パーセントから四一・二パーセントに下がり、六十歳以上は七・三パーセントから九・四パーセントに上昇した。十九世紀にはっきりしてくる人口の老齢化が、この時代に始まったのである。

相対的衰退

一八一五年、フランスにそれまでのつけがまわってきた。動員が解除され、数十万の男たちが路上に放り出された。ある者は軍人以外の職業を知らなかったし、他の大部分はむりやり戦争に巻き込まれた人びとで、家族のもとへ帰ることができたにしても、もとの職業につけるとは限らなかった。彼らは労働力市場に殺到することになり、結局、そのほとんどは公共の扶助に頼ることになった。

失業者や退役軍人たちは過ぎ去ったばかりの激動の四半世紀についてじっくりと思いをめぐらすことができた。彼らは回顧をし、プラスとマイナスを秤にかけた。自分たちが一大叙事詩の登場人物だったと感じていたにせよ、その叙事詩が幾多の犠牲を伴ったことを知っていたし、共和暦二年の志願兵や皇帝の近衛兵に関する美しい伝説の背後には亡命、脱走、死などがあったことも見逃さなかった。

いまだによく知られていないし、明らかにしようとする人もほとんどいないが、フランスが他の諸国と比べ、人口動態の点で、どれくらいのものを失ったのかということはいずれ歴史が明らかにするだろう。

戦争にもかかわらず人口は増加した、というだけでは十分ではない。ヨーロッパおよび世界における相対的重要性という点からすれば、フランスの人口は減少したのである。フランスはヨーロッパ大陸における優位を失った。ロシアが追い越し、オーストリアが追いついた。他の国々もフランスとの距離を縮めた。フランスの妊娠率が減少しているのと比べ、それらの諸国はより多産であり、十九世紀のあいだにフランスを追い越すことになる。人間以上の富はないとするなら、フランスは以前よりも貧しくなったのであり、将来にわたって貧しいままでありつづけるだろう。

最もしつこく、仮借なき対決相手はイギリスだった。プランタジュネット朝時代からの直接のライバルかつ恒常的脅威だったイギリスは、大革命・帝政期にはフランスから覇権を奪おうとする断固たる敵になった。

イギリスとの勢力関係は一変した。第一に人口である。一七八九年から一八一五年までにフランスの人口増加率は九パーセント、イギリスでは二三パーセントだった。出生率もドーヴァー海峡の向こう側のほうが高く（三七パーミル対三二パーミル）、死亡率は低かった（二二パーミル対二七パーミル）。一七〇〇年から一八〇〇年までに、イギリスの人口はほぼ二倍になった。アイルランドは二倍以上だった。ロンドンは人口八〇万で、まぎれもなく世界一の都市になった。イギリス人の三五パーセントは都市人口だった。

人口動態の面で、イギリスや大陸諸国に比べてフランスが相対的に衰退した責任は大革命と帝政だけにあるわけではない。しかし、それによってヨーロッパ各国との人口の差が縮まり、やがては溝ができる方向に作用したのだった。

第二章　領土の決算

アヴィニョンの再統合

本国だけを考えるならば、革命と帝政の期間にフランスの面積は変わらなかった。国土のある部分は拡大し、またある部分は切断されたが、全体ではほぼもとの形のままだった。最も恐るべき損失は海外で生じたのである。

まず受益的な側面を評価しよう。長いあいだローマ教皇領だったアヴィニョンは、最終的にフランスのもとにもどった。十三世紀にローマ教皇は、トゥルーズ伯からの戦利品としてヴナスク伯爵領（現在のヴォクルーズ県（県庁所在地、アヴィニョン）にほぼ対応する）を獲得した。カルパントラが首邑《しゆゆう》だった。十四世紀には教皇クレメンス六世が、王妃ジャンヌからアヴィニョン市を金貨八万フロリンで購入し、歴代教皇は、「大分裂」が終わるまで、そこを自分たちの居所とした。ついで、アヴィニョン市と伯爵領は教皇の世襲財産となり、教皇特使と教皇副特使が総督となった。十七世紀にはアヴィニョンは二度にわたってフランスの王座のもとに併合されるが、これはルイ十四世が教皇に圧力をかけるための駆け引きにすぎなかった。三度目の併合は十八世紀に入ってからのことで、一七六八年にこの教皇領飛び地は国王軍によって占領されたが、一七七四年に伯爵領がヴァチカンに返還された。住民たちは八五の町村もしくは小教区に区分けされていて、兵役も税金もない生活に満足していた。特殊地区には二〇〇〇人のユダヤ人が住み、商業活動に専念していた。しかし、税関がさえぎっていてもなお、新思想は町の城壁を越えて入ってきた。フリーメーソンの結社がそれを広め、ブルジョワや商人はフランスへの併合を望んだ。

一七八九年八月にはすでに反乱が生じている。教皇副特使はすぐに手詰まりになったが、オ＝コンタ地方は教皇に忠誠を示した。都市民はヴェルサイユの方式をまねた三部会の召集を要求した。多少なりとも代表制的な議会がベダリドで開かれ、フランスへの併合を要求した。その間、何人かの名士が絞首刑にされた。小規模の革命軍がカヴェイヨンを占領し、教皇副特使を追放したが、カルパントラを前にして敗北した。アヴィニョンの「勇敢なならず者」（革命派）とオ＝コンタ地方の教皇派のあいだで小ぜりあいが生じ、パリがこれに介入した。ローヌ河畔の教皇領に秩序を回復するのは、フランスの領土拡大と大革命による改革をともに実現することだった。アヴィニョンはフランスの憲法を採用し、教皇ピオ六世はこれに抗議した。

一七九〇年六月二十六日、土曜日の夕方、アヴィニョンの伯爵領の「代議員」たちが国民議会の議場に導き入れられた。彼らは「迷信と野蛮の時代に貪欲な狂信によって引き離された、フランスのもとの州」に生じている出来事を詳しく述べた意見書を朗読し、「われわれは教皇を抑えて自由を獲得したのであり、寛大な国民の腕の中に身を投じ、その統治のもとで生きるためにここに来たのである」と宣言した。

　この美辞麗句を世に広め、かつアヴィニョンの伯爵領を併合したいとパリは望んだのだが、憲法制定議会はそれを口にするのはためらった。議会は全世界に和平を宣言し、フランスは領土に関していかなる野心も持たないと声明したのではなかっただろうか。とはいえアヴィニョンの住民は自分たちの気持ちを表明し、一五万人中一〇万二〇〇〇人の賛成により、フランス王国への編入を要求したのである。一万七〇〇〇票が反対で、棄権が三万一〇〇〇票だった。憲法制定議会は態度を決め、一七九一年九月十四日に併合――「回復《レスティテュシオン》」と呼ぶほうが好まれたが――を決定した。伯爵領はドローム県とブーシュ＝デュ＝ローヌ県に分割して組み入れられ、一七九三年にはヴォクルーズ県の大部分を構成することになった。このとき、かつて伯爵領の司法官がいたところだという時代錯誤的な理由でヴァルレアがつけ加えられ、ドローム県の中に飛び地をなすことになった。

　併合の報に接して、教皇は再び抗議した。彼はアヴィニョンの所領に固執し、住民が「版図を覆す権利」を持つことを禁じた。だが数年後に教皇は力の前に屈した。フランス人民にたいして与えなかった同意を、ボナパルト将軍には認めたのである。将軍がイタリアで勝利し、その軍隊が教皇軍を一掃したからであった。

一七九七年二月十九日、トレンチノ条約が結ばれ、ピオ六世の降伏が公認された。教皇の唯一の要求は、信仰箇条に関しては譲歩しないということだった。ボナパルトはその点にはこだわらなかった。教皇がフランス共和国を承認し、共和国と和平を保つことを宣言し、かつボローニャ、フェラーラおよびロマーニャ地方とともにアヴィニョンとヴナスク伯爵領に関するすべての権利をあきらめるならば、それで十分だったのである。

しかしピオ七世がピオ六世のあとを継ぐと、武力衝突が生じた。一八一四年五月二十四日、フォンテーヌブローに流刑されていた教皇はローマにもどった。ウィーン会議では、コンサルヴィ枢機卿が教皇の名においてアヴィニョンを教皇座へ復帰させるよう要求したが無駄だった。アヴィニョンはフランスに留まったのである。

大革命と帝政の資産として、この領土の獲得はばかにならない。ヴォクルーズ県は約三五〇〇平方キロメートル、国土の〇・六パーセントにおよぶのである。

ミュルーズとモンベリアール

アヴィニョンのほかには東部国境で領土が得られた。ミュルーズとモンベリアールである。

ミュルーズは自由都市だが、ブルゴーニュ公国による侵入の脅威に悩まされたことから、スイス諸州に接近をはかり、一五一五年にはスイス一三州の同盟に加入した。一六四八年のウェストファリア条約で、アルザスはフランスの州となったが、ミュルーズはスイスの飛び地のままだった。

大革命では、当初、この都市の地位は変わらなかった。一七九八年になってやっと、地方ジャコバンの活動と総裁政府の軍隊が結びついたことで、フランスへ従属する方向に向かった。ミュルーズの併合は一七九八年四月十五日に正式に宣言された。

一一日後にはジュネーヴもフランスに加えられ、レマン県の県庁所在地となった。同年八月十九日にスイス共和国はフランス共和国と同盟条約を結び、ジュネーヴとミュルーズに関して既成事実を承認した。

一八一三年の大晦日、ナポレオン帝国が崩壊しかかっていたとき、オーストリア軍はジュネーヴを占領し、翌年九月にその地はスイス連邦にもどった。ウィーン会議ののち、一八一五年十一月二十日のパリ条約では、ジュネーヴにジェックス地方の六自治体が加えられ、非関税区域が作られた。同地域は、これ以後、関税線によってフランスから切り離されることになったのである。ここでは大革命と帝政が、国土の減少をもたらした。ジュネーヴのほうは、一七八九年の時点でフランスに属しておらず、一八一五年にもフランス領ではなかったのだから、ここでは問題ではない。問題なのは、ジェックス地方が切り取られ、パリの関税統制がおよばない非関税区域ができたということであり、これによって密輸が増加することになった。

ミュルーズはどうだったのだろう。ジュネーヴと違って、アルザスに位置していたこともあり、ここは一八一五年にもフランス領のままだった。ウィーンで和平確立に尽力した人びとは、国境を一本の線で引き、各国民が一体となり、領主制時代の遺物である飛び地が復活しないことを望んだのである。

モンベリアールについてもおそらく同じ原則が通用した。この伯爵領は、フランスの言語や文化を持ちながら、一三九七年に封建制下の姻戚関係によってドイツの手に渡った。ヴュルテンベルク公爵に嫁いだ若い花嫁の持参金代わりとなったのである。これでドゥ川とネッカー川流域、フランス領ジュラとシュヴァーベン領ジュラが結びついた。

ヴュルテンベルクの君主は宗教改革を受け入れ、家臣をカルヴァン派に改宗させた。モンベリアール地方はフランスを追われたプロテスタントの避難地となり、政治上の自由権を広範に持つことになった。都市民《ブルジョワ》は代議制をおこない、自治体当局と都市民代表《メートル・ブルジョワ》を選出した。アルザスは長く神聖ローマ帝国領であり、フランシュ＝コンテはもとスペイン領だったが、ともにフランス化していた。それらのあいだに位置していながらヴュルテンベルクの手中にあるモンベリアール伯爵領は奇妙な存在と見られていた。

一六三三年から五〇年まで、フランス軍がこの伯爵領を占領し、一六四四年には条約によりモンベリアールにたいするフランスの保護権が認められた。また一六八一年にブザンソンの法廷は、ここをフランシュ＝コンテに併合しようとした。にもかかわらず、一六九七年のライシュヴィック条約で、モンベリアールはヴュルテンベルク公爵家にもどされたのである。一七三四年から三六年まで、再びフランス軍に占領され、一七四〇年から四六年のあいだに何回か、この地方のカトリック信仰を再建するため、フランス国王が介入したが、モンベリアールの人びとが公爵から離れるには、大革命を待たねばならなかった。

一七八九年に騒乱が生じ、革命熱を少しばかり煽った。一七九〇年には領主采地《さいち》は郷《カントン》に変わった。君主のフレデリック＝ウジェーヌはヴュルテンベルクに亡命し、国民衛兵がモンベリアールを占領した。パリの議会は「封建制による奴隷のくびきをふるい落とそうと望む人民には援助と博愛」を与える約束をしたはずである。一七九三年にライン軍の指揮官キュスティーヌは、占拠を確たるものにした。公会議員がやって来て「われわれは諸君に自由をもたらしたのだ」とモンベリアールの住民に言った。「われわれはずっと前から自由だ」と彼らは大真面目に答えた。

原則に従って、市役所前広場にギロチンが設置され、単なる被課税者《アスジエテイ》となった臣民《スジエ》から二五万リーヴルの税をとりたてた。モンベリアールの都市民《ブルジョワ》はうまみのある免税特権を失ったのである。

一七九三年十月に国民公会はモンベリアールをフランスに併合する旨宣言した。ヴュルテンベルク公爵は失望して、子々孫々にわたって同地方を放棄した。モンベリアールは、共和暦二年にはオート＝ソーヌ県の一部となり、同五年にはモン＝テリブル県の、ついで同八年にはオ＝ラン県の一部となった。

一八一四年、コサック騎兵がドゥ川河畔に野営した際に、市長と町の名士たちはロシア皇帝にたいして自分たちをフランス人と認めるよう請願した。五月三十日の第一次パリ条約の一節で「統合」が規定された。十二月に下院と上院は、この古い大公国を新しいドゥ県に加える旨の法案を採択した。

一件落着である。フランスがモンベリアールを獲得したのだ。面積と人口についてみればささやかな収穫だったが、産業面では評価できるものだった。この地方にはすでに成功していた企業家一族がおり、さらに発展を続けていたのである。それはすなわちプジョー家である。

北東部国境

アヴィニョン、ミュルーズ、モンベリアール。この三点でフランスは利益を得た。一方、北東部国境では、損失が生じた。

一七八九年の時点で北東部の国境線は、北海からライン川まで、主に平野部を横切って引かれていた。地理的というより歴史の偶然によって国境線が決められていた。国境線には凸凹があり、曲がりくねっていた。隣国に突出した部分には、第一回十字軍で有名なゴドフロワ伯の故郷ブイヨンがあった。この公爵領はルイ十四世によって併合され、国王はそれをオーベルニュのラ＝トゥール家に与えた。もう一つの突出部はザールルイスで、ドイツに突き出していた。ナポレオン・ボナパルトが生まれた年に、この地で未来の元帥であるネイが呱々《ここ》の声を上げることになる。

奇妙さの最たるものとして（もっともアンシャン・レジーム下ではよくあることだったのだが）、フランス王国は、国境線の向こう側の外国の領土の中にも小さな領土を持っていた。たとえばサンブルとムーズのあいだに位置し、モボージュの国王代官区に属する四つの村、リエージュ司教領地に飛び地となっているフィリップヴィルとマリアンブール、プファルツに入り込んでいるランダウとそれに付随する村々、などである。

その代わり、フランス王国内にも小さな外国の飛び地がいくつか点在していた。たとえば、サルグミンとサルブールのあいだにあるザールウェルデン伯爵領もそうした飛び地の一つで、ロレーヌ公爵はそこを併合しようとしていたが、この伯爵領はナッサウ家に属していた。また小さなサルム大公領も神聖ローマ帝国に所属する飛び地で、そのささやかな首府スノンは十五里《リュー》南のヴォージュ渓谷にあった。

大革命のとき、人びとは封建制にもとづく飛び地の由来を気にもとめなかった。愛国者たちが要求した祖国は、こうした過去の遺物とは両立しがたいものであり、パリの中央集権論者は突飛な割拠主義とは折り合おうとしなかった。国家という概念には、気まぐれに引かれたのではない国境線、飛び地のない国土という意味も含まれていたのである。

第一段階として、当該地方の小領主や外国の領主が多少の敬意を払われつつ追放された。サルウェルデンは一七九三年にフランスに統合され、サル＝ユニオンの名でバ＝ラン県に組み入れられた。サルム大公領は、同じく一七九三年に、バ＝ラン県となり、スノンはヴォージュ郷《カントン》の首邑《しゅゆう》となった。種々の条約も、これらの併合に関しては触れなかった。

カール五世の息子フェリーペ（フランス語ではフィリップ）二世の名にちなんだフィリップヴィル、カール五世の妹マリー・フォン・ハンガリアが建設を命じたマリアンブール、ルイ十四世の意向で生まれ、ヴォーバンが要塞を築いたザールルイスは、革命軍のおかげで外国の飛び地ではなくなった。フィリップヴィルは「ヴデッド・レピュブリカン」と再命名された。同じくランダウも飛び地ではなくなった。ランダウの住民は、隣のドゥ・ポン伯爵領の住民同様、フランスへの併合を要求したのである。それらはバ＝ラン県に合併された。

一八一四年の敗北によって再び国境線が問題となった。外国勢の退去を促すため、タレイランは、少々急いで、四月二十九日に和平協定に調印し、ルイ十八世がいなかったのでアルトワ伯爵がそれを承認した。この協定は、大雑把に、一七八九年の旧国境をとりあえずは守ることを原則としていた。しかし、地位を取り戻したブルボン家はもっとうまい話を考えた。それは野心的であると同時に初《うぶ》な考えだった。野心的というのは、またもやライン川とアルプス山脈で区切られた自然の国境線という伝統的な考えを持ち出したからであり、初《うぶ》というのは、同盟国がそれに同意すると思い込んでいたからである。だがイギリスは、ベルギーがフランス領になるという話など聞きたくもなかったし、プロシアはフランスがライン地方を併合することを望んでいなかった。

国境線をめぐって討議が始まった。同盟諸国は、広大なナポレオン帝国を解体させたことで満足しており、ブルボン家の人気を落とさないよう気を遣っていた。同盟諸国はフランスが一七八九年の国境線を越えて領土を拡大し、人口を一〇〇万人ふやすことを認めた。交渉当事者は、地図の上でモブージュからジヴェのあいだにあったくぼみを解消し、国土を分断することなしにフィリップヴィルとマリアンブールをフランスのものとした。同じ線によってザールルイスもフランス領とされ、またケイシュ川の流れをたどって、ランダウがバ゠ラン県につけ加えられた。一八一四年五月三十日のパリ条約第二条は「フランス王国は一七九二年一月一日――すなわち宣戦布告の前――に存在していた様態での国境線をすべて保持する」と規定している。この本文はかなり大まかなものである。なぜならフランスに有利に修正する余地が残されていたからである。

もしこのままだったなら、パリにとってはかなりの儲けものだったといえるだろう。北東部における新しい国境と、アヴィニョン、ミュルーズ、モンベリアールの編入のおかげで、フランスの領土は拡大した。獲得した人口は所期の目標である一〇〇万人にはおよばなかったものの、六〇万人台には達した。

しかし、ナポレオンの百日天下の華々しくも向こうみずな行動が、せっかくのこの決算をだいなしにした。ワーテルローの敗北後におこなわれた国境線再検討の最終段階は、苦しいものとなった。同盟諸国は、今度は復讐と賠償を求めた。フランス人は依然として自然の国境線にこだわるのだろうか。だとしたら、それはヴォージュ、ジュラの両山脈とローヌ川ということになるだろう。アルザスはバーデン大公領に、フランス領フランドルはオランダにもどされねばならない。それが、少なくとも、ウィーン会議のプロシア代表フンボルトの要求であった。

幸い、ロシア皇帝はさほどうるさくなかった。もしルイ十八世がベリー公をアンヌ大公女と結婚させるのを認めていたら、皇帝はフランスにかなりの譲歩をしただろう。そのうえ、この皇帝の計画を提示し、そのために論じたのはコルシカ人のポツォ・ディ・ボルゴだった。彼は古い遺恨《ヴァンデッタ》からナポレオンと対立していたし、国王を王座に連れ戻したことを鼻にかけていた。ポツォはボナパルト家とは戦ったが、ブルボン家は支持していた。したがって第二次パリ条約はそれほどひどいものにはならないはずだった。

一八一四年の第一次パリ条約でフランスが得た多くの優遇点と比較すれば、たしかに、第二次パリ条約案は厳しかったといえる。総理大臣となったリシュリュー公は必死のねばり腰で討論し、細かい点でいくつかの譲歩を勝ち取った。そして、要求された七億フランの賠償金をフランスが支払うという条件で、外国軍の占領期間を三年にとどめることに成功した。予備条約は一八一五年十月二日に調印され、十一月二十日にはすべての条項について署名がなされた。

結局、フランスは、ベルギーおよびドイツの領土に関して、前年に同盟諸国が与えたものをすべて失った。オーストリア領オランダは、シメの谷を含めてフィリップヴイルとマリアンブールを手に入れ、旧ブイヨン公爵領をも取り戻した。ザール地方の国境はケイシュ川からラウテル川にもどされ、フランスが放棄したザールルイスとザールブリュッケンはプロシア領となった。ランダウはバイエルンが入手した。

後年、ザール地方が豊かな炭田となり強大な製鉄コンビナート地帯となったとき、フランスはこの損失がいかばかりのものであったかを知ることになるだろう。百日天下は高くついたのである。

ニース、モナコ、サヴォワ地方

君主制の時代には、ニースはサルディニア国王となったサヴォワ公のものだった。しかし、フランスは何回もこの地を要求し、ときには軍隊を用いて占領した。一六九一年、ついで一七〇六年にはルイ十四世によって、一七四四年にはルイ十五世によって奪取されたが、一七四八年のアーヘン条約によりサルディニア国王に返還された。

モナコ大公領は十七世紀半ばからフランスの保護下にあった。一七一五年にグリマルディ家の最後の当主は娘をノルマンディ出身のジャック・ド・マティニョンに与え、彼がグリマルディの軍隊と家名を継いだ。フランス出身者が大公となったのでフランス国王と大公国の協調関係は強化されることになる。当時、この大公国はロックブリュヌやマントンにまでおよんでいたのである。

サヴォワも同様にフランスの外で、サルディニア国王の領土の一部だったが、ブルボン家の初期の国王、すなわちアンリ四世からルイ十四世の時代にはフランスの後見下に置かれていた。当時、少なくとも二度、フランス軍がサヴォワを占領した。

これらの地方の人びとはフランス語を話し、フランス語でものを考えていた。すでに一七八九年の時点から大革命は、武力で征服するより先にその思想を輸出した。一七九二年十月にアンセルム将軍がヴァル県を通ったときには、ニースの町役人が彼に向かって、できるだけ早く町を占領して、革命派がおこなっている略奪をやめさせてくれるよう求めている。ニースはフランスに併合されて、アルプ＝マリティム県の県庁所在地となった。アルプ＝マリティム県はニース伯爵領を引き継いだものである。ボナパルトは、一七九三年には中隊長として、九四年には将軍としてニースに滞在し、一七九六年にはここをイタリア遠征の出発基地とした。

モナコも、ニースと同じく、相前後してフランスの統制下に入った。この大公国の三つの自治体はグリマルディ家を追放して共和国を形成し、ついで合邦を求めた。一七九三年二月の布告《デクレ》はここをアルプ＝マリティム県に編入し、モナコをフォール＝エルキュールと改名した。フェニキア植民市時代にメルカールの神に捧げられた神殿があったことを記念しての命名であり、ギリシア人はメルカールをヘラクレスと同一視していたのである（エルキュールはヘラクレスのフランス語読み）。

併合のシナリオはサヴォワについてもほぼ同じであった。サヴォワ人は、サルディニア家が押しつけたピエモンテ人駐屯部隊を快く思っていなかった。アルプスのこちら側とあちら側の人びとは互いに嫌いあっていたのである。一七九〇年、パリから吹いてくる反逆の風は、十分の一税の拒否という形であらわれた。モンテスキウ将軍麾下の部隊がグルノーブルからシャンベリに向けて行軍し、歓迎された。サヴォワの議会の決議を受けて、国民公会は併合を採決した。サヴォワはモン＝ブラン県となり、シャンベリが県庁所在地となった。しかし、ジャコバンに連携していた「自由の友協会」は、都市部しか押さえておらず、亡命貴族はトリノに拠点を持っていた。貴族、司祭、農民は渓谷部に拠って反抗した。サルディニア王が、一七九六年五月十五日のパリ条約でニースとサヴォワの双方を譲渡したのは、ボナパルトがあらわれ、イタリア戦役がおこなわれたからであった。

ここでもまた、一八一四年と一五年の二つのパリ条約により、四半世紀のあいだに獲得した領土が問題とされるにいたる。フォンテーヌブローのナポレオン退位ののちに、第一の条約によって、ニースとその伯爵領はサルディニア国王に、モナコはグリマルディ家にもどされた。サヴォワに関してはソロモン王式の分割がなされた。すなわちルイ十八世はサルディニア家の友人であり親属でもあるので、当地を戦利品として手に入れるのをいやがったのである。しかしタレイランは、同盟諸国が一七九〇年の国境に人口一〇〇万人分の土地をつけ加える約束をしていること、北東部国境で失ったものを考えると、ミュルーズ、モンベリアール、アヴィニョンをつけ加えてもなお帳尻が合わないことを思い出させた。不足を補うのはサヴォワである。サヴォワは二つに分けられ、アネシとシャンベリがフランスにゆだねられた。トリノの政府には、トノンとサン＝ジンゴルフを含むサヴォワ北部全域が返還された。

この場合も、百日天下後の一八一五年の条約によって、国境は一七八九年の状態にもどってしまった。今度はサヴォワ全体がサルディニア王朝に復帰した。シャンベリよ、アネシよ、さらば！　さらに、アンシャン・レジーム以来フランスが行使してきたモナコの保護権までがサルディニアにゆだねられた。

もとのもくあみである。ニースとサヴォワについては、初代ナポレオンによってもたらされた損害を取り戻すには三代目を待たなければならない。

大国家、大帝国

大革命と帝政がむさぼった領土拡大の夢は、はかなかった。消滅した君主制の遺産だった人口と武力の優位を背景とした軍事的覇権に眩惑された当時のフランス人は、少なくともその指導者層は、拡張政策をとり、フランスをヨーロッパへと押し出していった。革命家たちは大国家を作り、ナポレオンは大帝国を作った。その構築物は大きくなりすぎて自壊した。

憲法制定議会によって八三の県が作られ、国民公会は、連邦主義者の反乱を効果的に弾圧するため、二つの県（ローヌ県とロワール県）を分断したが、大国家はさらに新しく一八の県をつけ加えた。すなわち、すでに記したように、まずヴォクルーズ県、モン＝ブラン県、アルプ＝マリティム県で、それぞれ、ヴナスク伯爵領、サヴォワ、ニース伯爵領を引き継いだ。また、占領地には一五の県が作られた。モン＝テリブル県はスイスから得た。一七九五年には九つの県がベルギー、オランダ方面に作られた。リス県、エスコー県、ジェマップ県、ドゥ＝ネト県、ディル県、ムーズ＝アンフェリユール県、ウルト県、サンブル＝エ＝ムーズ県、フォレ県である。一七九八年には、四つの県がラインの左岸に作られた。サル県、ラン＝エ＝モゼル県、モン＝トネール県、ロエル県である。同じく九八年には、さらに一県がスイスに作られた。レマン県である。全部で一一三県がフランス共和国の旗のもとに集まったことになる。そして、事実上は従属共和国である二つの姉妹共和国、オランダとイタリアがあった。

革命下のフランスがこうして拡大するにつれて、自然の国境と呼ぶのにふさわしい国境を志向するのが当然のようになった。しかし国境の概念は不明確であり、自然の国境という概念も今日考えられているより恣意的だった。国家、法律、貨幣、物価、税の体系を隔てる国境という考えは、近代の発明である。封建制・君主制の時代における境界は、君主や領主、教区の意向によってもつれていたし、勅許状や免許状、慣習や条約とぶつかりあっていた。一つの村が何人もの主君を持っていたり、複数の支配者に租税を払うこともあった。「自然の」と言われる国境について見れば、それが乗り越えられない柵であることはめったになかった。河川は、国々を引き離しもするが、結びつけもするのである。ライン川もドナウ川も、蛮人がローマ帝国に侵入するのを防げなかった。山々には峠がある。カペ朝時代のフランスはピレネを越えてバルセロナに、ヴァロア朝のときにはアルプスを越えてトリノやミラノに達した。真に自然の国境と言えるのは海だった。それでもなお、イギリスにはカエサルをはじめサクソン人やノルマン人が侵入し、アングル人とノルマン人のあいだでこの島の帰属が問題となった。

大革命は、ライン川とアルプスまで境界を広げることによって、「四角い牧草地」を手に入れようとしたのだろうか。リシュリューやマザランは、そんなことを思ってもみなかったが、たしかに四角いほうが六角形よりは形がいい。しかし、国というのは幾何学の法則にもとづいて作られるのではない。憲法制定議会の議員自身が、フランスを八〇の四角形の県に分け、それぞれをきっちりと定規で引いたように郡や郷に分けるという当初の案を放棄していた。普通の規模の国であれ大国家であれ、こうした地形上の厳密さとは両立しないのである。

大帝国は、もとより「四角い牧草地」をはるかに上回った。大帝国がおこなった併合の結果、新たに二八県が創設され、県の総数は一四一になった。一八〇二年にはドワール県、セシア県、ポー県、ストゥラ県、マレンゴ県、タナロ県、一八〇五年にはモンテノット県、ジェン県、アペニン県、一八〇八年にはアルノ県、メディテラネ県、オンブロン県、一八一〇年にはサンプロン県、ティブル県、トラシメン県、一八一一年にはブーシュ=ド=レスコー県、ブーシュ=デュ=ラン県、ブーシュ=ド=ラ=ムーズ県、イセル=シュペリウール県、ズイデルゼー県、ブーシュ=ド=リセル県、フリーズ県、エムス=オクシダンタル県、リップ県、エムス=シュペリウール県、エムス=オリアンタル県、ブーシュ=デュ=ウェセル県、ブーシュ=ド=レルブ県が作られた。さらに大帝国の従属国としてライン連邦、スイス連邦、イタリア王国、ナポリ王国、スペイン王国、さらにはワルシャワ大公国とイリリア連邦があった。

この、四方に広がった領域はローマからハンブルクにまでおよび、八二〇〇万の人口を擁していたが、どれも長続きしなかった。この領域はヨーロッパを下ごしらえするものだったのだろうか。ナポレオンは、のちになって、自分を戦闘的ヨーロッパ主義者とみなさせようとした。エルバ島からの帰還に際し、帝国憲法追加条令の前文で「われわれは大ヨーロッパ連合制度を組織することを目的としていた。われわれはこの制度こそ時代の精神に合致し、文明の進歩に適合するものとして採用したのである」

と確言している。セント＝ヘレナ島で歴史を書きなおしながら、彼は伝説作りのためにポーズをとっている。ラス＝カーズに向かって彼は、もし最後まで自由にやれたら、「ヨーロッパはじきに一つの国民になっていただろう。……私はヨーロッパの大きな利益を普及させる準備をしようとしたのだ。……法令の統一、諸原則の統一、世論、感情、視点や利害の統一……通貨の一体化、立法の一体化……単一のヨーロッパ最高裁判所……」また「新しい地平」を開き、「ヨーロッパ制度の基盤ができただろう。そうしたら、どんな力、偉大さ、享楽と繁栄の展望が開けたことだろう。なんと偉大で素晴らしい光景だろう」と述べている。

これは回顧的な哀惜と夢でしかない。長く王座についているあいだ、皇帝は一度もそんなことはめざさなかった。彼にとってヨーロッパは目的ではなく手段にすぎなかった。大陸封鎖によってイギリスを意のままにするための手段である。ナポレオンは、ウィーンやベルリンについでマドリッドやモスクワへ行ったが、それは楽しみのためではなかったし、自らの栄光のためですらなかった。彼が県をふやし、諸王国を衛星国化したのは、県知事や自分の兄弟、元帥たちにしかるべき地位を見つけてやるためではなかった。彼がドイツ人、ポーランド人、スイス人、イタリア人、スペイン人、イリリア人を兵隊にとったのは、「大帝国」にふさわしい「大軍隊」を作って満足するためではなかった。彼自身、自分の作ったものがいかにはかないか、大陸を意のままにしても海洋はそうはならないこと、たった一つの敗北で自らが滅びること、世界という舞台への轟くような登場は、のちに一つの叙事詩的な思い出しか残さないことを知っていたはずである。

サン＝ドマング(ハイチ)島

大革命と帝政期における領土上の決算をしてみると、大陸では壊滅的ではなかったが、海外ではひどいものだった。

すでに君主制時代の末期に、イギリスのせいでカナダや西インドの領土を失っていたが、そのときは三つの点で慰めがあった。第一に、フランスは、ヴォルテールが茶化して言うところの「氷雪の土地」カナダにはさほどの価値を認めていなかった。第二に、西インドにはフランスの対外貿易に最も有利な部分は残っているものと考えられていた。そしてなによりも、アメリカ独立戦争でイギリスに復讐することができ、かつ、合衆国となった反乱植民地は、将来の戦い――それが軍事的なものであれ、経済的なものであれ――においては重要な同盟国になるものと思われていた。

君主制時代のフランスは、新世界における富の基本的な部分は保持していた。というのは、「カリブ海の真珠」、わけてもサン＝ドマング島をスペインと分有していたからである。サン＝ドマング島こそがあらゆる富の源泉だった。その島において、フランスは植民地貿易の四分の三をおこなっていたのである。ヴォルテールは株式投機が好きだったが、サン＝ドマングの島を守るためならカナダを一〇回でも投げ出しただろう。島では一万八〇〇〇人の白人と二万人の有色自由民が、四〇万人の奴隷を使ってインディゴや砂糖キビのプランテーションをおこなっていた。ヨーロッパの他の植民地を全部合わせても、サン＝ドマング島で生産される砂糖の半分も生産できなかった。フランスはそのうちの八分の一しか消費せず、残りはすべて輸出され、黒人奴隷貿易とともに大西洋岸諸港の富を形成していた。

大革命が勃発すると、階層間の対立関係は激化した。伝統的に、白人の富裕層は貧しい白人を軽蔑し、貧しい白人は混血を軽蔑し、混血は黒人の解放奴隷を軽蔑し、解放奴隷は奴隷を軽蔑していた。奴隷は数が多いのが頼みだった。パリの革命家たち、彼ら平等のチャンピオンたちは奴隷の味方だったのだろうか。プランテーション経営者は、本国が自分たちの利益に反する決定をするのではないかと恐れて、地方議会を組織し、自治の準備をした。アメリカの反乱の例を見て反抗の炎をかきたてられた貧しい白人と解放奴隷は、大革命の掲げるモットーを受け入れる用意ができており、プランテーション経営者に対立した。赤い帽子飾り（プランテーション経営者）と白い帽子飾り（奴隷を除くすべての人びとの政治的平等を支持する人びと）のあいだで戦いが起こった。混乱、陰謀、虐殺が生じた。

立法議会の布告《デクレ》は、自由民には市民権を与えるが奴隷には与えない、というもので、ある人びとには大胆すぎると思われ、別の人びとには臆病すぎると考えられた。奴隷たちはいっせいに蜂起し、一万人の植民者が合衆国に避難しなければならなかった。チャンスとばかりにイギリスとスペインが介入した。イギリスは島の西部に、スペインは中央部に。国民公会の派遣議員は奴隷制を廃止し、黒人をフランス側につけようとしたが、遅かった。

反抗に立ち上がった黒人は、雄弁でやり手の指導者を見出した。彼はプルターク、エピクテートス、そしてアベ・レーナルの著作を読んでいた。それが、ルーヴェルチュールとあだ名された、トゥーサン・ブレダである。彼は、ブルボン家に忠実な黒人、スペイン人、イギリス人を順に倒していった。島のただ一人の支配者になったトゥーサンは、フランスへの忠誠を表明しながらも、好ましくない分子の一掃に努め、フランス共和国から派遣された委員を送り返し、自らを総督とする憲法を採択させた。

トゥーサンは、自分が必要とした白人には保護を約束したが、彼らがサン＝ドマングに帰国しない場合は財産を没収し、解放した黒人にたいしては、粗生産の四分の一を与えるという条件でもとの所有者の土地で強制労働をするように命じ、従わない者は鞭打ち刑に処した。フランスには名目的な権威しか認めなかった。それでもトゥーサンは、半旅団単位で、フランス式の黒人軍を組織した。彼は、自らの衛兵、宮廷と宮殿、美しい衣装を持ち、自身を、後継者任命権を持った終身大統領とした。

一七九五年七月十四日のバーゼル条約は、サン＝ドマング島全体がフランスの領有地であることを承認した。だが、この領有はほとんど実質を伴っていなかった。将軍＝大統領のトゥーサン＝ルーヴェルチュールはボナパルトにたいして、「黒人の第一人者から白人の第一人者へ」と呼びかけ、憲法草案を示したが、それはフランスとの関係をまったく無視したものだった。ボナパルトは苦笑し、トゥーサンを大将に任じる一方で、サン＝ドマング島にポーリーヌの夫ルクレール将軍を派遣した。ルクレールは、この黒人独裁者が第一統領ボナパルトの意向を誤解しないように、二〇隻の軍艦、二〇隻のフリゲート艦と二万の兵員を伴ってサン＝ドマングに向かったのだった。

上陸は成功した。トゥーサンにできたのは町に火を放ち、山に逃れ、連行した白人捕虜の首を切ることだけだった。じきに彼は降伏した。称号と財産は返却されたが、特権はもどらなかった。彼は新たな反乱を準備したが、罠にはめられて逮捕された。フランスに連行され、ジュ要塞の囚人となって、間もなく死んだ。

サン＝ドマングで、ルクレールもまた死んだ。二カ月間のうちに将官二〇人と一万五〇〇〇人の兵員が黄熱病で死んだのである。トゥーサンの補佐官たちは黒人に向かって反乱を呼びかけ、占領者の喉をかき切り、再び島の支配者となった。フランス人はスペイン勢力下のいくつかの地域のみをかろうじて維持できたにすぎなかった。これにたいしてイギリス人はたえず機をうかがっており、フランスの代わりに上陸作戦を遂行して、騒動にけりをつけた。

一八一四年のパリ条約によって、フランスとスペインはこの島に関するそれぞれの権利を回復した。だが、実際上は、黒人が島の支配者だった。一時期、ある皇帝が統治し、ついで一人の王がたって、世襲貴族の称号をばらまいた。一八二五年になってやっと、フランスは賠償金と引き換えに、このかつての植民地の独立を承認する。こうして植民地の中で最も豊かな島だったサン＝ドマング島は、貧困にあえぐハイチとなるのである。

大革命がなかったらサン＝ドマング島に何が起こっていたか、と問うのは無意味なことだ。確実なのは、大革命がこの島の蜂起と分離を早めた、ということである。サン＝ドマング島の黒人は、彼らなりの流儀でパリの模範から示唆を受け、それに倣ったのである。フランス人が反旗をひるがえしたように彼らも反旗をひるがえし、言葉の意味あいはちょっと違うが、やはり自由と平等を要求したのだった。パリが虐殺をおこなったように、彼らも虐殺をし、パリと同様、独裁者＝皇帝すら生み出したのだった。滑稽なほど大革命のやり方を真似たので、結局のところ、サン＝ドマングもまたフランスと同じように、没落という代償を免れなかったのである。

カリブ海の他の島々

イギリスは、サン＝ドマング島に食指を伸ばすのは断念せざるをえなかったが、だからといって他の植民地をかすめ取るのをあきらめたわけではなかった。ブルターニュやヴァンデーの反乱を援護するために人間を送るよりも、フランスとの戦争でこうむった損害を海外で補おうとしたのである。イギリスは大陸では思いどおりにいかなかったが、海原の向こうにある島々のコレクションをふやすことはできた。それらの島々は、来るべき世紀において世界中を意のままにするための戦略上、通商上の拠点となるのである。

アンシャン・レジーム期のフランスは、アンティユ諸島にも領土を持っていた。サン＝ドマング島ほどの重要性はなかったものの、取るに足らないというわけでもなかった。マルチニック島、グアドループ島、サン＝マルタン島、サント＝リュシ島などである。アンシャン・レジームの最後の二世紀のあいだ、フランスとイギリスはアンティユの多くの小島を奪い合い、サント＝リュシ島などは一四回も領有主が代わったのである。大革命と帝政は島の領有をめぐる紛争を再燃させ、制海権を持つイギリスが再びカリブ諸島の大半を征服する手段を提供した。敵対関係に区切りをつける条約――一八〇二年のアミアンの和約、一八一四年と一五年のパリ条約――は武力による既成事実を追認したり取り消したりした。

グアドループでは、支配者の交替は日常茶飯事だった。立法議会から急派された総督は、一七九四年にイギリス人が数日で島を占領するのを防げなかった。ついで、やる気満々のヴィクトール・ユーグがやって来た。公安委員会が、一艦隊、一〇〇〇人以上の兵員と全権を付与して派遣したのだった。彼は布告《デクレ》を発して奴隷を解放し、彼らを兵籍簿に登録し、イギリス人を追い払い、その勢いにのってサント＝リュシ島、サン＝トゥスタッシュ島、サン＝マルタン島を解放し、敵国艦隊を組織的に略奪し、白人の大プランテーション経営者を虐殺した。国民公会に呼び戻されるにあたって、彼は島を黒人の手にゆだねた。第一統領ボナパルトは、秩序を回復し奴隷制を再建した（植民地生まれのジョゼフィーヌにとっては奴隷制は当たり前だった）。しかし、イギリスは常に機をうかがっていた。彼らはまず、グアドループの端にある二つの小島、マリ＝ギャラント島とデジラド島を占領し、ついで一八一〇年一月にグアドループ島に上陸し、再びそこを占領した。

一八一四年の条約は、島をフランスに返還することを明記していたが、一八一五年の百日天下の際にはイギリスが再び島を取った。第二次パリ条約によって、グアドループはフランスにもどされ、フランス人は一八一六年に入植を再開した。

マルチニック島でも同様の行き来や波瀾があった。大革命のときには、この島は王党派の拠点となり、蜂起委員会を打ち破ろうとした。イギリスは一七九四年に両者の争いから漁夫の利を占め、一八〇二年まで居座ったが、アミアンの和約でフランスが主権を回復した。その間、イギリスの保護下にあったマルチニック島では、グアドループのように革命の布告が奴隷制を廃止することはなかった。

アミアンの和約が破れると、イギリスはディアマン岩山にたてこもり、一八〇九年には島全体を取り戻したものの、名目上は一八一四年、実質的には一八一五年以後、再びフランス領となった。

百日天下という挿話のあと、最終的な条約が結ばれて大革命と帝政期の戦争にピリオドが打たれ、フランスはアンティユ諸島の旧植民地を取り戻した。ただし、トバコ島とサント＝リュシ島は別で、イギリスはこれを手放さなかった。もっともトバコ島は、隣のトリニダード島とともに、一七八三年から九三年までの一〇年間、ちょうど砂糖キビを植えつけるあいだだけしかフランスのものではなかったのである。サント＝リュシは、マルチニック島の南にある島で、長いあいだイギリスとフランスが領有権を争ったのであるが、一八〇三年以降はイギリスが手放そうとしなかった。

サン＝ドマング島を失ったのは取り返しのつかないことだったにせよ、アンティユ諸島で展開した戦いは、結局のところ、大きな損害なしに終わった。

ギアナ、カナダ、ルイジアナ

王政下のフランスは、アメリカ大陸にも進出していなかったわけではない。ギアナは、十七世紀に植民地化され、国民公会のもとでは流刑地となった。一八〇九年にイギリスとポルトガルの艦隊に攻撃され、隣国ブラジルの宗主ポルトガルが一八一七年まで支配した。この地もまた、パリ条約により、再びフランスの領土となった。

一七六三年以降、カナダはフランス領ではなくなったが、大革命のときまで、低地カナダのケベック住民は、失われた祖国にノスタルジーを抱いていた。けれどもパリの革命家たちがカトリック教会にたいして取った態度が、法的に分離していた彼らの気持ちまでも引き離してしまった。反教権的なフランスなど、悪魔にとりつかれたとしか思われなかったのだ。

サン＝ピエール＝エ＝ミクロン諸島はフランス領だったが、一七九三年から一八一四年までイギリス人が居座った。フランス人は全員追放されたので、ラロッシェルやベル＝イルに避難し、一八一六年までもどらなかった。一八一四年五月三十日のパリ条約の第一三条は、ニューファンドランドの浅瀬と沿岸、およびセント＝ローレンス湾における漁業権をフランスに返還した。

統領政府がルイジアナを取り戻していたなら、フランスに利益をもたらしていたことだろう。ミシシッピー流域の大部分を含むこの広大な土地は、ローのシステム

〔ローはスコットランド出身の金融家。一七一六年にミシシッピー開発会社をパリに設立し、株式制度と信用紙幣制度（＝ローのシステム）を導入した。一七二〇年に破産して、フランスに大恐慌を引き起こした〕がうまくいっていた摂政時代には希望の地だったが、本国のフランス人やアカディア地方から追われてきたフランス人によって、どうにかこうにか植民地化されたものの、あまりぱっとせず、一七六二年にパリはミシシッピー右岸を同盟国スペインに譲ってしまい、一七六三年にはイギリスが左岸を奪取した。アメリカは独立を達成すると、一七九五年にミシシッピー川とその河口部の自由航行権を手に入れた。しかし、一八〇二年に彼らは、スペインがトスカナ地方と引き換えにルイジアナをフランスに再譲渡したことを知ったのである。成立直後の合衆国はいきり立った。国力を回復した統領制下のフランスと隣り合わせになるのは、没落しつつあるスペインと隣り合わせるよりも明らかに危険が多いのではないだろうか。ミシシッピー川での通商の自由は守られるだろうか。この川を利用してルイジアナとカナダを再び結びつけるようタレイランが第一統領ボナパルトに勧めるのではないだろうか。ルクレールのサン＝ドマング遠征はフランスが再び新大陸への野心を燃やし始めたことのあらわれではないのか。ジェファーソン大統領はボナパルトとの交渉を企んだ。大統領のほうは、イギリスと接近することを望んでいるようなふりをし、一方、第一統領は、アミアンの和約が破れる寸前にあって、海外の領地を守るのは難しいことをわきまえていたので、交渉は実現した。ジェファーソンは、ニューオリンズと引き換えに五〇〇〇万フランを提供しようと申し出た。タレイランは「なぜニューオリンズだけなのですか。なぜルイジアナ全体を望まないのですか」と応じた。話はついた。八〇〇〇万フラン（まさに生まれたばかりのフラン）で、合衆国はその国土を二倍にし、一大領土を手にしたのだった。フランスは新大陸への最後の足がかりを失った。

八〇〇〇万フランである。ボナパルトはルイジアナを二束三文で叩き売った、というのは言いすぎだろう。これはかなりの額である。合衆国にとっては借入金の四分の三に達する額であり、第一統領にとっては、イギリス上陸作戦のために計画した特別軍備を賄うに足るものだった。八〇〇〇万フランの要求額のうち、二〇〇〇万はそれまでの紛争中に不当に押収されていたアメリカの貿易品の補償に充てられた。合衆国政府は残りの六〇〇〇万を年賦払いで払うのだが、オランダ商社が六〇〇〇万を割り引いてフランス国庫に先払いした。

アメリカの経済学者は、八〇〇〇万フランを一五〇〇万ドルと換算している。これは純金二三トンから二四トンにあたり、ルイジアナ譲渡に関する仏米条約の数日後に設立されたフランス銀行が保有する本位金属（金と銀）の一〇倍に相当する。おそらくボナパルトは、海外領地を維持する負担の軽減とイギリス上陸という二つの政策目標を追いながら、さらには、フランの価値を支える任を負った新生フランス銀行を安定させるというもくろみもあって、アメリカのフランス領土を売り払ったのだろう。

しかし、金は費消されるが、土地は手に入れた者のもとに残る。フランスは一八一五年以降、ギアナ、カナダ、ルイジアナのうち、スリナム（オランダ領ギアナ）とブラジルのあいだに挟まれた南米の小さな植民地ギアナしか保持できなかった。そこは、新たな秩序が回復されるまでの流刑地としてはうってつけの場所だった。

インド洋にて

大革命前夜のフランスはインドに五カ所の商館を持ち、この香料と綿花の国との接触を保っていた。ベンガル地方のシャンデルナゴル、東岸のヤナオン、ポンディシェリ、カーリカール、マラバル海岸のマエである。インド会社は、とりわけポンディシェリにすぐれた陣地を持ち、インドの文物に魅了されたイギリス、ポルトガル、オランダに対抗して、陰謀をめぐらしたり通商をおこなったりするのに都合のいい位置を占めていた。

一七九三年、イギリスは大革命およびフランスとの紛争がもたらした好機にとびつき、守備の手薄な商館に手を下した。アミアンの和約でもこれらの商館を名目的に返還したにすぎず、地理的に離れているのをいいことに、帝政のあいだずっと居座った。

その間、ナポレオンは種々の見果てぬ夢を抱いていた。一八〇〇年にはロシアと協働してインドに侵入することを、一八〇五年にはボンベイとゴアのあいだのマラータ地方に遠征部隊を上陸させることを考えた。一八〇七年にはイランを通ってアレクサンダー大王の長征を再現することを夢見た。そうした計画は常に、イギリスとインドへの道の双方を狙ったものであり、エジプト遠征の変形だった。

だが、現実はもっと月並みだった。問題に決着がつけられたのは、ヨーロッパおよびフランスにおいてだったのである。一八一四年のパリ条約が商館の運命を決めた。同条約はまた、喜望峰からベンガル湾までの航路上に点在する島々の運命を決めた。

航路の最初に位置する島で、しかも最大の島だったのは、ドーフィン島とも呼ばれたのちのマダガスカル島である。十七世紀にはノルマンディの水夫がこの島に定住したが、長続きしなかった。ルイ十四世は島の併合を決めたが、机上の空論にすぎず、実際には、島のなかで諸部族が相対立しており、海岸一帯は海賊の隠れ家となっていた。一八一一年にイギリス艦隊がタマタヴ沖に停泊し、フランス人シルヴァン・ルーがサント＝マリ島や東海岸に作ったいくつかの屯所を放棄させた。

インド航路の別の道しるべとなっていたのは、マダガスカルの東にある火山列島マスカレーニュ、すなわち、ブルボン島（現、レユニオン島）、フランス島（現、モーリシャス島）、ロドリグ島（現、ロドリゲス島）である。ブルボン島は無人島だったが、フランス東インド会社の寄港地となり、コーヒー栽培、ついで香料栽培のために植民され、大革命のときに島の名前と持ち主が変わる。一七九三年に「集結《レユニオン》」という風変わりな名前をつけられたが、これは一七九二年八月十日の流血の蜂起の日にマルセイユの革命家と国民衛兵が「集結」したことを記念してつけられたものである。ついでボナパルト島と命名されるが、一八一〇年にはイギリスに征服された。

隣のフランス島は、ポルトガル人によって発見され、ついでオランダが占領した。彼らは総督であるナッサウ家のマウリッツにちなんでマウリッツ島と命名した。一七一〇年にオランダはこの島を放棄し、その後しばらくは海賊の避難所となっていたが、十八世紀にインド会社が入手して、フランス島と命名した。総裁政府にたいする反乱が起きて奴隷制の廃止を唱えたが、統領政府が事態を収拾し、一八一〇年には島はイギリスによる封鎖を受けた。二万三〇〇〇のイギリス兵が島に上陸して、ドカン将軍麾下の四〇〇〇人のフランス人を打ち破った。

フランス島のささやかな付属物であるロドリグ島も同じ運命をたどった。やはりポルトガル人が発見し、プロテスタントのフランス人入植者に占領されたが、一八〇九年にはイギリスの手に落ちた。

インド航路の最後に位置するのはセイシェル群島である。これらの島々は中世のアラビア商人たちには知られていたが、十八世紀にマエ・ド・ラ・ブルドネによって再発見され、その主島には彼の名がつけられた。群島全体の名は海軍大臣モロー・ド・セイシェルにちなんでいる。若干の兵士と一〇〇人ほどの入植者、それに彼らが連れてきたおよそ五〇〇〇人の奴隷によって、植民が開始された。大革命になると、パリが防衛手段を持たない遠隔地についてのこれまでどおりのシナリオが展開された。一七九四年にイギリス艦隊が少人数の守備隊を降伏させた。しかし、イギリスの占領は一八一〇年までしか続かなかった。

一八一四年五月三十日のパリ条約――いつでもこの条約である――が、これらインド洋諸島の処遇を規定し、フランスは賠償金を払った。そして一八一五年の条約もこれらの点すべてを確認した。ロンドンを代表して交渉にあたったキャッスルレイは、インド航路はイギリスのコントロール下に置かれなければならないという点で断固たる態度を示した。フランスがインド大陸に五つの商館を持つことを認めたものの、それらを要塞化することはいっさい禁じた。また、レユニオン島を返したものの、フランス島を要求し、島はインド洋の要塞、モーリシャス島となる。フランス語圏のロドリグ島とセイシェル群島も同様だった。これらの宝をフランスが取り戻すことは、もはやないであろう。

イギリスは喜望峰を手放さず、オーストラリアにも足がかりを得たので、インド洋は今や「イギリスの池」となった。

一八一五年の状態を一七八九年と比較し、その間の偶発的な変化を無視して、国内と海外における領土面での収支をふり返ってみよう。

獲得したのは、アヴィニョン、ミュルーズ、モンベリアール、サルム、サル＝ユニオンである。

失ったのは、ジェックス地方の一部、フィリップヴィル、マリアンブール、ザールルイス、ザールブリュッケン、ランダウ、およびサン＝ドマング島、フランス島、ロドリグ島、セイシェル群島である。

本国についてはやや入超だが、海洋上においては無残なほど損失が大きかった。

第三章　法制上の決算

権力の危機

大革命とは、神権にもとづく君主制から人民の同意に基礎を置く体制へ移行しようとする大政変であったことをきちんと認識しておこう。要するにフランス国民は、八〇〇年来、国民の運命を左右してきたカペ家の統治に終止符を打つことにしたのだ。王座は、カペ家直系からヴァロワ家、ブルボン家へと受け継がれた。トラブルが生じることもあれば、すんなり継承されることもあったが、ともあれ、何世紀かのうちに息子が父の跡を継ぐという原則が立てられ、それに従って合法的な後継者に引き継がれてきたのである。百年戦争の際に、サリカ法と呼ばれる法が大義名分の必要から導入され、ヴァロワ家がプランタジュネット家とランカスター家に勝利を収めたという、ただそれだけのことで効力を持つようになり、これがその後の原則を措定し、王位にまつわる競合関係を排除する理論的基盤となった。ローマ帝国は継承規定を欠いたがために滅びた。フランス王国は規定を課するのに成功した。たしかに恣意的な規定ではあったが、明快であり、それゆえ効果的だったのである。

この規定にも、しかしながら、弱点があった。君主が不在のとき、とりわけ後継者が未成年の場合には、摂政制がおこなわれ、これが権力を弱体化させたのである。女性や王族、諮問会議が摂政にあたるときには野心家が力をふるい、動揺が生じた。

一七八九年はまさに、野心家たちが君主制にたいする復讐にのりだしたのだ。その野心家たちとは、封建貴族の子孫や、最上位の裁判所で、司法権の中心であると同時に、立法権、行政権としての機能も併せ持つ高等法院の法官たちであった。前者はリシュリューに屈服させられ、フロンドの乱で反抗し、摂政時代には自分たちの時が来たと信じた。後者はルイ十五世の大臣たちに屈服させられた。前者は、貴族の革命にとりかかろうとしていたオルレアン公、タレイラン、ミラボー、ラ・ファイエットのような人びとであり、後者はブルジョワの革命にとりかかろうとしていたダントン、ロベスピエール、あるいはタリアンのような人びとである。

これにたいして、国王は最初からあらゆる妥協を甘受する気でいた。ルイ十六世は、父祖たちと違って、自分の仕事が好きではなかった。彼は幾何学者とか錠前師、狩猟隊長には向いていたのだろうが、君主らしいところは全くなかった。ヴェルサイユでもテュイルリでも、あらゆる状況に譲歩し、意志の堅固さを見せたのは断頭台を前にしたときだけだった。

ある一族の主権を、どうやったら人民の主権に切り替えることができるだろう。一族は一人の家長に体現されるわけだが、人民は何に体現されるのだろうか。代表者の議会だろうか。誰がそれを任命するのだろう。その権力はどのようなものだろう。こうした問題は熟慮を要する。フランス人は二五年にわたって、これらの疑問にたいする正しい答えを求めたのであり、その後もずっと求めつづけているのである。

三部会は六五日間続いた。憲法制定議会は二六カ月、立法議会は一一カ月弱、国民公会は、ジロンド派、モンターニュ派、ついでテルミドール派が順に支配しながら三年間続き、総裁政府は四年強、統領政府は四年半、帝政がほぼ一〇年、第一次王政復古は一年弱、エルバ島脱出後の帝政が一〇〇日である。駆け足の歴史である。

その間、フランスは少なくとも八つの体制を順ぐりに経験した。まず君主制であるが、第三身分の集会が国民議会を名のるようになってからは絶対王政とは言えないであろう。ついで立憲君主制が、一七九二年八月十日の蜂起と王の投獄まで続いた。そのあとが一七九三年の憲法で、これは平民的ではあったが実施されなかった。さらに、共和暦三年の憲法、共和暦八年の憲法が続き、後者は共和暦十年に二回修正された。ついで共和暦十二年の憲法、一八一四年の憲章、一八一五年の帝国憲法追加条令と続いた。その後、十九世紀には、革命と帝政によって政治体制が寸断されるという歴史が受け継がれ、二度の王政、一度の帝政、二度の共和制を経ながら長期的に安定した体制という見果てぬ夢を追い求めることになるのである。まるで、不変の諸制度に慣れていたのが長すぎたことでおのれを罰するかのように、フランスはその後、久しく不安定な状態に陥った。

それまで八世紀のあいだ、フランスは成文憲法なしですませてきた。王国基本法と呼ばれていたのは、慣習によって制度化されたわずかな規範を漠然と寄せ集めたものにすぎなかった。それが突如として法曹はペンをとり、政治家は演説を始めたのである。穏やかな経験主義のあとを継いだ計画立案者たちは、あらゆる物事に関して法律を定めようと、熱狂的に草案を作り、演説した。旧慣を一掃し、自らが追い求めるものに陶酔しながら、新世界を創造することに全力を傾けたのだ。しかし、現実に接してみると、永続をめざして作ったはずの自分たちの創造物がいかにはかないかを、彼らは悟らざるをえなかった。

彼らが覆した君主制が古めかしかったのは、おそらく、あまりに長く続いたせいである。それに代わって作られ、近代の要求に適合すると思われた諸制度は、時間の試練に耐えなかった。それも、何世紀という時間ではなく、何年とか何カ月、ときには何日という長さの時間に、である。

立法権、執行権、行政権

革命期の議会が、まず直面した問題は、国王とその諮問官が不在の場合、どのような組織、もしくはどのような市民が、執行権や立法権、さらには司法権や、場合によっては、軍事権、貨幣鋳造権、財政権等々を行使するのだろうかということである。モンテスキューは国家においては、「立法権、万民法に関する事柄の執行権、および市民法に関する事柄の執行権」を区別し、それらを分離するよう勧めている。

君主制のもとでは、国王が執行権、立法権、および、ときとしては司法権を一身に体現していた。大革命によって、立法権が万能になった。議会制度がたてられ、すべての権力はそこから発することになった。講和を決め、宣戦を布告し、公共支出とアシニア紙幣の発行を採択し、君主を裁判するのは議会なのである。しかし、誰が議員を選び、誰が選ばれるのだろう。普通選挙はおこなわれなかった。一七九一年憲法によれば、選挙は間接的（二段階選挙）であり、制限的（収入に応じる）であった。一七九五年憲法では、選挙権を持つのは、読み書きができ、職業についている者だけだった。一七九九年憲法では、選挙人は市町村での信任名簿を作成することしかできなかった。これにもとづいて県の名簿が作られ、それが国の名簿の基礎となった。そして、この国の名簿から議会ができるのである。こうして各段階で選挙民は純化され、民衆から離れていく。主権者は少数派なのである。

三部会議員を選ぶ際に、すでにして、第一次選挙集会〔当時の選挙は、集会を開いて、その席上、順に投票した〕に参加した選挙人は二五〇万人にすぎなかった。フランス人一〇人に一人弱の割合である。第二次選挙集会では二万五〇〇〇人で、一〇〇〇人に一人だった。

立法議会の議員を選ぶのは選挙人ではなく、「能動的」市民だった。すなわち二十五歳以上の男子で、少なくとも三日分の労賃と同額の直接税を納め、市民の宣誓をすませていて、奉公人ではない者である。投票はやはり二段階のままで、憲法によれば、大都市での第二次選挙集会の選挙人資格は二〇〇日分の労賃以上の額を納税した者に限られていた。バルナーヴは、この点を正当化して、「社会秩序の保持にかなり緊要な利害関係を持つ者」のみが投票すべきである、とした。したがって、一七九一年の選挙母体は一七八九年のそれより限定されていた。

国民公会の選挙では、反革命容疑者の選挙人に嫌気を起こさせるような手が打たれた。七〇〇万人が選挙人の登録をしていたが、実際に投票したのは七〇万人だった。しばしば、大声で候補者の名を告げるとか挙手によって選挙がおこなわれた。このほうが確実だったのである。国民公会に選出された七四九人のうち、労働者はたった一人だった。

総裁政府の憲法は、総数わずか二〇万八〇〇〇票の「国民投票によって採択」された。そして政府は自分に都合の悪い議員をあっさり資格無効にしてのけた。第一に王党派、ついで無政府主義者である。ボナパルトは終身統領を樹立するため、ナポレオンは帝政を承認させるために、投票権を拡大した。それでも棄権数は投票数より多かったし、投票は台帳へ記載するという形で公開でおこなわれたのだった。

フランス人は、国家レベルの投票にはあまり参加しなかったが、日常生活では、あらゆる種類の票決がおこなわれた。クラブで、委員会で、セクション集会で、郡で、自治体で投票がおこなわれたが、選挙戦は穏やかだった。ペティヨンがパリ市長に選ばれたときは、一万五〇〇〇票のうち一万三〇〇〇票を獲得したのである。ボナパルト大尉はコルシカで国民衛兵中佐に選ばれたが、その際、自分に投票してくれるよう強要しなかったわけではない。判事や教師、そして司祭までが、投票で選ばれるべきだと考えられた。司祭については、憲法制定議会は三一条からなる文言を採択し、選挙は「日曜日に、郡の中心となる教会で、すべての選挙人が参列すべき教区ミサの終了時に」（第二九条）おこなうことが決められた。アベ・ジャックマール議員はいくつかの点でこれに反対したが無駄だった。「ある議員が、これは謀略をもたらすものだ……と発言した。すなわち、戸別訪問し、城館から茅屋まで訪ねて、票をとりまとめねばならなくなるだろう。ある人をちやほやしたり、別の人に金を包んだりすることになる。その結果はどうなるだろう。聖職は腐敗し、習俗は頽廃することになる。同議員は、結論として、司祭の任命は選抜試験によるか、さもなければ司教をまじえた教区事務所によるべきだ、と要求した」（『特別《ポステイヨン》の御者《エクトラオルディネル》』紙、一七九〇年六月十五日号）。議会はこの反対意見を無視し、司祭は信徒が選ぶことになった。

君主制下の行政機関は一掃される。ルイ十四世とルイ十五世のもとでは、国家の骨組みをなす主要部局が設置されていた。登録所、王領地管理局、二十分の一税局、抵当局、割引銀行、郵政局、山林治水局、農業局（種馬牧場と獣医学校を含む）、公文書局、地図作成所、火薬管理局などである。憲法制定議会は、徴税請負制や売官制〔アンシャン・レジーム下の役人はofficiersとcommissairesに区別されるが、前者の官職（office）は、一種の財産として売買された〕による官職だけでなく、行政のすべてを白紙にもどした。原則として公職は選挙によって選ばれ、非専門家の市民にも割りふられることになったのだが、結局のところ、陰謀と無能力が幅をきかせることにしかならなかった。

逐次、修正しながら欠陥の少ないやり方にもどしていかねばならなかった。大革命が引き起こした混乱に反発したナポレオンは、あまりにも秩序立った行政を再建したので、それはビュロクラシーに転じることになる。彼は、アンシャン・レジーム下に養成された人物を呼び戻し、きわめて容易に、そして非常に速やかに行政再建を成功させたのである。直接税の事務はもとの二十分の一税局が引き継いだ。同様にして数百名の長官、副長官、技師、課長、収税吏、出納官が、恐怖政治ののちに、アンシャン・レジームの行政の伝統を受け継ぎ、これを再編成した。参事院、会計院も昔の組織が復活する。

帝政は公職と官僚の末端部分には、売官制による役職を維持した。公証人、代訴士、書記、執達吏、仲買人、公認仲買人などは、以前の役職につき、後継者を推薦する権利を持っていた。彼らにとって、大革命は中休みにすぎなかったのである。

このように過去が残存したものの、フランスの行政は若返りと革新という試練を経ながら強化され、実務官僚の支配が長期にわたって続くことになる。真の執行権は、これ以後、行政が保持することになったのである。

大革命までは、官職は売買されるか世襲されるかだったので、司法権は国家から独立していた。「司法が王権にたいして卑屈になる場面に出会うことは決してなかった」（トクヴィル）のである。大革命によって、政権担当者が判事の任命と昇進を執りおこなうようになり、以後、司法は政権の意のままとなる。「裁判官が政府に服従するようになったのは、大革命の成果の一つである」（エミール・ファゲ）。

パリ対地方、中央集権化

大革命以前に、君主制は集権化をめざしてはいたものの、フランスは非集権的だった。

それは自然のなりゆきだったのである。先祖伝来の多様な慣習があり、地方は分断されていた。数百年を経た勅許状や新しく結ばれる条約のせいで、自由権や諸特権の網がもつれて入り組んでおり、中央権力は束縛され、麻痺させられていた。各職業組合は独自の規約を持ち、都市はそれぞれに自由権を持っていた。曲芸師はパリのプティ・シャトレの通行税を免除されていた。モンタルジ＝ル＝フランの村民は、エード、タイユ、および現在と未来にわたるすべての課税を免除されていた。タバコの栽培は、いたるところで禁止されていたが、フランドル、フランシュ＝コンテ、アルザスでは自由だった。塩税の徴税に関しては、フランスは六つのゾーンに分かれていた。

ブルターニュ、ブルゴーニュ、ラングドック、プロヴァンス、アルトワ、カンブレジ、フランドル、エノーはそれぞれ独自の三部会を持っており、これが政府の決めた税を承認し、その割り当てを決め、徴税し、事業を決定し、借入金の起債をした。北フランスには市参事官《エシュヴァン》がおり、南フランスには市参事会員《コンシュル》がいた。ボルドーには市官吏《ジュラ》が、トゥルーズには市役人《キャピトゥール》がいた。親方会《ジュランド》の制度は、新しい職業（製氷業、レース製造業、絹靴下製造業、ブリキ製造業）や村、若干の都市（ボルドー、リヨン）、パリの若干の地区《カルチエ》（フォブール・サン＝タントワーヌ、パレ＝ロワイヤル、ノートル＝ダム教区）、若干の州（ブルゴーニュ、シャンパーニュ、ポワトゥ）には適用されなかった。地域の自主独立主義《パルティキュラリスム》は度量衡にもおよんでいた。一ピエ〔ピエは英語のフィートに対応する長さの単位。一ピエは約三二・五センチ〕は一○プース〔プースは英語のインチに対応する長さの単位。一プースは約二七ミリ〕から一三プースまでの開きがあり、一トワズ

〔長さの単位。パリで一・九四九メートル〕は五ピエから八ピエまで、一里《リュー》〔日本の一里とフランスの一リューはほぼ同じ距離〕は二〇〇〇トワズから三〇〇〇トワズまでの開きがあった。パリの一アルパン〔面積の単位。地方によって異なり、現在の二〇アールから五〇アールに相当〕とガチネの一アルパンは違っていた。オルレアンの半大樽《ドウミ＝クー》だけが二四〇パント〔一パントは〇・九三リットル〕であり、ボルドーの樽《トノー》は酒瓶《ブテイユ》一〇〇〇本に相当した。フランスではこうした不統一が好まれたのであり、それが自由のシンボルとみなされていた。

　こうした非集中化は、各地方が関税の境界や通行税、入市税だけでなく、相互の距離（それは、当時、往来に要する日数であらわされた）によって隔てられていたことによる。シュリ、コルベール、トリュデーヌが粘り強く取り組んで道路網を改善し、水路や運河（ブリアル運河、オルレアン運河、ノール運河、リケの代表作品であるミディ運河）も改良されたにもかかわらず、交通手段は旧態依然たるもので、往来には時間がかかった。パリからリヨンへは六日、パリからトゥルーズへは一二日を要した。このような条件下にあっては、各州において国王を代表する地方総監が、事実上、実質的な自治をおこなっており、中央権力が自らの法を適用させることは不可能だった。

　それに、中央権力はいったいどこにあったのだろう。当時、フランス人の五〇人に一人が住んでいたパリは、単に最も人口が多い都市であるにすぎなかった。国王とその諮問官たちはヴェルサイユにおり、そこが事実上の首都であったが、パリからヴェルサイユまでは乗合馬車で三時間かかった。

まさにフランスが非集権的だったからこそ、君主制は集権化をめざしていた、と言える。つまり君主制は現状を正し、経済の障害を取り除き、度量衡を統一し、訴訟手続を単一化し、地方の慣習より成文法を上位に置こうとしたのである。それはほとんど成功しなかった。すべての臣下に、共通のオーヌ尺も共通の法も強制できないという奇妙な「絶対」君主制だったのである。

大革命はためらうことなく集権化を遂行した。まず、ヴェルサイユが首府の地位を奪われ、パリが文句なくフランスの首都とされた。一七八九年十月の蜂起〔パリの民衆がパンを求めてヴェルサイユに行進し、国王をパリに連れ戻した〕は、「パン屋とパン屋のおかみとその小僧」をパリに連れ戻したのだが、実は官庁、中央の公共機関、議会を連れ戻したのだった。こうして、中央権力がしかるべき場に据えられた。

連邦主義とジロンド派に代表される非集権化の試みは、じきに抑えつけられた。地方の反乱、すなわちカーン、レンヌ、ヴァンデー、リヨン、トゥーロンなどの反乱は、国民から指弾排斥された。ジャコバン派・モンターニュ派は、中央から離れようとする勢力を根こそぎにするため、「一にして不可分」の共和国を宣言した。公安委員会と保安委員会が絶対権力を握ったが、これはソヴィエト共和国を防衛するためのプロレタリアート独裁の予兆であった。これらの委員会は、フランス革命における秘密警察《チエカ》、あるいはKGBだったのだ。

自主独立主義の根城だった州は廃止された。フランスは県に、各県は郡《ディストリクト》に、ついで小郡《アロンディスマン》に分けられ、小郡は郷《カントン》に分けられた。郷の中では自治体《コミューン》が小教区に取って代わった。位階制的な制度が作られ、パリが、共和国の心臓および頭脳として、ピラミッドの頂点に位置することになったのである。

集権化は統領政府と帝政のもとで成熟した。議会の所在地はパリだが、議会は一つではなくて四つあった。参事院《コンセイユ・デタ》、元老院《セナ》、護民院《トリビュナ》、および立法院《コー・レジスラティフ》である。一院制の議会制度は有害なことが証明されたので、四院制によって互いに力を薄めあい、執行府を全能にすることがはかられたのである。各県のトップには、政府を代表する知事《プレフェ》が任命された。県知事は法の執行を監視し、公共秩序をきちんと維持し、県行政を指導し、予算をたててその執行を管理する。彼は、政府任命の議員からなる県会にたいしては執行機関として、自治体にたいしては後見役として働くのである。

統領ボナパルトは初代県知事へのはなむけの言葉として、「知事制度の確立によってフランスの幸福が始まるのでなければならない」と述べた。これは、フランスの幸福を体制への従順さと混同するものであり、市民社会の中に軍隊的な位階制を持ち込むものだった。

しかし、おそらく州には州のよさがあったのだろう。なぜなら二十世紀には、地域性の旗印のもとに、州再生の動きが生じるのだから。

自由の獲得

「自由・平等・博愛」。この大革命の標語は、一七九三年六月に採用されたが、新体制が獲得したもののなかでは自由を最初に掲げている。しかし、それは大文字で始まる単数形の「自由」、すなわち冷ややかな自由の女神であり、抽象的な原則であって、打倒された体制がむやみやたらに振りまいた数多くの自由とは無縁のものだった。それは、大臣用の便箋や公共建造物の正面の壁に書かれている「自由」なのであって、貧民が畑で落穂を拾ったり、モンタルジの非課税者が納税を拒んだりする自由ではなかったのである。それは単に自由そのものとして、雄弁家や詩人が用いる言葉だった。「アリストクラートには自由はない」とジャコバン派は宣言したものである。

それでも、実際的な面において、大革命は普通のフランス人にいくらかの即物的自由をもたらした。フランス人はもはや、フランス国王陛下の臣下ではなかった。じきにフランス人の皇帝陛下の臣下となる運命なのだが、ともあれフランス人は一市民となったのである。大革命は、国家から、そしてあらゆる中間団体〔州、教会、同業組合、信心団体などのこと〕から個人を解放したことを誇っているが、実際には、自由よりも平等を勝ち取ろうとしたのである。八月四日の晩（の封建制廃止の宣言）は、特権を廃止することによって、何百年にもおよぶ自由に終止符を打ち、フランス人が法のもとで平等であることを宣言したのである。「自由の獲得」よりも「平等の獲得」について語るべきだろう。カミユ・デムーランは革命の理想を要約している。「私の標語だって？ 上位の者をなくせ、ということだ。」

他に先駆けて獲得され、象徴的な意味においてもいちばん重要だったのは、些細なものと思われるかもしれないが、狩猟権の平等である。フランスの農民はなによりもまず、狩猟権を手に入れたがった。密猟のためにかなり侵害されていたとはいえ、狩猟権は、封建的権利として領主が独占的に持っていた権利であり、平等に獲物を得る権利は最も人びとが望んでいた要求の一つだった。八月四日の晩にシャルトル司教のリュベルザック猊下《げいか》は、自身は生涯に一度も狩りをしたことはないのだが、憲法制度議会の熱狂的な雰囲気のなかで、最も批判されていたこの封建的権利を廃止するよう提案した。一七八九年八月十一日の布告《デクレ》によって、すべての市民に狩猟権が認められるや、山も谷も、畑も林も、たちまち騒々しい銃の響きで満たされ、相次ぐ狩り出しのせいで国中の動物相が破壊された。パリ市門のそばで、あるいはサブロンの野やヴァンセンヌの特別猟区、ブーローニュの森、ガランヌ＝コロンブの森、サン＝ドニの森、そしてサン＝クルー、サン＝ジェルマン、モンモランシといった王室耕地の中でさえ狩猟がおこなわれた。この殺戮が終わると、国民議会は狩猟権を制限せざるをえなくなった。狩猟権の濫用は不都合な点のほうが多かったのである。一七九一年四月二十日にこのための法律が作られ、帝政下の二つの布告がこれを補完した。狩猟許可証が必要となり、平等の権利を得るには狩猟税を払わねばならなかった。

もう一つ獲得されたのは、より時間がかかったが、市民的平等である。貴族の称号は一七九〇年六月十七日の布告によって廃止された。しかし一八〇八年三月十一日の元老院令は世襲的な名誉称号を復活させ、これを持つ者は直系相続人のために世襲貴族領もしくはその代替物を設定してもよいことになった。セント＝ヘレナ島でナポレオンは、こうした貴族制の復活について説明している。「いわゆる平等から得られる結果すべてをフランス人にもたらしたのは私である。帝政下の貴族制は、国民の競争心に目標を与えたことと思う。私の統治下では、すべてのフランス人が、能力さえあれば自分は大臣になれる、自分は元帥になれる、公爵、男爵、伯爵になれる、と考えることができた。王になってやろうと思うことすらできたのだ」（モントロンの『日記』一八二〇年八月二十日）。このように定義するなら、ナポレオン流の平等というのはアンシャン・レジーム流の平等とほとんど変わらない。アンシャン・レジームでは、ラシャ・靴下製造業者の子孫であるニコラ・フーケや毛織物業者の家に生まれたコルベールのように、ブルジョワが大臣や公爵になれたのである。サン＝シモンはこうした「卑しいブルジョワジーの支配」を軽蔑をこめて告発していた。その当時のフランス人が王になりたいという望みを持てなかったとしても、それはフランスには王は一人しかいなかったからにすぎない。これにたいしてボナパルト家は王位を分割するのも厭わなかった。明敏なナポレオンはレミュザ夫人には真意を打ち明けている。「フランス人は平等にしかこだわらない。しかし、自分が確実にトップになれるとしたら、彼らはすぐに平等を手放すだろう」と。

相続に関する平等もある。以前は、家族の資産は、王位と同様、長子に譲られるのが常だった。それで所有地も王国も分割が避けられたのである。おそらく、財産の分与を認めた慣習法もいくつかあったのだろうが、大革命は分与を義務づけたのである。憲法制定議会の議員たちによれば、それは「自然が望むところ」であった。これ以後、「あらゆる動産と不動産は、どのような性質のものであれ、所有者の没後に一括して、男女、長幼、初婚の子か再婚の子かを問わずにすべての子に同じ割合で分割される《デクレ》」（一七九一年三月十二日の議事）。この規定は、一七九三年十月二十六日の布告、ついで民法典の八二六条に再録された。これは重大な結果をもたらした。トクヴィルはのちに、それが「土地を細分化する機械」であり、したがって収益増を妨げるものだ、と言っている。この規定は、なかんずく、出生を抑制する機械であった。なぜなら農業国フランスにおいては、父親が、土地経営をあきらめる子供にそれなりの埋め合わせをしてやれなければ、平等分割の原則は子供の数を制限する方向へつながるからである。アラン・ペルフィットは、それが「各人をこせこせした損得計算や狭い世界の中に閉じ込める」ものだ、と述べるだろう。これによってフランスの出生率減少が運命づけられたのである。

職業についての平等もある。出自のいい者や有力なコネを持つ者だけがある種の職業に就ける、というようなことはもはやあってはならなかった。昨日までは、一五八一年と一六〇八年の勅令によって法規化され、コルベールが強化した経済の同業組合的構造が、職業を閉鎖的にし、自発性の芽を摘み、既得権を保護していた。法によるというより慣習から、かなりの資産を必要とする卸売業は別として、貴族はあらゆる商業活動を禁じられていた。そのため多くの貴族は貧困の一歩手前の状態に陥っていたのである。

こうした同業組合的規制は消費者のためになっていると思われてはいたが、労働者のためにはなっていなかった。テュルゴがこの制度の廃止に成功したのは、数カ月間(一七七六年の二月から八月まで)だけだった。大革命は時を移さず、労働の自由の名のもとに同業組合的規制を粉砕したが、じきに労働の平等をめざすようになった。一七八九年八月十一日の布告は、「すべての市民は、出生によって区別されることなく、あらゆる職務に就きうる……有益な職業はいずれも、貴族資格喪失をもたらすことはない」と規定している。それは、平民でも将軍になれる、ということであると同時に、侯爵が靴を売ってもよい、ということだった。

大革命はまもなく、さらに歩を進めた。「鬘《かつら》師、床屋、風呂屋に関する親方職、および他のすべての監督の親方職や技芸や商業の仕事の親方職、親方資格や親方会の認可状、薬剤師団体の認可状や、職業に関するすべての特権状は、いかなる名称のものであれ、廃止する。」

一七九一年三月十七日の法令の第二条は右のように規定している。この法令はピエール・ダラルド男爵の主導のもとに採択されたのだが、男爵は鉄工所主で、サン＝ピエール＝ル＝ムスチエのバイイ管区の貴族から選ばれて憲法制定議会の議員となり、まことに善良な意図をもって八月四日の気違いじみた晩から結論を引き出したのだった。「誰であれ、よいと思われる交易、職業、技芸に携わる自由を有する」（第七条）。唯一の条件は営業税を払うことであった。

せいぜい、髪師か風呂屋なら、誰がなろうと客にとって大きな支障はないだろう。しかし、薬剤師や医者はどうだろう。もししかるべき大学を出る必要がなくなったら、患者はやぶ医者や偽医者の思いのままになってしまうだろう。でもそれが何だと言うのだ。平等とは資格とかエリートとかを廃止することではないのだろうか。国民公会は首尾一貫した態度をとり、医学部は無用だとしてこれを閉鎖した。

革命家の新聞は、職業の自由を熱烈に歓迎した。しかしながらマラは、その『人民の友《ラミ・デュ・プープル》』紙において、危険を予見した。「各人が、その能力を試験されることなしに、勝手に職業に就きうることになる。ただの見習いがちょっと本をかじっただけで、金を手に入れようとするだろう。やがて、あらゆる職業、あらゆる取引が策略やペテンに変質してしまうだろう。それも、われわれは自由なのだという気分にちょっと浸ってみたい、というだけのために」と彼は説明している。少なくともこの点では、マラの言い分はしっかりしている。彼は医者の息子で（スペイン出身のサルデ＝マラ家）、彼自身、ボルドーとパリで医学を勉強し、ロンドンで開業したこともあり、アルトワ伯の親衛隊付きの医者だった。貴族を死刑執行人の手に渡すのには積極的だった彼にも、患者を詐欺師の手に渡すのは、不条理だと思われたのである。

種々の職をその能力のない者に開放したこと、とりわけペテン師に治療する権利をゆだねたのは間違いだったことが、じきに明らかになった。カバニス、ピネル、ギヨタン、フルクロワは、衛生学校を再開させるべく努力した。総裁政府の通達は、このばかげた誤りを認めた。「勝手に医術の師を気どり、でたらめな処方をし、何千人もの市民の生命を危険にさらすような輩《やから》のせいで、公衆が犠牲になっている。……成文法によって、医療を職としようとする者には長期の勉学と厳しい審査とを課さねばならない。……殺人にも似た犯罪が刑罰によって抑圧されんことを。」こうした言明と切願が共和暦六年になされた。しかし、医師がかつての特権を回復するのは、やっと共和暦十一年になってからのことだったのである。その間に死亡率が上がったかどうか、統計上は明らかでない。

狩猟や職業の自由は、当時獲得された「自由」の一例にすぎない。経済的自由については、商業上の決算を扱う際に触れることにする。また市民的自由は「人権」と一体のものである。

人権をめぐる論争

大革命は、そのいくつかの憲法の前文と憲法制定議会の討論の発端において、「人間および市民の権利」を定めるおごそかな宣言を採択した点で賞賛されている。封建的諸権利が廃止された八月四日の晩から八日後に、この宣言のテクストの起草が五人からなる委員会にゆだねられた。ミラボーが第一稿を八月十七日に提出し、国民代表にたいして「諸君は人類の恩人のうちに数えられるだろう」と請け合った。議会は、月並みな決まり文句と大原則が入りまじった哲学的議論で騒然となった。最終稿は二十七日に採択された。これは「人類史の偉大な時代の一つを永遠に画する瞬間」だった。

人権宣言は「すべての人びと、すべての時代、すべての国々」のために起草されはしたものの、一七八九年の時点では白人のためのものと一般には受け取られていたことを認めねばならない。植民地制度と奴隷制が続くかぎり、有色人種には適用できなかった。バルナーヴはプランテーション経営者の立場を代弁して、「黒人が、自分は白人と同等だと思うことなどありえない」と議会で断言した。奴隷制がたてまえとして廃止されるのは国民公会になってからであり、それもイギリスを出し抜くためだった。新たに解放された人びとはすぐに強制労働を強いられたのである。

以下の点を認めるのが、正直で、他国にも公平な態度というものだろう。すなわち、こうした権利の宣言という考えはラ・ファイエットによるものであり、彼はそれをアメリカから借用しているということ、そのアメリカ人の考えは、一六八八年の名誉革命で彼らの先祖がスチュアート家を追放し、オレンジ家の王朝をたてた際に起草した権利の章典《ビル・オブ・ライツ》を念頭においたものだということである。

新生のアメリカ合衆国では、権利の宣言を起草するのが流行していた。ヴァージニア州が一七七六年六月十二日に、ジョージ・メイスンの主導のもとに、その範を示した。それによれば、人間の不可譲の権利とは「生命と自由を享受すること、所有を得、かつ権利として確保すること、幸福と安全を探求すること」だった。わずかの語ですべてを言い尽くそうとしたのである。ヴァージニア州にならって、他の諸州も似たりよったりの宣言を起草した。その後ジェファーソンが、反乱に加わった植民地全体のために独立宣言を起草し、「生命、自由、および幸福の探求」を目標として掲げた。ラ・ファイエットはこの文言を評価し、大西洋のこちら側でも受け入れようとした。しかしフランス人はより多弁、もしくはより雄弁であり、その「生得的で時効にかかりえない」人権の宣言は一七カ条におよぶことになった。そしてこの種の文章は「最新流行」だったから、さらに二つの人権宣言が、一七九三年と九五年に起草され、国民公会で提案されることになる。

一七九一年のテクストには次のような諸権利が含まれていた。すなわち、自由、所有、安全、および抑圧への抵抗（第二条）である。さらに、あらゆる顕職、地位、公職への就任の平等（第六条）、信条、さらには宗教の自由（第一〇条）、および思想・信条の表明の自由（第一一条）も含まれる。

宗教の自由についてみると、長いあいだ認められていなかったものの、君主制の末期にはほぼ認められていた。フランスにいるポルトガル出身のユダヤ人は認可状を得ており、アルザスのユダヤ人も委員会によって待遇が改善されていた。ユグノーはもう追い回されたりしなかった。ルイ十五世治下の中ごろには、二五〇以上の改革派教会が、とりわけラングドック、ドーフィネ、ポワトゥ、ノルマンディで容認された。ルイ十六世はプロテスタントに完全な市民権を与え、カルヴァン派のネッケルに王国の統治をゆだねた。ベイル、ディドロ、ヴォルテールなどは、しゃれた調子でカトリック信仰を茶化し、イエズス会の貪欲さを指摘したものである。

大革命は、個人と国家のあいだに立つ中間団体を断罪したので、当然ながら聖職者が攻撃された。革命中に聖職者は財産を国有化され、独身で清貧の生活を送ることを誓い、そうした生活が送れるように神に祈る「修道者の誓願」は禁止された。それまでは教会の洗礼台帳や死亡台帳によっていた戸籍が役所に移され、司教や司祭は全市民の選挙で選ばれる公務員となった。彼らには聖職者民事基本法への宣誓が義務づけられ、従わなければ解職処分を受け、のちには投獄された。七万人の司祭のうち四万六〇〇〇人が罷免された。宣誓拒否聖職者には代替者が置かれ、タレイランが新司教の叙階をした。ローマ教皇は憤慨し、「人びとのあいだにこんな無軌道な平等と自由を打ち立てるほどばかげたことがあるだろうか。気違い沙汰だ」（ピオ六世、一七九一年三月十日）と叫んだ。

ヴァンデーの反乱や信徒の抵抗に遭遇して、熱意あふれる国民公会議員は道端の十字架を破壊したり、司祭に結婚を命じたりした。サント＝ジュヌヴィエーヴ教会は異教風のパンテオンになった。いたるところで教会や大聖堂が、クラブ、兵舎、牢獄、飼料庫、ダンスホール、娼家などに転用・改築された。グレゴリオ暦は共和暦に替えられた。共和暦で一〇日ごとの休日と定められたデカディがキリスト教の安息日である日曜日に対置され、日曜日に働こうとしない農民や、デカディに店を開く商人は容赦されなかった。クリスマスや復活祭を祝ったり、キリスト教徒が肉を食べない小斎日に魚を売ることは禁じられた。洗礼名や地名は世俗的なものがつけられた。リヨンでは盛大な儀式が執りおこなわれて福音書と十字架像が燃やされ、司教帽をかぶせたロバに聖杯《カリス》の中身を飲ませた。一七九三年、パリでは理性の女神を神々の列に加える祭典が挙行された。ノートル・ダム聖堂でおこなわれたこの催しでは、ボール紙で作った山のふもとに鎮座する女神をオペラ座の女優が演じた。ついで国民公会は一つの形而上学を布告した。その教義は、理神論でいうところの神である最高存在の実在と魂の不滅を信じることだった。一七九四年六月、今度は無神論をあらわす像が、バラの装飾と「革命は天の娘」と記された花飾りのもとで、おごそかに燃やされた。総裁政府は、その後、新たに二つの宗教を発明した。敬神博愛教《テオフィラントロピ》とデカディ礼拝である。ナポレオンが出現したことでようやくグレゴリオ暦が復活し、ローマ教皇と政教条約が結ばれ、フランス人の半数以上が信仰しているカトリックが公認された。しかし、その同じナポレオンが教皇を人質にすることもあったのである。

ユダヤ人についていえば、大革命は、多少ためらいながらも、彼らに市民権を与えた。ナポレオンはこれを大いに奨励したが、そこには政治的なもくろみもあった。「私はフランスに大きな富を引き寄せたかったのだ。ユダヤ人は数も多いし、他国よりも多くの特権を享受できるとなれば喜んでやって来るだろう」（セント＝ヘレナ島でのオメアラへの発言）。

以上が宗教的自由である。ついで信条の表明の自由、すなわち出版の自由をみよう。たてまえとして、アンシャン・レジーム下の出版は自由ではなかった。検閲があったからだが、実際にはビラやパンフレットが街に出まわっていた。検閲は厳重ではなくて、適当にごまかしたり、当局とグルになったりすることができたのである。

大革命とともに、というよりその直前から、出版物は爆発的にふえる。ブリソは一七八九年四月に、『フランスの愛国者《パトリオット・フランセ》』紙の発刊趣意書を発行した。一七八九年五月にはミラボーが自分の新聞『三部会《エタ・ジエネロー》』の最初の二号を発行した。彼は激した調子で「諸君の作る最初の法は、最も犯すべからざる、最も無制限の自由であるべき出版の自由に永遠に捧げられんことを」と記している。だが、現実には法などいらなかった。新聞の数はふえ、一年間で三〇〇点もの新聞が創刊されたのだ。これは情報を得る権利の平等を示すものであり、あらゆる信条が、あらゆる体裁、あらゆる値段で表明されたのである。一七八九年のパリにおける三カ月分の購読料をみると、『観察者《オブセルヴアトウール》』紙は六リーヴル、『普遍新聞《ジユルナル・ユニヴエルセル》』紙は九リーヴル、『パリ通信《クリエ・ド・パリ》』は一二リーヴル、『真実《ヴエリデイク》』紙は三〇リーヴル……といった具合だった。

しかし、自由を擁護する者のみが出版の自由を享受すべきだということがじきに明らかになる。「出版は自由だとしても、思想はそうではない。首都の印刷業者は、自由のテーブルについてはいるものの、その頭上には相変わらず（リンチで絞首刑にするときに使われる）パリの街灯がともっている。検閲がなくなっても処刑人は残っているのだ」と『国民政治新聞《ジユルナル・ポリテイク・ナシオナル》』は書いている。王党派の新聞は燃やされ、反革命の疑いがある文書の流通は制限された。パリ市総評議会は、八月十日の蜂起ののち、「反革命新聞の編集者のような、世論を毒する者」を逮捕することに決めた。シャトーブリアンはこの時代を以下のように描いている。「当時は死が日常茶飯事だった。ジャコバン・クラブが検閲委員会となった。前日の処刑の記録が朝刊代わりだった。出版の自由を完全に手にしている日刊紙編集者は処刑人だった。それ以外の著作家は、作品の提出を求められない代わりに、首を差し出すよう要求されたのである。」断頭台は誰も容赦しなかった。カミユ・デムーランも、『デュシェーヌ親爺』ことエベールも処刑を免れなかった。

総裁政府のもとで新聞は復活したが、帝政がこれを押しつぶした。指示に従わない新聞は廃刊に追いやられた。ナポレオンはフーシェに「新聞を少し押さえつけられたい。『討論《デバ》』紙と『評論者《ピユブリシスト》』紙の編集者をして、余がそれらを無益とみなして他紙ともども廃刊にし、ただ一紙しか残さないようにするのも間近だということを理解せしめるよう」（一八〇四年四月二十二日）と書き送っている。一八一一年にパリの新聞は四紙しか残っていなかった。いずれも体制側で、権力の言いなりだった。『報知《モニトゥール》』紙がその手本だった。セント＝ヘレナ島で死ぬ間際に、ナポレオンは過去を振り返って、自らを、大革命が民事において獲得したものを保証したという点で正当化しようとした。「余は、大革命によって得られたものをすべて保持した。それらを打倒するつもりは全くなかった。皇帝の立場にある者が反革命を望みもせず、また望むこともできなかったのは、わかりきったことだ。余にとっては、出版の自由は不要だった」(ベルトランの『日記』一八二一年三月十五日)。

出版の自由は、一七八九年に束の間、獲得されはしたものの、一八一四年には権力に隷属する状態になっていたのである。

封印状の終焉

一七八九年八月に採択された人間および市民の諸権利の宣言は、二つの条項(第七条と第八条)を人身の自由にあてている。「誰も、法律に規定された事例によらずしては、逮捕・拘禁されることはない。」「犯行以前に制定され交付された法律によらずしては、誰も処罰されえない。」これは、とりわけ、封印状の制度を終わらせる条文だった。

君主制に反対する人びとは、封印状が君主制の最も明白な不正の一つであり、個人の自由を損なう王の絶対的権力の証しだと考えた。君主や大臣、監督官などが封印状を使って、恣意的に誰彼かまわず薄暗い牢獄に放り込み、獄につながれた囚人は裁判を受けることなく何年ものあいだ苦悩の日々を送るのである。こうしてプロテスタントの一家にあっては親子が引き裂かれ、有力者の機嫌を損じた者はすべて監禁されるのである。ヴォルテールは、しばしば封印状のやり方を「卑劣きわまる」ものだと非難した。

フンク＝ブレンターノの研究によって、封印状のこうした伝説はかなり失われた。それは抑圧よりもむしろ免罪の道具だったことがわかっているし、一般には、正義状とか恩寵状とか呼ばれていたのである。封印状は恣意的に発せられたのだろうか。法的な枠組みにおいては君主の私的裁決のようにみえるが、多くの場合は調査と討議を経たうえで発せられたのである。

開封特許状は、言葉の定義からして封がされておらず公開のものであり、国璽尚書の署名を伴っていたのにたいし、封印状は、封印をはがさぬ限り読めないように折りたたまれた一枚の紙だった。国王の署名があり、国務大臣の一人が副署した。裁判に召喚したり儀式を命じたりするのが目的だったが、通常は個人の追放や監禁を命じるもので、早急に秘密裏に裁判することを可能にした。庶民階層に適用されることもあった。鉛管工や臓物商人、ガラス職人などが、息子や娘が悪友と交際しないように監禁してほしいと国王に願い出たのである。一般的には、放蕩、無頼、浪費家の息子を隠すときに使われた。通常の裁判で下される刑の宣告や拘禁の恥辱から免れようとしたのである。ほとんどの場合、封印状は家長の要請にもとづいて書かれ、監禁されるほうにとっても一種の恩寵となっていた。なぜなら、しばしばヴァンセンヌやバスチーユのような贅沢な牢獄に収容されたからである。だが、サド侯爵もミラボー伯爵も自分たちに与えられた快適さを評価しようとはしなかった。

ミラボーは、父親の要請によって不行跡と誘拐のかどでヴァンセンヌの主塔に監禁されたが、食事が悪いと苦々しげに不満をもらしている。「昼食はゆで肉とアントレで、木曜日のアントレはケーキだ。夕食はあぶり肉とアントレで、一日にパン一リーヴルとブドウ酒一本である……。」ミラボーにはこのメニューがその地位にふさわしくないと思われたのである。「硬くなった子牛の肉、革のような羊肉、煮詰まっていたり半なまだったりする牛肉、これらが囚人の常食なのだ。」しかしながら、国王は拘留者一人につき一日六フランを出費していたのだ。六フランといえば、当時の日雇い労働者の日給の六倍である。

こうした、不正にも等しい階級裁判のシンボルがバスチーユだった。入所者は、金さえあれば、食事を外から取り寄せて皆をもてなすことができた。マルモンテルの昼食は「ポタージュ、牛肉、肥育鶏の腿肉、アーティチョークのマリナード、ほうれん草、クレサン産洋梨、新鮮なブドウ、ブルゴーニュ産のブドウ酒とモカコーヒー」というメニューである。デュムーリエは、縦二六フィート、横一八フィートの部屋に入れられ、昼食に五品、夕食は三品の食事をしており、司令官が自らレモン、コーヒー、砂糖、ポルトワインやマラガ酒を届けた（クロード・マンスロンによる）。司令官はまた囚人を順番に食事に招いた。それでもなお世論は数世代遅れており、監獄に転用されたこの要塞が抑圧の砦であり、鉄格子の中ではビロンやフーケ、鉄仮面、ジャンセニストや哲学者たちがうめいているものと思い込んでいたのである。それにしても、バスチーユが貴族のための牢獄にすぎず、彼らは封印状の犠牲者というよりは受益者であったのだとしてもなお、こうした暗黒の中世の遺物とは手を切るべきではないだろうか。一七八九年七月十四日、バスチーユは四五分ほどで蜂起した一隊に占拠された。彼らはフリーメーソンのグラン・トリアン・ロッジの大親方、オルレアン公フィリップから多少とも指図を受けていた。群衆は公が住むパレ・ロワイヤルから出発したのである。彼らはアンヴァリッド館で武器を手に入れ、無抵抗の司令官と守備兵を虐殺し、六三三名の「バスチーユの征服者」として公式に認められ、特別の勲章を与えられた。彼らはまた七人の入獄者を解放したことを自慢したものであるが、そのうち四人は偽札作りで、二人は白痴だった。封印状の廃止を決定的にし、刑法のもとの平等を達成したことも彼らの誇りだった。

人身の自由は獲得されたのだろうか。大革命によって、バスチーユ以外の牢獄は囚人であふれ、番人ではなく囚人が虐殺されるに至る。別のバスチーユが考え出されるのである。テルミドールの前夜になると、牢獄に拘禁された者は四〇万人にのぼった。そしてナポレオンは、アンギアン公、カドゥダル、さらにはヴィクトル・ユゴーの名付け親であるラオリ将軍を処刑するのに封印状すら発しなかったのである。

失われた自由

獲得された自由はたいてい一時的なものだったが、失われた自由のほうはときとして失われたままになった。政治レベルにおいては地域の自主権、経済レベルでは農民や労働者の自由がそれにあたる。

地域レベルでは、何世紀もかかって州や都市、「住民共同体」が獲得してきた諸特権が失われた。それをはっきり示すいくつかの事例の中でも、ブルターニュの場合は最も痛ましいケースである。フランス国王が公女アンヌと結婚してからも、旧ブルターニュ公国は独自の三部会を持っており、この議会が通常の税について裁決し、新税を拒否することができた。高等法院も同様だった。高等法院は終審裁判所であり、王権にたいして反乱を起こすことも辞さなかった。シャルル八世はこの公爵領が完全な税政上の自由を持つことを承認した。ルイ十二世は「当地の自由、自主権、しきたり、慣習」を尊重すると約束した協約に署名した。一五三二年の統合令でこの誓約が更新され、ブルターニュの権利と特権は不可侵であることを原則とした。事実、ブルターニュでは、アルトワ、フランドル、エノー、ナヴァール、ベアルンなどと同じく、塩税はなかった。また、酔っぱらってスキャンダルを起こしたブルターニュの貴族を逮捕するようルイ十五世が命じたときには、当地に駐在する国王の代官が逮捕理由を十分説明し納得してもらわなければならなかったのである。

大革命はブルターニュの自治権に終止符を打った。誓約などくそくらえ、というわけである。不可侵の勅許状はあっさりと破られた。それもブルターニュの第三身分の議員が国民議会で同意したうえでのことであり、さらに言えばこのブルターニュ人のクラブが発端となってジャコバン・クラブができたのである。ブルターニュよ、分割されよ！　というわけで、シュアン派が行動を起こしても無駄だった。ブルターニュはもはや、フィニステール県、コート＝デュ＝ノール県、イル＝エ＝ヴィレヌ県、モルビアン県、ロワール＝アンフェリユール県にすぎなくなる。ブルターニュもすべてのフランス人に共通の税を支払うことになったのである。

フランシュ＝コンテも同様に、「自由《フランシシュ》」ではなくなった。しかしながら、一六六八年にこの州がフランス王国に併合されたときには、ルイ十四世がはっきりとこう約束していたのである。「陛下は、聖なる福音書にかけて、陛下およびその尊厳満つる後継者が、州の特権、自主権と自由権、旧来の保有地、しきたり、慣習および政令……を尊重し、維持することを約束し、誓約する。」新体制は「尊厳満つる後継者」ではないのだと考えざるをえない。

地方の地位が低下したもう一つの例として、コルシカがあげられる。ここは、フランス王国に最後につけ加わった州で、固有の議会を維持することになった。この議会が、貴族、聖職者、第三身分の代表者を集め、統治の任にあたった。また小教区レベルでは自治体の町長《ポデスタ》とまとめ役《ペール》の制度を保持していた。町長とまとめ役は町役人であると同時に裁判官でもあった。コルシカはフランス王国とは異なる税制度をとっており、しばしば現金ではなく現物で納税がおこなわれた。言語も独立しており、独自の関税制度を持っていた。総督や地方総監はコルシカの独自性や伝統の維持を最大限に認めており、ヴェルサイユの決定に服従させようとしなかった。

大革命は、逆に、自由をもたらすと言いながら、コルシカから自由を奪い取った。憲法制定議会はコルシカ島を「フランス国家」に組み込んだ。その住民は「他のフランス人と同じ憲法で治められねばならない。」したがって、政治、行政、司法、税務、軍事、宗教の諸秩序において本国と同じ法が適用されることになる。「われわれをつないでいた鎖は完全に打ち砕かれた」と、この島の大革命支持者は宣言したが、このときまさにコルシカはフランスの運命に鎖で縛りつけられたのである。コルシカ人には、すべての市民と同じ税金を払う自由しか手に入らなかった（この点でいくつかの特権が回復されるには、ナポレオンを待たねばならない）。コルシカ人は二つの県を持つ権利を得た（ナポレオンは、節約のために全島を一県にするのだが）。彼らはアシニア紙幣、迫害、徴兵という負担に耐えねばならず、子供たちは学校でパリの言葉しか話してはいけないことになったのである。

以上の点からして、ラングドックからブルゴーニュまで、アルザスからサントンジュまでのフランス諸州が統一され、県に分けられて中央権力の独裁下に置かれるようになったことについてはもういちど検討されるべきだろう。

それだけでなく、経済面においては、フランス人全体が基本的な自由を失ったのである。まず農民が、それも最貧層の農民がこれを失った。この大革命は個々の土地所有者を擁護するために、農村の集団的諸権利を抑圧し、廃止しながら達成された。所有権は「神聖な権利」であり、「永遠に維持すること」が望まれた。議会は、財政赤字を解消するため、教会や亡命貴族の不動産を没収して国有財産とし、それをもとにアシニア紙幣を発行した。国有財産はアシニア紙幣と引き換えに売却され、「不動産と交換できる」というのが紙幣の信用を支える根拠となっていた。しかし、かりにアシニア紙幣を持参して不動産を入手しても、その所有権が疑わしくて、教会や貴族など、もとの持ち主に取り返される恐れがあったら、国有財産の購入者はいなくなるであろう。だからこそ、革命家たちはなおのこと所有権に固執したのである。財政担当者のカンボンは「所有権が尊重されなければアシニアは無に等しい」と指摘している。

議会で、ノルマンディ出身のトゥレが新しい概念を解釈して「実質的な所有者が必要である。共同体は名目上の所有者にすぎない」と述べた。言いかえれば、教会は共同的所有者であるから、その所有権は没収され、国家によってアシニア紙幣と引き換えに売却される、ということである。

さらに言いかえれば、用益権という古い権利は廃止されるということでもある。老人、寡婦、子供、病人、障害者たちが収穫後の落穂を拾ったり、二番草を刈ったり、家畜用の藁を集めたり、摘み残したブドウを摘んだり、草刈り後に草をかき集めたりすることは禁止された。それまでは刈り入れ人、ブドウ摘み、草刈り人が残していったものはすべて、聖書の掟と封建時代の慣習により、貧民のものだったのである。草刈り後の土地、休耕地、休閑地に家畜を自由に放すこともできなくなった。「共同放牧権」は、「他村地放牧権」によって適用範囲が広がり、一つの教区から隣の教区へと家畜を追うことができたのであるが（アンシャン・レジームはこれを制限しようと努めたが、成功しなかった）、大革命はこれを禁じた。土地所有者には自分の畑を囲い込む権利が与えられたのである（一七九一年十月六日の法令）。共有地を分割し、くじ引きで分配することも決められた（一七九三年六月十日の法令）。しかし伝統は根強いものだった。共同放牧権と他村地放牧権は、久しい以前からの習慣であって、長く続くことになる。共有地の分割は任意となり、統領政府下に完全に中止された。

農民と同様、商工業に従事する賃金生活者もまた、国家と個人のあいだには何物が介在することも認めないという革命のイデオロギーによって痛手を受けた。大革命以前、互助団《コンフレリ》が親方と職人の双方を含む団体であるのにたいして、職人組合は、実際上もたてまえ上も、親方と対立する職人だけを集めた組織で、これは自由業種である新業種に多く見られた。職人組合は連帯組織だったが、しばしば労働運動の組織となった。よく知られた長期におよぶストライキのなかでも、とりわけ建設業と印刷業のそれは、社会的軋轢の激しさと階級組織の強さを示している。

大革命はこの問題を処理した。同業組合制度を廃止したのちに、職人組合を禁止し、労働者であれ親方であれ、同一職業を営む市民が、「議長、書記、理事を指名すること、議事録をつけること、決定や審議をなすこと、自分たちのいわゆる共通利害のために規定を設けること」を禁じたのである。「理事《サンディク》」の任命を禁じるということは、組合《サンディカ》を禁じることであり、それはすなわち賃金生活者のいかなる同盟も認めないことだった。

こうした法案を推進した憲法制定議会議員は、レンヌのセネシャル管区から選出され、八月四日の晩には議長をつとめていたイザーク・ル・シャプリエである。彼は相続の平等の原則を定めるべく努力し、貴族と封建的称号を廃止する布告《デクレ》を起草した。彼はついで彼は、労働者が経営者にたいして団結する可能性をすべて取り除き、ストライキの脅威を完全になくそうとした。一七九一年六月十四日のル・シャプリエ法は、労働者の自由を存続させうるものに終止符を打ったのだった。「同一の職業・技芸に従事する市民が互いに協約を結んだ際……には、上記の協約は自由を侵害するものとして無効を宣告される。……手工業者、労働者、職人、日雇いからなる集団、もしくはその集団から自由な産業活動や労働活動を妨げるよう扇動された者たちは暴徒とみなされる。」

ル・シャプリエは一七九四年にギロチンで処刑されたが、彼の作った法令は存続した。民法典には労働立法はなかった。統領政府は、賃金生活者を警察の監視のもとに置き、労働手帳を使って彼らを抑えつけた。労働手帳には職歴、雇主による勤務評価、さらには債務を負える金額まで記載されており、住所を変えるたびに警察の査証を受けねばならなかった。この制度は王政復古までなくならないのである。

職人組合は非合法な形でしか作られなかった。ストライキ権は第二帝政まで認められず、組合結成の自由は第三共和制下にやっと認められた。大革命は社会立法を四分の三世紀は後退させたのである。

女性の権利

大革命の雄弁家たちは、人《オ》＝男《ーム》の権利を成文化し、世界に向かって宣言しはしたが、女性の権利のほうは忘れてしまったのではないだろうか。彼らが女性のことを少しも気にかけなかったのは、女性の影響力が強かった十八世紀にたいする反動であろう。

十八世紀には、マントノン夫人からポンパドゥール夫人に至るまで、宮廷や都市では女性が風俗と文学を支配した。フリードリッヒ二世は「ペチコートの支配」と言ったものだ。というよりもサロンの支配と言うべきだろう。ドファン夫人、ジョフラン夫人、レスピナス嬢、ドルバック夫人、エルヴェシウス夫人は洗練さについて、またときにはすぐれた才能について規範を作った。スキュデリ嬢は才女連にしか受けなかったが、エピネ夫人はルソーを満足させ、シャトレ夫人はヴォルテールを眩惑した。

モンテスキューが『ペルシア人の手紙』で描くところのペルシア人は、ヴェルサイユでもパリでも女性が政治的な力を持っていることを賞賛している。彼は「女性たちの手であらゆる種類の恵みがもたらされ、ときには不正も引き起こされる」と記している。女性は「一種の共和国を形成しており、そのメンバーはいつも活動的で、互いに頼り合い、助け合っている。まるで国家の中に新しい身分ができたようだ。……ペルシアでは二人か三人の女性が王国を牛耳っていることに不満を持つ者がある。フランスはもっとひどい。女性全体が統治をしている。しかも女性全体として権力を持っているだけでなく、一人一人がその権力を分かち持っているのだ。」

これとは逆に、大革命は、ルソーの教えに従って極端に反女権的だった。ジャン＝ジャック・ルソーがその基調を作ったのである。「従属が女性の自然な状態である」と彼は述べている。『エミール』では「女性は男性に譲るようにできている」と確言している。大革命の前には女性の立場を擁護していたコンドルセは、革命の混乱期になると沈黙した。

一七八九年に全国の選挙人が選挙区ごとに作成して三部会に提出した陳情書には、

女性の権利要求はほとんど載っていない。おそらく女性たちは、十八世紀のあいだに満ち足りてしまい、要求すべきものを持たなかったのだろう。例外があることが逆に、規則があることを示している。というのは、美人で金持ちのオランプ・ド・グージュは、享楽的な未亡人で編み物女性《トリコトウーズ》クラブの創設者だったが、一七九一年に「女性と女性市民の権利の宣言」を起草した。その中で彼女は、「女性も、断頭台に上る権利があるのだから、演壇に上る権利も有するべきだ」と要求した。ロベスピエールは、後者の権利は拒否したが、前者の権利は認めた。彼は厚かましいオランプ・ド・グージュ夫人を逮捕し、ギロチンで処刑した。

他の女性たちも大革命の中で、おのおのの役割を果たしていた。十月蜂起の参加者になる者もあれば、ロラン夫人やリュシル・デムーランのような犠牲者もいたし、クレール・ラコンブのような扇動者や祭典会場で自由の女神や理性の女神を演じる者もいた。だが、それらはいずれも二次的な役割でしかなく、活動的な女性は別の分野にいた。シャルロット・コルデや、ヴァンデーで戦った女戦士たちである。

ロベスピエールはルソーの忠実な弟子であり、根っからの反女権論者だった。彼は性的な欲求不満を持っていたのである。ロベスピエールにまさるともおとらぬ反女権論者のショーメットは、女たちがサン＝キュロットの赤帽子をかぶってパリ市の総評議会にあらわれると、憤慨してこう言った。「厚かましい女たちよ。いつから自分の性を捨てて男の真似をするのが許されるようになったのだ。女たちが家庭と赤児の揺り籠を守るという尊い仕事を放り出して広場にやって来るのが、いつから習慣になったのだ。」オート＝ピレネ県出身の国民公会議員デュポン・ド・ビゴールなどは、提出した布告案《デクレ》の第一〇条に「男性の職務を執りおこなう女性と結婚した者は、その市民権を失う」（公教育委員会の議事録に引用）としたためたものである。テルミドール後も、タリアン夫人テレサ・カバリュスは、その影響力の大きさをうたわれていたものの、実際は総裁政府のメンバーを閨房の中でしか支配できず、当時の伊達女《メルヴェイユーズ》たちの流行を左右したにとどまるのである。

ナポレオンは、大革命の反女権的傾向に最後の仕上げをし、生まれ故郷の家父長制的伝統を大陸に持ち込んだ。コルシカでは女性は食事の給仕をし、自分は立って食べるか、さもなければ竈《かまど》の石に腰かけて食べた。皇帝は母親を尊敬していたが、妹たちは馬鹿者扱いしていた。彼の民法典では、女性は半人前のままだった。女性は夫に服従せねばならず（第二一三条）、夫の同意がなければ出廷することも持ち物を譲渡することもできなかった。法律におけるこうした女性の無能性はナポレオンの女性観に合致するものだった。「われわれになにかよいことを吹き込む女性もいないわけではないが、われわれにくだらぬことをさせる女はその百倍もいる。」彼は民法典に離婚の規定を設けたが、それは男性が自由になるためのものであり、なによりも彼自身が離婚するために設けたものだった。ジョゼフィーヌかマリー＝ルイーズか。彼女たちは愛情の対象というよりは、要するに子供を作るための存在だった。スタール夫人からどういう女性が最良かと尋ねられたとき、彼は「いちばんたくさん子供を産んだ女性」と答えている。そのスタール夫人自身には亡命する権利しか残されていなかった。

体系の精神

大革命は思想協会――種々のサロン、各地のアカデミー、読書クラブなど――で養成された知識人によるものであり、彼らは過去を精算してゼロから出発することで新世界を建設するのが自分たちの使命だと大真面目に信じていたのだ、ということを見落としたら、大革命を理解できないだろう。彼らはごく単純な原則を持っていた。すなわち、各個人の利益と全体的利益のほかには何も認めないこと、支配者の都合や状況に左右されながら、経験にもとづいて作り上げられた時代遅れの制度は何一つ残すべきではないこと、以上である。

フランスの君主制は徐々に形成された不完全なものだった。フランスの革命は法にもとづいた完璧なものでなければならない。それまでの州は地理的・歴史的事情に応じて区分されていたが、大革命は、これを一辺が一八里《リュー》の等しい大きさの正方形からなる県に置きかえようとした。こうした幾何学的形状を住民に押しつけるだけの力はなかったから、結局は自然発生的な地方区分にかなり妥協した線引きをすることになったが、どの県も県庁所在地までは馬で一日で行けるものとする、という原則は貫いた。

距離単位の改革も同様に形式一点ばりだった。基礎的な単位は自然や算数に求められた。一メートルは地球の子午線の四分の一のそのまた一〇〇〇万分の一（少々誤差があったが）とされた。これは、憲法制定議会に任命された、ボルダ、ラグランジュ、コンドルセ、ラプラス、およびモンジュをメンバーとする委員会が実施した測地作業の成果である。同委員会は、アンシャン・レジーム下にカシーニ、ついでラ・コンダミンが進めていた作業を引き継ぎ、ダンケルクからバルセロナまでの子午線上の距離を測定させた。目安となるはずの多くの鐘楼が時代錯誤的な信仰のシンボルとして取り壊されていたことから、測定作業は難しくなった。鐘楼の代わりに、教会の塔に標識や三角板を取りつけて代用しなければならなかったのである。

このメートルの単位をもとにして、面積、体積、容積、重量の単位が作られた。トワーズ、オンス、パント、ペルシュといった単位はなくなり、新たにキロメートル、トン、立法メートル、リットル、ヘクタールなどが誕生した。これは小学校の教師にとってはありがたい話だった。そうした単位がギリシア語やラテン語の語根を多用していたからである。十進法が採用され、一〇倍はデカで一〇分の一はデシ、一〇〇倍はヘクトで一〇〇分の一がセンチ、一〇〇〇倍がキロで一〇〇〇分の一がミリ、という接頭語がつけられた。それでもなお、新しい単位が使われるまでには多くの抵抗や因習を打ち破らねばならないのである。国民公会がいくら布告《デクレ》を発しようが、フランス人は、何世代にもわたって先祖と同じように里《リユー》やアルパン、コルドやボワソーの単位で数えつづけている。職業によってはいまだに十二進法を守りつづけている。宝石業者はカラットを使うし、印刷業者はポイントやシセロで数えているのである。

自然の法則は必ずしも十進法に合致するわけではない。たとえば、地球は、一七八九年以後もなお、依然として一〇の倍数にはならない日数で太陽の周りをまわっているし、月は一年に一二回ほど地球の周りを回転する。学者のヴィアロンは一日を二〇時間、一時間を五〇分、一分を一〇〇秒にしようと提案した。ラグランジュは十進法に固執した。彼は一日を一〇時間としてデシ日《ジュール》とし、デシ日《ジュール》は一〇センチ日《ジュール》からなるものとした。時計には一本の針しかつけず、それが一〇〇の刻みがついた文字板の上をまわるのだった。ラグランジュの要請を受け、国民公会は一日を十進法的に区分することを決め、一日の一〇万分の一が平均的な人間の脈拍に相応するとの布告を出した。しかし文字盤と脈拍はこの布告をみごとに無視し、一般民衆は見向きもしなかった。

共和国は、週を旬《デカド》に変えはしたものの、一二の月を続けて使うことは認めた。ただし名前をとりかえたのである。最初は各月に突飛な名前（ジュ・ド・ポーム、バスチーユ、ふちなし帽《ボネ》、槍《ピック》）をつけようとした。「羊飼いの娘さん、雨がふる」を作った詩人のファーブル・デグランチーヌは――インド会社の株にたいする二度の投機のあいだに――魅力的でたいへん異教風の名前を考えついた。オーズ、アル、エール、イドールなどである。キリスト教暦は共和暦に置きかえられた。共和暦元年の第一日はくしくも秋分の日に一致した。

こうした改革の一部は短命だった。フランス人は、日曜日や復活祭、クリスマスのある伝統的な暦に執着した。しかしメートル法は、最終的には地球上のほとんどの国に受け入れられることになるわけで、少しずつ生活習慣に取り入れられていった。この点では大革命の成果は実り豊かだったのである。長さの単位から始まった度量衡単位の改革は、おそらく、アンシャン・レジームに端を発するものだった。子午線を基準にとることもすでにその頃から考えられていたが、その後の政治的な革命がメートル法革命を促進し、かつ首尾一貫したものに整えたのである。この改革は万人に役立つものだった。たしかに君主制は、これほどの大転換を実行するには、あまりにも保守的で寛容すぎたといえるだろう。

もう一つの改革もまた、まさに革命であった。すなわち法律の改革である。革命下の議会は弁護士や判事、検事あがりの議員でいっぱいだった。ロベスピエールは、法服貴族とブルジョワ法曹にまたがるこうした議員たちの一つの典型だったのである。ボナパルトは、古代ローマの模範、とりわけローマ法にとりつかれた世代を、彼なりのやり方でみごとなまでに体現している。民法典は、憲法制定議会が下準備をし、参事院において完成されたわけだが、それは古ぼけた慣習を時代遅れのガラクタ専用倉庫にぶち込み、今日まで続くフランスの法律的枠組みを作った。この法典は体系の精神が生み出した傑作であり、多くの国の民法の見本となっている。フランスでは、この民法典によって法律の形式が統一され、所有権が最終的に確立された。

一八〇六年から一一年にかけて、帝政はさらに四つの法律をこれにつけ加えた。民事訴訟法、商法、刑法、刑事訴訟法である。こうした法制度上の成果は二つの点で賞賛と尊敬に値する。一つは早さで、それらの法律が短期間のうちに作られた点、もう一つはアンシャン・レジームの伝統を無視することなく法改正の基盤を作るというその考え方である。この法典編纂の結果がいくつかの点においてフランスに損害を与えなかったならば、避けられない欠点があってもなお、肯定的に評価されただろう。だが、商法は株式会社を国の許可制にすると規定し、それによって産業の発達にブレーキがかかった。また民法典が相続財産の平等な分割を強いたことから、人口が伸び悩んだ。ルナンによれば、人が捨て子として生まれ、独身のまま死ぬ社会が作られたのである。

体系の精神にはいい面もある。社会的秩序を維持するための要因だからである。だからといって、主体性を抑圧したりブレーキをかけたりする要因であってはならない。この四半世紀における法律面の決算には、いやでも陰影に富んだ最終的判断がもたらされるであろう。

改革か混乱か。自由の獲得か自由の喪失か。いずれにせよ種はまかれたのだから、いやでも刈り入れをしなければならないのである。十九世紀、二十世紀に自由は芽を出す。その中には、労働への自由、公的扶助への自由のように、忘れられていた自由も含まれている。

こうした事後の発展から顧みたとき、大革命を貸方のほうに記入することができるだろうか。同じ種類の自由は、イギリスのように大混乱を生じなかった国において、そしてまた（まさにイギリスがそうであるように）フランスの後塵を拝するのではなく、フランスに先駆けて政治的自由と自由主義経済に達した国において開花したのである。

第四章　文化の決算

学校

大革命まで、教育は基本的には私的におこなわれていた。国家ではなく教会が若者を教育する役を担っていたのである。「小学校《プティト・ゼコール》」において初歩的な知識が授けられ、コレージュでは中等教育が、大学では高等教育がおこなわれた。どの段階でも貴族や金持ちの子弟が優遇されるようなことはなかったが、教育の恩典にあずかるには、やはり生まれがいいか財産があったほうが有利だった。あまり恵まれない家では子供を学校にやる余裕はほとんどなかった。子供たちは労働力として畑仕事にかり出され、種まきや収穫の手伝いをすることはラテン語の勉強をしたり、あるいは読み方を習うこと以上に有益だと考えられていたのである。

十八世紀の初めにはフランス人の五人に一人が書くことができた。一七八九年には三人に一人強の割合となった。人口学者の調査によれば、より正確には三七パーセントである。それは多いとも少ないともいえる。他の国々に比べれば多いが、エリートが活発な知的活動をおこなっていた国としては少ないのである。

一七八六年から九〇年までの五年間の結婚証書をみると、夫のほうは四七パーセントが署名をしており（その一〇〇年前には二九パーセント）、妻は二七パーセント（同じく一〇〇年前には一四パーセント）である。民衆教育は、とりわけパリ、フランシュ＝コンテ、ロレーヌ、アルザスで長足の進歩をとげ、明らかにモン＝サン＝ミシェルとレマン湖をつなぐ線の北側で、より普及していた。バス＝ノルマンディとロレーヌでは八〇パーセント以上が署名しているのにたいして、バス＝ブルターニュでは一〇パーセント以下である。

中等教育は、コレージュでおこなわれ、科学系の学科もあった。一七六二年にイエズス会が追放され、オラトリオ会に活躍の場が与えられるようになると、数学や自然科学の基礎が授業に取り入れられた。一七八九年にオラトリオ会は、定評あるコレージュを七〇校ほど統轄していた。

高等教育は二五（アヴィニョンを入れれば二六）の大学でおこなわれていた。各大学は地方の主要都市にあり、法学部、文学部、さらには医学部からなっていた。中央権力は、大学の独立を尊重しながらも、監査官の統制下に置こうとしていた。

国の教育機関としては士官学校しかなかった。ルイ十五世が、指揮官養成の目的で作ったのである。ブリエンヌの士官学校では若き日のボナパルトが学び、オセールではダヴーが、ポン＝タ＝ムソンではデュロックが学んだ。士官学校は地方に一二校あり、各校から選ばれた優秀な生徒は、シャン＝ド＝マルスの向かいの、ポンパドゥール夫人が建築家ガブリエルに作らせたという荘重な建物の中に設けられたパリ士官学校で勉学の最終課程を修了するのだった。

大革命になると、子供たち全員に平等の教育を授けるために、つぎつぎと立派な計画が立案された。憲法制定議会が一七九〇年に創設した委員会において、タレイランはすべての自治体に小学校を一校ずつ設立することを提案した。立法議会におけるコンドルセの報告の中では、国民教育の目的は次のように定義されている。「人類のすべての個人に、自らが必要とするものを賄い、自己の権利を知ったうえでそれを行使し、自己の義務を受け入れて実行するための手段を提供すること。……一人一人が自分の能力を完成できるように便宜をはかってやること。……技芸の上達が市民全般を満足させるような方向に教育を導くこと、……人類がより完全なものとなるために貢献すること。」教育は公権力の問題となり、すべての人を対象とし、知識の全体系を包含するものとなった。こうした目的のため——そしてここにも大革命が持つ体系の精神が認められるのだが——教育はいくつかの段階を持つものとしてとらえられることになった。すなわち、全自治体における基礎教育、小村ごとの中学教育と都市ごとの高校教育、大学がある都市での高等教育である。一七九三年の二度目の人権宣言では「教育はすべての人に必須のものである」と規定している。「教育はパンにつぐ民衆の生活必需品である」とダントンは断言した。

こうした教育の位階制に従って、「小学校《プティト・ゼコール》」は公立小学校となり、コレージュは「中央学校《エコール・サントラル》」に変わった。一七九三年十二月二十五日の布告《デクレ》は初等教育を義務教育とした。六歳の学齢に達した子供は八歳になるまでに学校に入れて、少なくとも連続して三年は勉学させることが親の義務となり、違反した者には直接税の四分の一の罰金が科せられ、再犯の場合は市民権が剝奪されることになった。国民公会議員で教育家のラカナルの報告にもとづいて採択された一七九四年十一月十七日の法令は、この罰をさらに重くするとともに、授業料を無料にすると規定している。

だが、こうした気前のいい文言は死文のままだった。オラトリオ会の学校や神学コレージュは消滅してしまったが、共和国はそれらに代わる施設を創設できなかった。共和国はまた士官学校も廃止した。反革命側の反乱が起こったブルターニュ地方のラ・フレッシュにあるコレージュでは生徒たちが「国王万歳」と叫んだものである。大革命は、調査し長談義に明け暮れるばかりで、文盲の増加を放置した。教育者を揃えられなかっただけでなく、教職志願者に公民証の提示を要求したのである。公民証さえ提示すれば、誰でも教師になることができた。墓掘り人夫、酒場の経営者、靴直し、破戒僧などが教師になったのである（ジャン・テュラールによる）。

足りなかったのは教師だけではない。国有財産として聖職者の所有地が売却されたことから、学校用地も不足した。国民公会議員はときとして突拍子もない考えにとりつかれた。公安委員会は「ヴェルサイユ宮殿に共和主義者のための中央学校と公共体育館を建設すること」を提案したのである（一七九三年七月八日の議事）。「暴君にたいする嫌悪のうちに育った市民が、暴君の宮殿で学んでいるのを見るのはうるわしいことである。ルブランの間《ま》は写生学校に、調馬場は乗馬学校に、運河は水泳学校に用いられる。ヴェルサイユの建造物はすべて国立学校のために使われる。」この提案は採択されたが、調査のために委員会に回されたまま、それっきりになった。

図書も不足していた。国民公会は読み方と計算の基礎を学ぶための教科書を作ることを約束していた。しかし、ジョルジュ・ルフェーヴルによれば、せいぜいのところ農民用の年事暦か、「狂信の書」とされた教理問答ぐらいしかなかったのである（『大革命期のノール県の農民』）。

アントワーヌ・プロストはその『教育史』の中で失敗を認めている。「大革命はその政策を遂行する手段を欠いていた。学校制度に関する大革命の諸原則は、やや先走ったものだった。」

フランスの若者がこれほどみすぼらしい教育しか受けられない状態は久しくなかったことだ。高等師範学校は、一七九五年一月に幹部教育者養成を目的としてラカナルの主導で設立されたが、四カ月で閉鎖された。ナポレオンは、（多少誇張はあったが）大革命の教育制度の破綻を認めざるをえなかった。「一八〇四年に私が戴冠したとき、フランス人の九六パーセントは字が読めなかった」（モントロンの『日記』一八二〇年八月二十日の項）。

教育状況が改善されるのはやっと帝政期に入ってからである。それでもなおナポレオンは、初等教育よりも中等もしくは高等教育に関心を持っていた。彼は「私の目的は、政治や道徳に関する世論を指導する手段を手に入れることである」と認めている。

帝政期のパリには各区《アロンディスマン》に男子小学校と女子小学校が一校ずつしかなかった。これにたいして私立学校は三〇校ぐらいあり、主として一八〇二年以降の修道会復帰の波に乗ったキリスト教学校修士会が経営にあたっていた。中等教育についてみると、中央学校《エコール・サントラル》は高校《リセ》となり、そこでは授業の開始と終了を太鼓で知らせていた。共和暦十年フロレアル十日の法令は、控訴院管区ごとに少なくとも一つの高校を設置しなければならない、と定めた。高校は全国で四五校作られ、うち四校がパリにあった。ナポレオン高校（のちのアンリ四世高校）、帝国《アンペリアル》高校（もとのルイ＝ル＝グラン・コレージュ）、サン＝タントワーヌ通りのシャルルマーニュ高校、ショセ・ダンタンのボナパルト高校である。それらの高校ではギリシア語とラテン語の授業がおこなわれ、ラシーヌやコルネイユが朗唱された。歴史の教育は教授がいないので中止された。しかし、その同じパリでは四〇ほどの私立コレージュが主としてブルジョワの子弟を集め、国立高校と張り合っていた。なかでも最も有名だったのはサント＝バルブ・コレージュで、パンテオンと帝国高校のすぐそばにあった。

国は、初等教育と中等教育では私立学校に水をあけられたが、高等教育では一矢を報いた。総長の指揮のもと、アカデミー査察官の援助を得て、学部が再編成されたのである。法学部、文学部、科学部、神学部および医学部で、モンプリエとストラスブールの医学部がいちばん有名だった。

学部全体は帝国大学にまとめられ、文部大臣がこれを総括していた。一八〇八年以降、この大学からはずれた施設は一つも創設されなかった。

こうして秩序を取り戻したにもかかわらず、フランス人の教育は四半世紀のあいだに後退し、とりわけ初等教育の後退が著しかった。署名したり書いたりできる者は三七パーセント以下となり、一八三〇年でも三三パーセントにすぎなかった（J・C・トゥタンの推計）。王政復古期にいくらか教育の進展がみられたことを考慮するなら、一八一五年の時点では三〇パーセントを割っていたかもしれない。小学校に通っている子供は、帝政期の終わりに、一一〇万から一三〇万人ほどだった。そのうち七五万から九〇万人が男児で、女児は三五万から四〇万人だった。中等教育のほうは、革命に勝利したブルジョワジーが関心を寄せていたこともあって、一七八九年の登録生徒数七万人にたいして、八万人を数えていた。全体としてみると、人口そのものが増加していたので、十歳から十九歳までの就学率は一・四パーセントのまま、何の進歩もなかった。内訳をみると、男児の就学率が向上し（一七八九年に二一・八パーセントだったのにたいして二一・九パーセント）、その分、女児の割合が減ったようだ。この時代の反女権主義的傾向の犠牲になったと言える。

フランソワ・フュレとジャック・オズーフ（『読むことと書くこと、フランス人の識字化』）は、アカデミー査察官ルイ・マジョロがおこなった調査を引き継いだが、アンシャン・レジーム期（一七八一年－九〇年）と比較して教育に進歩が認められるのは一七九九年でもなければ一八一四年、一八一五年でもなく、王政復古期（一八一六年－二〇年）であることを確認している。さらに言えば、識字率は、南仏セヴェンヌ地方など多くの県で後退していることを彼らは認めているのである。

現実の教育は、新生の大革命が抱いていた野心的な夢とはほど遠いものだった。タレイラン、コンドルセ、ラカナルは幻想をふりまいたにすぎないのだ。百歩譲って、この二五年間、教育に関して進歩も後退もなかったとしても、知識が急速に拡大している時代にあって停滞しているというのは、すなわち失敗なのである。万人に共通の義務教育は破綻した。それが実現するまでにはさらに一世紀近く待たねばならないだろう。

制度の存続

反対にエリートのレベルにおいては、大革命と帝政は破壊した以上のものを創造した。アンシャン・レジームから引き継がれた制度の大部分は、名称の変更や組織の改編はあったにせよ、維持され、新しい施設も設置された。

君主制が時代の要請にたいして受け身のままだったわけではない。その証拠に、共和制および帝政下の軍や行政機関の指揮官や幹部クラスには、一七八九年以前に養成された人びとが抜擢されているのである。ドゼはブルターニュ連隊の士官だったし、セルリエは、国王直属軍士官の息子で、七年戦争のときには少尉だった。カンバセレスはモンプリエの会計院の参議官、ゴーダンは二十分の一税関係の行政出身、コランクールは君主制下では幕僚だった。

アカデミーは十七世紀から公式の機関だった。リシュリューはフランス語の統一と純化のためにアカデミー・フランセーズを創設し、その会員のあいだには生まれや財産にもとづくいかなる区別も設けないと明記した。コルベールは科学アカデミー、碑文・文学アカデミー、王立建築アカデミーを創設した。それより前、一六五五年には王立絵画彫刻アカデミーが勅許状により公認されていた。ルーヴル宮殿がこれらの組織を受け入れた。

国民公会はアカデミーを一掃した。一七九三年八月八日、アカデミー・フランセーズが「度しがたい貴族主義によって腐敗したもの」との理由から廃止され、それとともに君主制から続いていたアカデミーすべてが廃された。しかしテルミドールを過ぎると、国民公会は建築アカデミーを除くすべてのアカデミーを復活させ、新たに道徳学・政治学アカデミーを開設した。相変わらずの体系の精神によって、それらは国立科学芸術院《アンスティテュ・ナシオナル・デ・シャンス・エ・デ・ザール》のもとに統合され、八つの部門に分けられた。科学、政治学、道徳学、歴史学、文法学、詩学、芸術・朗読術である。リュシアン・ボナパルトはアカデミー・フランセーズの再建を計画した。ナポレオンは学士院《アンスティテュ》を残し、新たに四つの類からなるものとした。科学・数学、仏語・仏文学、歴史・古代文学、美術である。ルーヴル宮殿がこれ以上混雑しないよう、学士院はコンティ河岸にある元カトル＝ナシオン・コレージュの建物に設置された。こうしたアカデミーの類は王政復古に至って改組される。ともあれボナパルトは、アカデミー会員に、帯剣とダヴィドのデザインになるオリーヴの若枝を刺繍した制服の着用を認めたのだった。

もう一つの過去の遺産が、王立植物園である。ここは当初、ルイ十三世治下にあっては薬草園だったが、学者たちが「植物学、化学および解剖の実習」をおこなえる場として、この種の施設のモデルとなる。植物学者のジュシュー兄弟、博物学者のビュフォン、ドーバントンのおかげで、植物園は世界的な名声を博するようになった。もともとの「薬草棚」に自然の三大界に割りふられた陳列室がつけ加えられ、世界各地からコレクションが集められて、優秀な教授陣がこれを統括していた。

大革命は、アンシャン・レジームの諸制度にケリをつけようとしていたものの、王立植物園にはあえて手を出そうとしなかった。大革命は人間も建造物も重要視しなかったのだが、植物には手を触れなかった。ジャン＝ジャック・ルソーから自然にたいする情熱を受け継ぎ、エコロジーを先取りしていたのだ。それで植物園は抹殺を免れたのである。

ラカナルのおかげで、王立植物園は国立自然誌博物園となった。付属の研究所ができ、科学教授のポストが設けられる。動物園が併設され、ヴェルサイユの旧王立動物園で生き残っていた猛獣や、ピシュグリュが連れ帰ったオランダ総督の象、ベルンの熊、反革命の容疑をかけられた大道芸人から「反公民的」として没収された動物などが収容された。

同じく図書館も救われた。修道院の「蔵書」はしばしば略奪されたが、適当な時に取り戻されたものもあった。リュシアン・ボナパルトは、内務大臣のときに、そうした図書をもとにアジャクシオの図書館を作った。ボルドーの公立図書館は没収した本で蔵書をふやした。ダルジャンソン侯が設立し、アルトワ伯が買い取ったパリのアルスナル図書館では、大革命下に入手したバスチーユの文書と首都の修道院の蔵書によって内容が充実した。マザリーヌ図書館は枢機卿マザランのコレクションをもとに出発した図書館で、カトル＝ナシオン・コレージュに遺贈されていたのだが、学士院と同じ運命をたどる。パンテオン図書館は、近くにあるサント＝ジュヌヴィエーヴ修道院のコレクションを引き取った。シャルル五世が創設した王立図書館は、コルベールの手配でヴィヴィエンヌ通りに置かれていたが、国立図書館になった。ここには大革命下に、亡命貴族や宗教団体から没収した図書三〇万冊が寄贈された。ナポレオンはこれを帝国図書館とした。いずれの体制も図書館制度そのものを変える力はなく、単に名前が変わっただけである。

文書館は、図書館と違って被害を受けた。領主の証書類の多くは一七八九年以来、農民によって燃やされ、また国民公会はそうした証書を破棄するよう命じた。多くの文書が消失したが、それというのも各地の武器庫が羊皮紙を回収し、砲兵隊で使う薬包に用いたからである。戦争は人命を奪っただけではない。過去をも抹殺したのである。

新しい制度

しかし新たな創造もあり、それらは今日でも注目すべきものである。最も有名なのは理工科学校《エコール・ポリテクニーク》の設立だった。それと同じ頃に工芸保管所《コンセルヴァトワール・デ・ザール・エ・メチエ》、鉱山学校、土木学校が誕生した。「数多くの創造は、その偉大さによって、そしてそれ以上に、その精神とそこにこめられた心によって人をとらえるのだ」とミシュレは例の叙情的な調子で叫んでいる。彼は「この世の始まりの日々のようだ。創世だ」と感嘆し、「啓蒙の光が噴出したのだ」と要約している。

こうした新しい創造物の爆発について説明し、大革命の枠組みの中に位置づけねばならない。憲法制定議会と立法議会は計画を立てる程度のことしかできなかった。恐怖政治はぜんぜん別の関心と目的を持っていた。実効ある計画が考案され実施されたのは、とりわけテルミドール以降であり、一七九四年と九五年は格別に実り豊かだった。帝政は基盤をかため、計画を具体化した。

新しい制度は全くの無から生じたわけではない。アンシャン・レジームにも技術学校はあった。いちばん有名だったのはメジエールの陸軍工兵学校で、カルノやモンジュはそこで養成された。ル・アーヴルには王令によって作られた海軍兵学校があり、ラ・フレッシュには陸軍幼年学校があった。リヨンとアルフォールには獣医学校があった。パリには鉱物冶金学校があり、一七八三年には鉱山学校となった。またトリュデーヌが作った土木学校もあった。要するに、ミシュレが誉め称える「創世」とは、かなりの程度、再建にすぎなかったのである。

しかし大革命と帝政期の人びとの功績は、繰り返しになるが、これらの制度を全く新しい統一体の部分として位置づけ、体系化したところにある。そうした進取の気性のなかで最も独創的だったのは、組織の頂点に立つ理工科学校の創設だった。開校の目的は、共通の教育を受け、科学知識をがっちり身につけた学生を技術学校に送り出すことにあった。モンジュが公安委員会に創案を採択させ、一七九四年九月に、公共事業中央学校の名称で同校は誕生したが、一年後には理工科学校と改称された。モンジュ、ラグランジュ、フルクロワ、シャプタルなどが教授をつとめた。学校は当初、ブルボン宮殿内に設置されていたが、ナポレオンがこれを軍隊風に組織し、サント＝ジュヌヴィエーヴの丘にある旧ナヴァール・コレージュに収容した。

テルミドール派の国民公会は、各県庁所在地に中央学校を設立して、科学と工業の知識を教えることにした。パリには君主制時代から織機や機械類が集められていたが、一七九四年十月の布告《デクレ》により、工芸保管所が作られる。総裁政府のときにもとのサン＝マルタン修道院を保管所とすることが認められ、さまざまな機種の陳列室、実習所、図書室、公開教室、博物館などが設けられた。

この四半世紀のあいだに多くの博物館が活性化された。民衆に知識を得る楽しみを与え、特にあらゆる分野の技芸に触れさせるのが目的だった。たしかに、それ以前にも技芸家や好事家は、開放された陳列室で王侯が集めた精巧なピンセットや鋏を自由に見ることができた。しかし共和制下のフランスは王室の財宝を国民の財産とし、それが多くの愛好家の役に立つことを誇りとしたのである。

古めかしいルーヴル宮殿は、国王たちからは住みごこちがいいとは思われていなかったのだが、芸術家をはじめ文人、学者が住みつき、さらにはアカデミーが入って、金のかかる施設になっていた。彼らは皆、君主の費用で養われていたのである（これに関してはイヴォンヌ・サンジェ＝ルコックのたいへん生き生きした本『知られざるルーブル』を参照。Yvonne Singer-Lecocq, *Un Louvre inconnu. Quand l'Etat y logeait ses artistes*, Perrin, 1986）。ルイ十四世はこの宮殿に王室所蔵の絵画の展示室を作って一般公開した。ルイ十六世は大回廊《グランド・ギャラリー》に博物館を作ろうとした。しかしその彼は十月蜂起の反乱者によってテュイルリ宮殿に収容されてしまう。国王がタンプル塔に移されると、大回廊は「中央美術館」に変えられた。ついで芸術家たちが容赦なく引っ越しさせられ、皇太后の間《ま》はナポレオン博物館になった。ルーヴル宮殿は博物館としての使命を見出したのである。

プティ＝ゾギュスタン修道院にフランス記念碑博物館ができ、パリにはあらゆる種類の展示場が秩序立った形で揃うことになる。絵画はルーヴル、彫刻はフランス記念碑博物館、各種技術は工芸保管所、自然科学は国立博物館といった具合である。

大衆を教育するという賞賛すべき目的を持って、国民公会は地方にも博物館を建設しようとした。しかし、宗教団体や貴族の持ち物を取り上げて美術品の委託所を作るぐらいのことしかできなかった。ここでもまたナポレオンが、委託所のいくつかを美術館とし、首都にはふさわしくないと判断した絵画をパリから送った。

こうしたやり方は中央集権的な情熱が多少感じられるものの、大革命と帝政の功績とすべきであろう。しかし、この点に関して完全な独創性を認めるのは行きすぎである。すでに見たように、これらの制度の多くはアンシャン・レジーム期から着手されていて、アンシャン・レジームが終わってから完成したのである。それにフランスが実施する以前に他の国々が似たような試みを始めていた。ロンドンには工学校と大英博物館があり、ベルリンには理工科学校、オックスフォードには公共博物館、ウィーンにはベルヴェデーレ美術館、フィレンツェにはウフィツィ美術館があった。

大革命がなくてもフランスは同様の文化施設を持っただろうと想定できる。ただ、大革命によってその実現が容易になり、かつ促進されたのである。なぜ容易になったのかといえば、それまで私有だった財物が国家集団に移されたからで、略奪と横領がもたらした恩典だった。なぜ促進されたかといえば、それは革命の激烈さそのものによるのであって、それが二五年にわたって歴史の歩みを加速させたのである。

言語

一七八九年から一八一五年のあいだにフランスを襲ったような動乱は、当然ながら、言語上にも長期的な混乱をもたらしたはずである。新しい政治風俗や新たな社会関係によって、あるいは占領した国々、連隊に編入された外国人と接触することで、読み書きの仕方は根本的に変質し、統辞法は混乱し、新たな語彙がふえたに違いないと思われる。

ところが全然そうではなかった。フランス人は一八一五年になっても、一七八九年と同じように話したり書いたりしていたのである。言語上の改革は表面的で一時的だった。この驚くべき連続性は、フランス語がルイ十四世統治の末期にはかなりの安定性を持つに至っていたことによる。紳士はフランス語をきちんと使いこなし、下層民は、少なくともパリでは、紳士たちの真似をしようとしていたのである。ヴェルサイユでは、ルイ十六世の時代に、一部の廷臣たちが下品な風を装い、貴婦人の中には下卑た流行に従って悪い言葉遣いをする者もあった。大革命が民衆の言葉遣いを日常会話に持ち込んだわけではないのである。革命より早かったのだ。それどころか革命の指導者層は、程度の高い教育を受け、人類愛に目覚め、進んで洗練された言いまわしを用いたが、それはフランス語を損なうものではないし、ましてや下品にするものではなかった。

もちろん、大革命には独自のキーワードがある。国民《ナシオン》、祖国《パトリー》、愛国者《パトリオット》、法《ロワ》、憲法《コンスティテユシオン》のように、古くからある言葉に新しい意味を付与したものもあれば、フイヤン派、ジャコバン派、ブリソ派、エベール派といった政治グループを指す語として新たに作られたものもある。山岳派《モンターニュ》の語は、議会において階段状になった議場の高いほうを想起させる。十戒が刻まれた石板を受けにシナイ山に登ったモーゼを思い出すというなら話は別だが。大革命中の用語のなかには民衆の服装から借用した言葉もある。「カルマニョル」と「サン＝キュロット」がそれで、前者は、当時は民衆のダンスの一種を指したが、もともとはピエモンテ地方の短い上着のことであり、後者はズボン吊りをつけた長ズボンをはいている人、すなわち作業服を着た勤労者層のことだった。街灯で首吊りの私刑にあったりギロチンに送られることになるアリストクラートは「元貴族《シ＝ドゥヴァン》」、あるいは「黒《ノワール》」と呼ばれた。言葉の由来は一七八九年十月に彼らが黒い帽章をつけていたからであり、また王党派の歌手アンジュ・ピトゥが街頭で歌っていた頃に黒い襟飾りをつけていたからでもあった。さらには、彼らが黒服を着た修道士や司祭の党派だったからでもある。

　全く新しい言葉が一つある。それはブルターニュ地方の反乱者を意味する「ふくろう《シュアン》」である。また一八三二年になってイギリスから入ってくるまで使われなかった言葉なのだが、フェルディナン・ブリュノが（彼の記念碑的な『フランス語史』の第一〇巻で）ジャン＝バチスト・ドルエの文書の中で見つけた言葉として取り上げているものがある。ドルエがランス市当局に「社会主義者《ソシアリスト》」の陰謀を監視するよう要請しているのである。もっとも、ここでいう社会主義者とは、アンシャン・レジームを復活させようとする「狂信者《ファナティック》」や「亡命貴族《エミグレ》」を指していた。

いくつかの言葉は特にもてはやされた。「クラブ」もその一つで、フランス式にクリュブとかときにはクループと発音された。また「委員会《コミテ》」「動議《モシオン》」「公民精神《シヴィズム》」「反乱分子《ファクシュー》」「アシニア」などもそうだった。「――さん《ムシユウ》」と呼ぶのは禁止され「市民《シトワイヤン》」になった（一七九二年八月二十一日付、パリ市布告）。「あなた《ヴー》」で呼ぶのも禁止された。こちらはルイーズ・ド・ケラリオが『メルキュール・ド・フランス』紙（一七九〇年十二月十四日）で提案した意見で、共和暦二年ブリュメールに国民公会で取り上げられ、「お前《チュ》」で呼ぶことが強制された。しかしロベスピエールはこれに従わなかったし、テルミドール以後は「市民」と「お前」は、相手を茶化すとき以外は使われなくなった。しゃれ者《ミュスカダン》、「アンコヤブル族」〔当時の王党派的・保守的な金持ちの若者グループ。incroyable（信じがたいの意）という言葉を、アンコヤブルと、わざと「r」を抜かして発音し、これを連発した。「しゃれ者」も「伊達女」もそれと似たような若者のこと〕、伊達女の時代が到来したのである。

革命による新語が実際に導入されたのは暦だった。曜日や各月の呼び方がそれである。それらは今では詩の中にのみ生き残っている。たとえば「メシドールの偉大な太陽」とか「共和暦二年の兵士たち」を称えるような場合である。これとは逆に、度量衡に関する新語は人類の恒久的な財産となった。メートル、リットル、グラムは十八世紀の末にもたらされた変革のうちで最もしっかりしたものだった。

『デュシェーヌ親爺』に倣ったいくつかの新聞が好んで使った俗っぽく、卑猥な表現は一時的なものだった。「こん畜生《フートル》」「ならず者《ジャン=フートル》」「うすのろ《フトリケ》」などの言葉が刺激的だったのはしばらくのあいだだけである。「掃き溜めのホメロス」エベールは、明らかに、「民衆っぽく」しようとした。だが演壇では古代の雄弁家を真似た叙情的高揚に訴える言葉のほうが、ののしり言葉よりもてはやされた。貴族の首を斬っているときに、貴族のスタイルが花開いたのである。

それというのも、革命の雰囲気というのは、雄弁術から日常生活のあらゆるふるまいに至るまで、すぐれてギリシア・ローマ的だったからである。「共和国《レピュブリク》」は、「護民官《トリブン》」や「三頭政治執政官《トリアンヴィル》」と同じく、ローマ起源の語である。新聞や演説の中には「スラの怒り」だとか「ネロのくびき」といった言葉が頻出した。ミラボーはローマの衆議会場「キャピトール」や、政治犯をつき落として処刑したキャピトールの裏の「タルペイウス岩壁」という語を援用した。マラはティベリウスやカリグラを告発した。子供たちにはセヴォラとかカシウスといった名前がつけられた。大人たちもアナクサゴラス（ショーメットの場合）とかアナカルシス（クローツの場合）とかブルトゥス（リュシアン・ボナパルトの場合）と名のった。共和国は、古代ローマの警士リクトルが持っていた（斧の回りに笞を束ねた）束桿を紋章とし、雄鶏を記章とした。ガルス（=雄鶏）とガリア（=フランスの古称）をひっかけた語呂合わせである。

ボナパルトは同時代人と同じようにティトゥス=リヴィウスとプルタルコスを精神

的な拠り所としていたので、滑稽な模倣を続けた。ユスティニアヌス帝の『法学提要』は彼の枕頭の書だった。エジプトではアレクサンダー大王、カエサル、アウグストゥスの跡をたどった。そしてローマからは「統領《コンシュル》」「軍団《レジオン》」「住民投票《プレビシト》」「元老院《セナ》」「護民院《トリビュナ》」「県知事《プレフェ》」などの語を借用した。

言語もまた革命の熱気に巻き込まれたのである。一七八九年の陳情書は、啓蒙思想家たちに学んだ知識人が起草したもので、ラテン語の引用でいっぱいだった。憲法制定議会は「拒否権《ヴェト》」を考案し、国民公会は「最高価格法《マクシマム》」を考え出した。革命下のお前呼ばわり《テュトワモン》は、ある意味では、「あなた《ヴー》」にあたる語を持たないラテン語の復活でもあった。サン＝ジュストはスパルタやプラトンの『共和国』が示唆するような社会を夢見た。グラックス・バブーフの名は（古代ローマの）グラックス兄弟にちなんだものである。皇帝の息子はローマ王の称号を得た。

ラテン語は、ナポレオン時代の高校《リセ》で尊重され、上級学校（法学部、医学部、理工科学校）に入学する際の必須科目とされたのだが、当初、革命家たちはこれを禁止した。なぜならラテン語は教会の言葉だったからであり、また愛国者たちは、フランスを統一し、一体化するために、単一の言語を望んだからである。

方言との戦い

地方語、固有語、方言、俚言にたいしてフランス語の優位を確立することは国家の一大事だった。一七八九年に地方ではパリやトゥレーヌ地方の言葉、すなわち標準語をしゃべる人間はほとんどいなかった。そこで「実質的な平等を維持するためには、人びとが言語のせいで二つの階級に分離されることがないようにするのが緊要である」ということになり、コンドルセがその原則を措定した。二つの階級とは、フランス語のできる人びととできない人びとであり、後者には強制的に教えることにした。またしても平等の名のもとに自由が抑圧されるケースである。

一七九三年十月二十一日の法令で「子供たちはフランス語を話し、読み、書くことを学ぶこと」が規定された。アベ・グレゴワールは固有語と俚言に関する報告の中で「一大国民の言語を統一すること……この試みはフランス人民にふさわしいものである。フランス人民は社会組織のあらゆる部門を一元化しており、一にして不可分の共和国において、できるだけ早く自由の言語のみが変わることなく使用されるようになることを切望しているのである」と述べた。バレールは公教育委員会の名において、フランス語の優秀さを賞賛し、地域ごとに異なる固有語を断罪する仮借ない報告を国民公会に提出した。

この一七九四年一月二十八日(共和暦二年プリュヴィオーズ八日)の文書において、

バレールははばかることなく、フランス語は「ヨーロッパで最も美しい言葉であり、人と市民の権利を最初に明確に打ち立てた言葉であり、自由に関する至高の思想や政治に関する最も偉大な考察を世に広める使命を負った言葉」であると断言している。

これにたいして「バス＝ブルターニュ語や（アルザスの）ドイツ語、（コルシカの）イタリア語は、狂信と迷信の支配を永続させ、司祭や貴族の統治を保障し、大革命が九つの新しい県におよぶのを妨げ、フランスの敵を助けるものである」としている。

バレールの非難はさらに続く。西部の五県では「農民は『法《ロワ》』という語と『宗教《ルリジオン》』という語を混同している」し、「コルシカの住民はフランスの法が存在することすら疑っている。」多種多様な固有語は専制の遺産でしかない。「連邦主義と迷信はバス＝ブルターニュ語で話される。亡命と共和国嫌悪はドイツ語で話される。反革命はイタリア語で、狂信はバスク語で話される。危害と誤りをもたらすこれらの道具を打ち壊そう。」

そして結論としてこう述べている。「市民が国の法を知らないのをそのままにしておくのは祖国にたいする裏切りであり、啓蒙の光が毒され、さえぎられるのを放っておくことである。政治思想の道具にして、大革命を伝える最も確実な媒介物たる同一の言語を市民に与えよう。共和的となったフランス語の優越性に誇りを持つことにしよう。われわれの敵はフランス語を宮廷語にしてしまい、その品位を落としていた。

それを人民の言葉にするのはわれわれであり、それによってフランス語は名誉あるものとなるだろう。世界語となるのはフランス語だけである。」

この雄々しい名調子も詩人のアンドレ・シェニエには滑稽だったようで、彼は「ばかなバレールのばかげたたわごと」とこきおろし、バレールを「無知、衒学、粗野、悪党、半可通」とみている。しかし国民公会は報告者バレールの結論部分の熱気に浮かされ、同じ共和暦二年プリュヴィオーズ八日のうちに、ブルターニュ、ロレーヌ、アルザス、コルシカ、バスク地方、カタロニア地方の学校にフランス語を課する旨の布告《デクレ》を採択した。その結果、一一の県（フラマン語を話すノール県とイタリア語を話すアルプ＝マリティム県が含まれる）の農村部の全自治体においては「一〇日以内に」教師が任命されねばならず、教師たちは「若い男女市民全員に、毎日、フランス語と人権宣言を交互に教えねばならない」ことになった。これら教師は元貴族や聖職者であってはならないというのだから、全く向こう見ずな規定である。どこで教員を見つけ、どうやって養成するというのだろう、わずか一〇日ばかりのうちに。

国民公会は言語における恐怖政治を広範に実施しようとしたが、地方の固有語にたいする戦いは、中等、高等教育を除いて失敗した。教える資格のある人員が不足しており、小学校ではしばしば俚言が話されていた。一方では、共和国が発する無数の法令、布告、条令を国民に知らしめなければならず、ジレンマを生むことになった。俗語に翻訳しなければ法文は理解されないままになるだろう。俗語に翻訳したらフランス語の普及をあきらめることになる。革命の理念と言葉のどちらを広めるべきなのだろうか。

ナポレオンは言語についてはより寛容だった。自分がイタリア語で読み方を習ったことを忘れておらず、アルザスから徴集された騎兵に国語を強制するのを差し控えた。「あの連中の方言など放っておけ。どっちみち剣はフランス語でうなりをあげるのだ」と彼は言った。必ずしもこの言葉どおりにふるまったわけではないが、これが彼の考えであった。

それに、学校で教えるよりも召集をかけ徴兵をするほうが、さまざまな言い回しを一般化することに貢献した。強制するより時間をかけるほうが効果があったのである。ナポレオンはセント＝ヘレナ島で、フランス語の体系化に向けて主導権をとらなかったことを悔いている。「夕食後、私たちはフランス語について話しあった」と、グルゴーは記している（一八一七年二月六日付の日記）。例外を減らすために学者たちに文法を改革させなかったことを、皇帝は後悔している。「フランス語は完成した言葉ではない。余はそれを整えるべきであった。」

国際レベルでみると、フランス語の優越性は保たれた。亡命と征服のおかげで、フランス語は国境の外に広がったのである。ハンブルクに追放されたジャーナリストで語学者のリヴァロルは、その地でなお、フランス語を守り通した。それまでの実績から、フランス語は相変わらず宮廷と外交用語として、リスボンからペテルスブルクまで、ヨーロッパ中で通用する言葉だった。英語は貿易で使われるようになったばかりで、多少の地歩を占めていたとはいえ、まだフランス語の優位性を脅かすものではなかった。

結局は、語彙の面でも言語の普及という面でも、大革命と帝政によってこれまでの用法が混乱することはなかった。ルイ十八世のもとでも、ルイ十六世の頃とほぼ同じだったのである。

文学

政治上の大変動が文学にプラスになることはめったにない。コルネイユからモリエールに至る古典主義時代や、モンテスキューに始まってヴォルテールに終わる啓蒙の時代のまばゆい成果のあとでは、革命の時代の文学は貧弱に見える。革命の初期には新聞の発行人が発奮したぐらいのものだった。その後の恐怖政治もナポレオンの独裁も、天分や才能を開花させるのに好都合だったとは言えない。天才たちがいたとしても、彼らは沈黙するか身を隠すか亡命していたのである。

大革命は偉大な文人を必要としなかった。なぜならすでにルソーがいたからであり、彼を賞賛し、その遺骸をパンテオンに安置すればよかったのである。『新エロイーズ』と『社会契約論』の著者からたえず刺激を受けていた演説家は何人もいる。ミラボー、ヴェルニオー、バルナーヴ、ダントン、ロベスピエール、サン＝ジュストたちの演説は力強く、必要とあれば筆も立った。しかし彼らは純文学よりも政治の世界の人間であり、ほとんど全員がギロチン刑に処せられ、文筆活動が断ち切られた。

帝政は文学的才能を発揮するのにふさわしい時代になりえたはずだった。アウグストゥスの世紀はナポレオンの世紀の予兆だったと言えるかもしれない。しかし戦争は腕力とともに頭脳をも動員してしまい、不寛容と検閲が精神活動を不毛にした。皇帝の宮廷が迎え入れたのは、ベルナルダン・ド・サン＝ピエールのような君主制時代の生き残りか、ネポミュセーヌ・ルメルシエや優しいミルヴォワのような小物だった。こうしたなかで唯一、注目に値する文人はナポレオン本人だった。ジャン＝ジャック・ルソーに倣ったジャコバン風の叙情的文体を試みていた若き日のボナパルトではない。将軍となり皇帝となった彼であり、その手紙や布告は熱のこもった文体で書かれている。

帝政期が不毛の時代でなかったことは確かである。しかし大作家は恐怖政治の陣営や帝政制度の指導者側にはいなかった。他に抜きんでていた作家は二人いた。一人は詩人でもう一人は散文家だった。詩人のほうは自らの最期を予見して「汝、徳よ。私が死んだら泣いてくれ」と歌った。その詩人、アンドレ・シェニエは、『月々』の作者ルシェーとともに死刑囚護送車に乗ったが、処刑台を前にして『アンドロマク』の最初の台詞を朗じた。「ああ、かくも忠実な友に再会したのだから、私の運勢は新たに開けるだろう……。」散文家のほうはアメリカ合衆国、ついでイギリスに亡命し、その地で大革命の混乱よりは貧困を選び取った。彼は帝政に賛辞を贈るのを拒み、警察の監視を受けながらパンフレットを執筆した。この散文家ルネ・ド・シャトーブリアンから見れば、ナポレオンは「栄誉にみちたカイン」だったのである。

サド侯爵はアンシャン・レジーム下では封印状のおかげで死刑を免れていたが、恐怖政治下に再び投獄され、統領政府によってシャラントンの病院に収容されて、そこで無軌道な生涯を終えた。『危険な関係』の著者コデルロ・ド・ラクロは、オルレアン公と危険な関係にあり、そのためテルミドール以前は入獄していた。

他の作家たちは大革命と帝政に抗議し、それらと戦った。ヴェルギリウスの訳者であるドリルはブルボン家に忠実だった。ジョゼフ・ド・メストルは革命のフランスよりも『セント＝ペテルスブルクの夕べ』を好んだ。ジェルメーヌ・ド・スタール夫人はナポレオンに追放されたが、彼女に我慢ならなかったナポレオンは、「彼女はローマでもウィーンでもロンドンでも、行きたいところへ行くがいい。だがパリに入れてやったら、彼女は余を苛立たせるだろう」と言った。

無信仰家《リベルタン》のレティフ・ド・ラ・ブルトンヌは国民公会から年金を受けていたが、統領政府は彼を学士院《アンスティテュ》から遠ざけた。また、風刺的な『ナポレオンヌ』を書いたシャルル・ノディエは帝政警察によって追放された。著述界においては体制派より反対派のほうが明らかにまさっていたのである。

ナポレオンが文筆家を信用しなかったのはそれなりの理由があったに違いない。一八一〇年に、彼は書店・印刷業監督局を作り、書店の数を六〇軒とした。「君主と国益に関する義務に反することは印刷してはならない」という指示が出された。

外国には大作家がいた。イギリスではバイロンとウォルター・スコットの名声が高まっていた。カントとシラーが息を引き取ったのは、ナポレオンがゲーテをレジオン・ドヌール勲爵士とする前だった。皇帝は自分の帝国以外のところで輝く天才しか認めないかのようであった。

大革命と帝政が残した大いなる所産があらわれてくるのは、このあと、数十年たってからのことである。古典主義にたいするロマン主義は、ある意味で、遅れて来た革命だった。ラマルティーヌは『ジロンド派』を発見し、ユゴーは『九三年』をよみがえらせた。彼らは大革命と帝政のドラマから個人的には被害を受けなかったから、いっそう寛大で熱烈だった。彼らは、身の危険をおかすことなく、英雄を賞賛し、叙事詩を歌うことができたのだ。「義勇兵たちよ、諸君の兄弟であるすべての国民を解放するために死せよ。」「陛下、陛下の都に入られませ。」こうした格調高い調子を記すには、そこで歌われるような状況を作り出した造化の神の多くの行跡を赦さねばならないのである。

出版、演劇、音楽

書籍は素材面で変わった。印刷業者ディドがエソンヌで購入した製紙工場で会計係をしていたルイ＝ニコラ・ロベールは、一八〇〇年の少し前に、紙の工業生産を可能にする機械を考案した。紙を薄片にするときに職人が使っていた手工業的な桶の代わりに、紙を連続してボビンに巻き取れる回転式プレスを使うようにしたのである。この発明によって原価が下がり、紙の生産が増して本の普及に拍車がかかった。さらに、多様な素材も用いることができるようになった。リンネルの古布から作ったきれいな紙の代わりに、質の落ちる再製紙が使われるようになった。例によってイギリスが新方式を独占し、一八〇三年にはケントでこの型の機械が稼動する。これ以後、廉価本が普及し、美しい本は少なくなった。

装丁は安っぽいものになった。赤いモロッコ皮や淡い色の子牛皮で装丁し、背に綴帯を施したような本はほとんどなくなった。安価な羊のなめし革や厚紙の装丁で十分だった。だから愛書家は大革命以前の本とそれ以後の本を一目で見分けられるのである。大革命後の本文用紙は破れやすく、斑になっていることが多かったし、装丁も簡略になっているからである。製本技術は質を犠牲にして発展した。

演劇も衰退した。大革命や帝政を支えた信念を賞揚するような傑作は生まれなかった。ボーマルシェやマリヴォの時代、劇作家としてのヴォルテールの絶頂期はどこへ行ったのだろう。ゴルドニは年金を打ち切られて貧窮のうちに死んだ。

しかしながら一七九一年一月十三日の布告《デクレ》で、劇場は解放されたのである。誰でも芝居小屋を開くことができたし、いかなる演目であれ上演できるようになった。まさに、何だろうとかまわず上演されたのである。パリでは、三〇軒ほどの劇場が自由の看板のもとに開かれたが、演目は無意味なものばかりで、奇妙なほど因襲的ですらあった。

一七九三年には検閲がおこなわれるようになる。「公共精神を堕落させ、王政という恥ずべき迷信をよみがえらせる『傾向のある』演目を上演した劇場はすべて閉鎖され、支配人は逮捕されて法の規定により処罰される」（一七九三年八月二日）。八月十日（の蜂起）を記念して、八月四日から九月一日までのあいだは週三回、『ブルータス』『ウィルヘルム・テル』『カイウス・グラックス』の三悲劇を上演して民衆の教化に資することが命じられた。

劇の上演がいくらか容易になったにしても、作家たちが才能を競い合ったわけではなかった。コラン・ダルルヴィルやピクセレクールといった作家は後世に伝えるに値しない。詩人シェニエの弟マリ＝ジョゼフ・シェニエは哲学ドラマと共和主義的な悲壮感に道を求めた。帝政期の検閲官は彼の作品を評価せず、『ティベリウス』は上演禁止となった。

結局、帝政は見世物の自由に終止符を打った。一八〇七年の布告はパリの劇場を、八軒を除いてすべて閉鎖した。その八軒とは、四軒の国立劇場——レミュザに任せられたオペラ座、もともとモリエールの作品を上演するのが専門だったのに、もっぱら悲劇を演じるようになったテアトル＝フランセ座、オペラ＝コミック座、およびオデオン座——と四軒の二流の劇場である。後者ではレパートリーがはっきり限定されていた。ヴォドヴィル座はミュージカル、ヴァリエテ座はきわどい寸劇、ゲィテ座は笑劇と道化芝居、アンビギュ座はメロドラマである。それぞれの劇場は各自のレパートリーを守らねばならなかった。

さらに文学と同様、劇場にも検閲があった。帝政期にはラシーヌの『アタリ』とヴォルテールの『マホメット』が検閲にひっかかり、上演が禁止された。

芝居は凡庸だったが、劇場は大当たりしていた。「最低の悲劇が人びとを引きつけている。どの劇場も満員だ」とスタンダールは日記に記している。成功の要因は俳優がすぐれているところにあった。タルマとジョルジュ嬢を贔屓《ひいき》の役者にしたのはナポレオンだけではなかったのである。それでも俳優だけでは舞台の光栄を長続きさせるには不足だった。

音楽は演劇よりも恵まれていただろうか。大革命前夜の時点ですでに、フランスは音楽の面では中央ヨーロッパの宮廷と肩を並べるような地位にはなかった。ウィーン、ザルツブルグ、ミュンヘン、マンハイムが音楽の中心地だった。しかしモーツァルトもついにはヴェルサイユに自分を認めさせに来たし、グリュックはフランス語によるオペラ＝コミックを作曲し、パリにしばしばやって来た。外国の作曲家は進んでフランスに居を構えた。彼らはクープランや、より近くは悲歌劇やオペラ＝バレエの作曲家として第一人者だったラモーの威光に無関心ではいられなかったのである。フィリドールやグレトリのようなフランスの音楽家には天賦の才のみが欠けていたのであって、環境は整っていたのである。

大革命と帝政が、ナショナリズムを鼓吹し、ドイツ国民の意識をめざめさせたことで、音楽表現のほとんどの分野におけるドイツ語圏の優位は確固たるものとなった。立法議会が召集された頃、ウィーンではモーツァルトが『魔笛』を上演していた。ボナパルトが統領政府をひっくり返した頃、ベートーヴェンは最初の交響曲を書いていた。ナポレオンがアイラウやフリートランドで戦っている頃、若きシューベルトは最初の歌曲を書いていたと思われる。

革命期のフランスでは、音楽は民衆的であろうとした。音楽は宮廷から町の広場へ、教会から大通りへと移っていったのである。独創性すら失われた。『カルマニョル』と『サ・イラ』は古くからある曲に報復の言葉を乗せただけである。のちの公式頌歌『帝国の安全を見守らん』が古いオペラ＝コミックの合唱曲ですませていたのも同じことである。

新しい市民的典礼、つまり理性の女神や最高存在を崇める祭典は後代に伝わらなかった。ただしルージェ・ド・リールが作った『ラ・マルセイエーズ』は、バルバルー率いるマルセイユ義勇軍が広め、ゴセックが編曲して、人びとのあいだで熱狂的に歌われた。恐るべき兵士たちが、われらの息子や伴侶を殺戮しに来る、兵士たちの「不浄な血」がわれらの田畑の肥やしとなれと歌うこの歌は、著しく人種差別的な感情を賞賛するという間違いをおかしている。この「戦いの歌」について、ゲーテは「どの国の言葉に訳しても、持てる人びとにふさわしいものとはいえない。貧民連中を慰め、元気づけるために書かれた曲でしかない」と述べている。

マリ＝ジョゼフ・シェニエ作詞になるメウルの『出発の歌』の勇壮な調べにのってバスチーユ攻略五周年を祝う式典がおこなわれ、マラの遺骸がパンテオンに運ばれた。以後、この歌は、愛国的な儀式の場では必ず演奏されるようになる。そして帝政下の軍楽隊は、攻撃を告げ、血と高慢に酔った国王たちにたいしていつでも突撃ラッパを吹く用意はできていることを示すべく、この曲を奏でた。

帝政期の音楽は、コルシカ流のイタリア音楽好みがはっきりとあらわれている。つまり、うっとりするような曲ではあるが、聞く者が奮い立つ気にはならない音楽である。ナポレオンは自分の趣味にあったイタリア人楽士をフランスに招いた。それがスポンティーニとペジェロであり、彼らは戴冠式のミサ曲を作曲した。

この四半世紀の音楽に関する決算はお粗末なもので、何曲かの甘ったるい叙情曲と、メウルやボワルデューが作曲したオペラ＝コミックを数えるぐらいである。わずかに評価できるのは好戦的な頌歌と、テ・デウムの復活、音楽院《コンセルヴァトワール》の創設だけだが、音楽院にしてもかつての王立歌唱・朗詠学校を引き継いだものにすぎなかったのである。

いずれにしてもボワルデューがベートーヴェンでないことは間違いない。ベートーヴェンはボナパルトを称えるためにエロイカ交響曲を捧げたが、ボナパルトが皇帝ナポレオンになると、その献辞を取り消したのである。

科学

科学部門では、いかなる体制であれ進歩にさからうことは難しい。人間がそれまでに獲得した知的な蓄積を取り消すことはできないし、新たな発明を拒否することもまた不可能である。革命とは、原則として、あらゆる分野において進歩を推し進め、革新的なものを受け入れるためにおこなわれるものである。最悪の場合を想定してみても、せいぜい過去の体制に依拠する発見を打ち消したり、望ましくないとか余計だと思われる発見にブレーキをかけたり、自己のイデオロギーと両立しないものについては行き止まりの道に迷い込ませたりする程度であり、いずれも例外的な事例にすぎない。たとえばスターリンが生物学者トロフィム・ルイセンコの説に依拠してプロレタリアート的、マルクス主義的な遺伝学を支持し、メンデルのブルジョワ的遺伝学に反対したというようなことがあったにせよ、そうした誤りはめったに起こらないのである。大革命の場合も、アンシャン・レジーム下の学者はペテン師だったとか、ヴォカンソン、キュニョ、モンゴルフィエなどは軽蔑にしか値しないと頭ごなしに決めつけたりはしなかった。しかし、大革命が科学の役割を十分に認めないことはあった。こうした態度は、革命裁判所長官がラヴォワジェにたいして「共和国は学者を必要としない」と応じたところに典型的にあらわれている。

このテーマについては、革命による文化財破壊に関するアベ・グレゴワールの報告の中で扱われ、そこでも共和暦二年フロレアル十九日の件が取り上げられている。この日、徴税請負人の前歴を問われたラヴォワジェは二八人の徴税請負人とともに死刑を宣告されたのだが、この、空気の組成と酸素の役割を発見した化学者は、このとき、今やっている重要な実験を終えるまで刑の執行を猶予してほしいと要求したのである。

前述の裁判所長官の言葉はおそらく他人が作ったものだろう。しかしこの言葉は何人かの革命家の志向を簡潔にあらわしている。彼らにとってギロチンの刃は新しい正義のシンボルであり、化学式より重要だったのである。「共和国は学者を必要としない」というのは、世界はフランスに科学の進歩よりも徳の厳格さの手本を期待しているということであり、フランスは知識面より政治の規範の点で他をリードしているということなのである。

大革命に参加した者が、共和主義者にせよそうでないにせよ、すべてこのような気持ちを抱いていたとか、科学を軽視していたと考えてはならない。理工科学校、自然誌博物館、工芸保管所の設立が提唱されたように、未来の学者を養成するためにきちんとした配慮がなされたのである。メートル法が実施され、学者の仕事は容易になった。砲兵出身のボナパルトは、科学知識を身につけた軍隊が一国の軍事的優位にとっていかに重要かをわきまえていたのである。

ボナパルトはまた、エジプト遠征に際し、エンジニア、博物学者の一団を伴い、地図と、遺跡や資源の目録を作成し、機械や運河、土木工事による生活条件の改善方法を探求するよう要請した。数学者のモンジュはこの遠征に同行し、ボナパルトからエジプト学院の筆頭理事に任ぜられたが、風車の建設、井戸の掘削、ナイル川の水の浄化などを研究した。化学者のベルトレはモンジュとともにスエズ地峡とシナイ半島を探検した。建築家のルペールは地中海と紅海を直接に水路で結ぶ件について理論的な基礎条件を提示した。遠征に同行したエジプト学者は碑文の写しを持ち帰り、これがのちにシャンポリオンのヒエログリフ解読につながったのである。

エジプトの冒険に参加した学者たちは、帝政下にその業績をあらわすようになる。モンジュは一八〇九年に『幾何学への解析の応用』を著し、総合幾何学と解析幾何学の革新のもとを作った。ベルトレは『化学統計試論』を著し、単体の化学構造の絶対的不変性という原則に疑問を投げかけた。彼はまた炭酸ナトリウムの工業的合成法を編み出し、アルクァイユ協会を作ってビオ、アラゴ、ゲイ＝リュサックなどの若い研究者を励ました。

ジャン＝バチスト・ビオは隕石の星体起源説を認め、地球の磁気や音速を研究し、空気の濃度を測定した。フランソワ・アラゴは諸惑星の直径を確定し、偏光を発見した。ルイ・ゲイ＝リュサックは気体の膨張の法則を立てた。また彼はエジプトから持ち帰った気球に乗り、高度七〇〇〇メートルまで上昇して空気の組成が一定であることを実証し、ナポレオンが提供した乾電池を使ってホウ素を発見し、塩素が一種類の原子からなることを確認し、ヨウ素の命名者となった。

同じ頃、第一王政復古後にルイ十八世から侯爵の位を贈られるラプラスは『宇宙の体系』を著し、『天体力学』を発表し、『確率論』を組み立てた。これらの研究者たちに、皇帝は援助を惜しまなかった。共和国とは違って、帝政は学者を必要とすることを認識していたのである。

彼は自らの名声を支え、権力を堅固にするために、学者を必要とした。その権力とは、まずなによりも軍事的権力だった。特殊技能を持つ者は軍隊と戦争のために動員されたのである。

技術

技術面についてみると、大革命は、一七九二年七月の「祖国は危機にあり」宣言のときから、あらゆる専門家を呼び集めている。モンジュは鋼鉄と大砲の製造を任され、ラグランジュは弾道計算をするよう依頼された。化学者のシャプタルとベルトレ、フルクロワは火薬を調合し、プリュール・ド・ラ・コート＝ドールは軍需品の補給を担当した。数学者、化学者、軍事エンジニアが、ラザール・カルノーの呼びかけに応じて仕事にとりかかる。鉄や銅など、必要な金属がなくても武器を製造し、制海権を持つイギリスに綿花や砂糖の通商路を遮断されても、火薬や織物や食糧を生産できるようにするのが目的だった。帝政にとってはたった一つのこと、すなわちフランスが自給自足し、長期化する戦争の必要に応じて技術を革新することが至上命令だった。

大砲用火薬を製造するには、多量の硝石に硫黄と木炭の炭素を少量混ぜねばならない。硝石が不足すると、国民公会は地下室の土から採集しようと考え、個人の住宅の地下室はすべて、視察、掘削、洗出の対象となる旨の布告が出された。ついで、市民は自ら洗出し、議会とジャコバン・クラブにこの「復讐の塩」、「解放の塩」となる硝石を持参するよう指示する訓令が出された。その後、国家は硝石の独占権を手に入れ、一八一九年までこれを手放さなかった。

　創意工夫の成果はすべて、軍事目的にかなう方向へと曲げられた。気球の場合はどうだろう。ルイ十六世の時代にモンゴルフィエの実験やピラトル・ド・ロジエ、アルランド侯爵らの開発によって気球が生まれたときには、観測用に使われるはずだった。ところが公安委員会は気球偵察部隊を創設し、一七九四年のモーブージュ攻囲の際にはこの気球部隊が大いに活躍したのである。可視信号による通信法はどうだろう。クロード・シャップは通信エンジニアの肩書きを得て、工兵中佐の給料を受け取っていたが、一七九三年四月十二日にメニルモンタン、エクアンおよびサン＝マルタン＝デュ＝テルトルのあいだの八里《リュー》の距離でこの通信法の実験をした。至急の通信で九分かかった。サルト県でさらに実験がおこなわれたのち、国民公会は実用化に踏み切った。フルクロワは、「共和国の防衛に役立つ技芸について」という報告において、これを「新しい革命的連絡手段」と呼んだ。一八〇〇年にはパリとリール、ストラスブール、ブレスト間に計三本の通信線が引かれていた。食糧の保存はどうだろう。食糧を長期にわたって保存できれば、遠征中の兵士や水夫の食糧補給に役立つはずである。政府は、肉や野菜の品質を何カ月も保存する方法を発見した者には一万二〇〇〇フランの賞金を出すと約束した。パリの砂糖菓子製造業者ニコラ・アペールは、食糧を密閉した広口瓶に入れて湯煎《ゆせん》することを思いついた。彼はコンデンス・ミルクを最初に製造し、帝国海軍の御用商人となった。

地図製作法も帝政の軍事的要求に貢献した。ルイ十五世の主導で、一七五〇年にカシーニが製作を始めたフランス全図は、八万六四〇〇分の一の縮尺（一目もりが一〇〇〇トワーズ）で一八一枚にのぼるものであり、一七八九年に完成した。この地図は大革命下の戦争、および帝政下におこなわれた戦争では大いに役立った。ナポレオンはこれを高く評価し、併合諸県（一五枚の追加）、シュワーベン（一八枚）、ババリア（一七枚）の地図を追加するとともに、スイス、ピエモンテ、カタロニアまで広げるよう要請した。しかし、自分の軍隊だけで地図を独占したかったナポレオンは、その使用を制限し、カシーニの業績を公表させなかった。地図は一八一五年以降になってやっと出版されたのである。

戦争が技術の進歩を促しはしたものの、大革命はしばしばその歩みを遅らせたし、ナポレオンは発明に関して、いくぶん先見の明を欠くところがあった。恐怖政治が数多くの科学上の業績を危険にさらしたことは間違いない。なにも、ギロチンが中断させたラヴォワジェの研究だけの話ではないのである。蒸気船の原型である「火の船《ピロスカフ》」を一七八三年にソーヌ川に進水させた、フランシュ＝コンテのジュフロワ・ダバンの実験は大革命によって中断することになり、ジュフロワは亡命を余儀なくされた。ロレーヌのキュニョは一七六九年に、ショワズール公臨席のもと、自動車の原型である牽引車を走らせた。この車は大砲を引くのにも役立ったはずだが、大革命はキュニョの発明に無関心だった。人造ソーダ（炭酸ナトリウム）の製法を発明した化学者ニコラ・ルブランは大革命の際に財産を没収され、自殺に追い込まれた。

ナポレオン自身も、慣習にとらわれて、役に立つはずの発明を見落としてしまうということがたびたびあった。彼は、係留するのが難しいという理由から気球を戦争に用いなかった。シャップの通信法にも関心を持たなかった。一八〇五年以降の帝政フランスでは通信線は全く作られなかった。ニュースを素早く伝えるのはくだらないことのようであった。大革命と同様、ナポレオンもキュニョの牽引車を利用しなかった。アメリカ人のフルトンは、ラプラスやモンジュの援助を得てパリで仕事をしており、潜水艦と魚雷を発明し、「火の船」を改良したが、ナポレオンは彼を追放した。シャルル・ダルリは一八〇三年にスクリュープロペラを発明したが、ナポレオンはそれを知らなかったか、もしくは真面目に考慮しなかった。これを使えば、イギリス艦隊に立ち向かうこともできたのではないだろうか。だがナポレオンはそうは考えなかった。

もしくはそう考えるだけの時間的余裕がなかった。

こうして、フランス人が足踏みしているあいだにイギリス人は前進した。ここに悲劇がある。すぐにではないが、将来においての悲劇である。この十九世紀初頭において、イギリスは明らかに強大なライバルだった。イギリスはナポレオン支配下のヨーロッパに対抗し、フランスが世界一の地位を占める権利を否定していたのである。

技術面ではイギリスが点を稼いでいた。イギリスはシャップの通信法を用いたが、柱の腕木を可動翼で代替した。キュニョの牽引車もないがしろにせず、レールの上に乗せた。鉄道の発明である。蒸気運搬車は一八〇一年に炭鉱で使われた。この運搬車にはスリップするという欠点があったので、ブレンキンソップは一八一一年にギザギザのついた車輪をつけ、歯形のレールと嚙み合わせて走らせた。チャップマンは一八一二年に連結装置をつけて輸送車を牽引した。ヘドレーは一八一三年にスリップしないようロットをつけた機関車を作った。スティーヴンソンは一八一四年にヘドレー型の機関車の四輪に、ピストンのついた円筒状ボイラーをとりつけた。こうしてイギリスが有益な発明をつぎつぎと生み出しているあいだ、フランス皇帝の軍隊はロシアの雪に足をとられ、ドイツやフランスの平原で戦っていたのである。

道路建設の改革をおこなったのもまたイギリスだった。フランスの道路網は一七八九年には世界一だったが、保全が不十分だったり侵略されたりして傷んでいった。一方、スコットランド人技師ジョン・マッカダムは、一八一五年にブリストル伯領の道路総監に任ぜられ、不透水舗装の方式を実用化するが、この舗装法はやがて文明国中で採用されることになる。

鋳鉄の橋が川をまたぐようになった。パリの芸術橋《ポン・デ・ザール》は一八〇四年、アウステルリッツ橋は一八〇六年に作られた。しかし、ここでもまたイギリスが先を越しており、セヴァーン川のビルドウォズには一七九五年、サンダーランドには一七九六年にすでに鋳鉄の橋が架けられていた。

照明産業の誕生については英仏双方が自分のほうが先だったとしている。パリ在住のアルガンは一七八〇年に円筒状の芯をつけた油ランプを考察した。しかしアルガンのランプの権利を買い取りバーミンガムで製造を始めたのは、イギリス人のボウルトンだった。彼の協力者の一人、スコットランド人マードックは石炭の煙を集め、水中を通してこれを純化し引火性のガスを取り出した。一七九二年に彼はこのガスを自宅の照明に使った。同じ年にフランス人のフィリップ・ルボンが、木材を乾留してタールを除き、得られたガスを純化用水に通して「熱ランプ《テルモランプ》」を作ることを思いついた。ルボンは一七九九年に特許を得て、サン＝ドミニク通りに最初のガス工場を設立したが、工場の悪臭に、近隣から苦情が出た。一八〇四年十二月二日、皇帝戴冠式の晩にルボンは暗殺された。こうしてパリの通りに油ランプのみじめな照明しかなかった頃、マードックのライバルたちは、一八〇八年にイギリス初のガス会社を設立し、ウェストミンスターに工場を建てた。一八一四年にはロンドンの通りにガス灯が点された。

ソーダ製造の技術も海峡を渡った。食塩から炭酸ナトリウムを得るルブラン法を発明した化学者のニコラ・ルブランは貧窮のうちに死んだが、アイルランド人のマスプラットが彼の方法を引き継ぎ、財をなした。食糧保存法も同様で、アペールの発明はイギリスで実用化された。一八一二年にバーモンドセーに工場が作られ、ガラス瓶の代わりに金属製の容器が用いられることになり、一八一四年にはブリキを使った最初の缶詰が工場から出荷された。フランス人はその頃、モンミライユやシャンポベールの戦場で華々しく討ち死にしていたのである。

テーヌがこの四半世紀の教訓を引き出している。大革命は（帝政も一緒だが）、「近隣諸国が成功した転換をおこなわなかった」と彼はのちに言っている。「諸国」と複数にしたのはテーヌがドイツも考慮に入れているからで、カントとショーペンハウアーの国における歴史学、道徳学、政治学、哲学の発達に彼は注目しているのである。テーヌは、これらの学問がフランスでは大革命以来、「時代遅れとなり、ほとんど麻痺した状態にある」と見ていた。そして彼は他の分野ではイギリスが飛躍的に発展し、次の時代を支配しようとしていることも見逃してはいなかったのである。

第五章　芸術の決算

ローマ風の仮装

芸術は文学や科学と隣り合わせであり、大革命と帝政の二五年間の芸術の決算は文化の決算の中に含めるのが筋なのかもしれない。しかし芸術部門は広範かつ独自なものなので、隣接部門と区別したほうがいいと思われる。よかれあしかれ、この二五年間はフランス芸術史に重要な位置を占めているが、差引残高は明らかにマイナスである。

この期間における芸術上の寄与は少なくない。しかしそれは君主制の終わりごろから続く傾向を引きのばしたものにすぎず、その最大の特徴は古代の模倣である。この点についてはすでに法令および言語に関連して指摘した。十八世紀末のフランスはローマ時代を生きていたのであり、二〇〇〇年前の古い文明を喜んで真似していたのだった。

古典主義時代にすでに列柱や円屋根が復活していたし、十七世紀末から十八世紀初頭にかけて、古代文学と近代文学の優劣をめぐっておこなわれた新旧論争は、実際にはゴチック時代に反対する者同士の対立にすぎなかった。建築家のペローはルーヴルの正面装飾を古典様式でデザインした。同じ頃、少しでも古典様式に見せかけようと、ゴチック式教会に切り妻壁《フロントン》が取りつけられた。一七五〇年以降、ヘルクラヌムとポンペイの遺跡が発掘され、長いあいだ知られていなかった世界が復元されると、ギリシア＝ローマ様式が新たな力で人びとをとらえたのだった。

芸術家たちはローマへ旅行して、古代の純粋性にたいする情熱を持ち帰った。家具師は反《そ》りを持たせた家具を作らなくなった。家具製造業者のジャコブは紀元前のエトルリア様式、もしくはそれらしきものにヒントを得た。彫刻家のウードンはひだの多いローマ服《トージュ》を着ているヴォルテール像を作った。ダヴィドはなよなよした気品よりは誇張的表現を好んだが、『ホラチウスの誓い』に描かれたポーズは大変な評判となり、のちに『球技場《ジュ・ド・ポーム》の誓い』の中でも議員たちが同じポーズをとっている。大革命の一年前に描かれたブルータスの絵は、大衆の賞賛の的となった。ヴォルテールが誉め称えた、暴君殺しのブルータスである。同じ様式でダヴィドは大革命とその荘厳さを描こうとした。シュロの枝と雷がふんだんに登場し、パレードや踊りが厳密に形式化され、青年は銀梅花《ぎんばいか》、老人はオリーヴの冠をつけている、そんな様式である。彼の弟子にはグロ、ジェラール、ジロデなどがいるが、いずれもローマかぶれだった。

パリはギリシア＝ローマ風の装いの枠内で大革命をおこなった。「ローマ人が消えてから世界は空虚だ」とサン＝ジュストは言った。テアトル＝フランセ座では一七九〇年に偶然のようにヴォルテールの『ブルータス』が再演された。「神々よ、奴隷制度よりはむしろ死をわれわれに与えよ。」この台詞に観客は喝采し、口々に復唱した。その熱狂は、当日劇場に臨席していたオルレアン家の人びと――オルレアン公はいとこのルイ十六世にさからって自由主義的改革を主張していたことで民衆の人気を得ていた――に向けられ、彼らはそれを自らの政治的勝利ととらえた。大革命は、怒濤のような勢いで貴族を押し流すまでは、貴族主義的だったのである。

議会を据えるのに、大革命は新しい宮殿を建てている暇はなかった。議会はやっとのことでテュイルリ宮殿の庭園内にあるルイ十五世のために建てられた調馬場に落ち着き、ついでこの宮殿の中にある劇場に入る。そして宮殿の中央部に高さ二メートルにおよぶフリジア帽を掲げた（フリジア帽は、解放奴隷にかぶせたものであるが、古代のカーニバルでは装飾の一部となっていた）。いたるところで革命芸術は、古代ローマの束桿、精霊、女神ムーサ、アテネやスパルタ、あるいはローマの立法者の像を再現した。

大革命期の都市計画は新機軸を欠いていた。国有財産として売却され投機の対象となった修道院の庭は、都市の公共用地として素晴らしい共有財産になりえたであろうに、実際には幅の狭い道路しか見られない。パリで唯一成功した道はのちの観測所通り《アヴニュ・ドブセルヴァトワール》で、リュクサンブール公園に沿って、追放されたカルトジオ会修道院の地所まで延びていた。それ以外はけちな道しか開かれていない。リュクサンブール公園の西側部分は王弟殿下《ムシュー》から譲られたものだが、そこのマダム通りはじきに女市民《シトワイエンヌ》通りになった。リシュリュー地区のコロンヌ通りは数十メートルにわたって当時の痕跡をとどめている。すなわち、ドリア式柱身で支えられたアーケードにダヴィドの『ホラチウスの誓い』を模した飾りが施されているのである。

　こうした貧弱な成果には、このほかいくつかの私設の庭園をつけ加えることができる。目先のきく商人が手に入れて、ギリシア語（たとえばタンプル大通りに面したパフォ）や、ティヴォリ、フラスカティ、フランコニといったイタリア語の名をつけて、娯楽の場としたのである。人びとはそこで酒を飲んだり、踊ったり、博打をしたり、「ニンフ」を追いかけたりした。シャン＝ゼリゼの入口では、ルイ十四世が建てたマルリ・ル・ロワ城から取りはずしてきたクストゥの手になる二頭の馬が革命広場に据えつけられ、テュイルリ宮殿の入口をにらむコワズヴォ作の馬と向き合っていた。この着想はよかったが、要するにそれはアンシャン・レジームの遺産にすぎないのである。

帝政下での古代のパロディの継続

コルシカ人ボナパルトは、大革命の子であるとともに、ローマの子でもあった。彼はティトゥス風の髪形をし、戴冠式のときには皇帝《インペラトール》の紫の衣をまとい、ローマの鷲を軍旗に用いた。

帝政様式の家具にはエジプト戦役の痕跡が見られる。つまりスフィンクスや蓮などである。さらに、鷲、白鳥、蜜蜂をはじめ、ありとあらゆる古代のモチーフがある。ニンフ、アポロンの火の馬車、勝利や栄光の女神たち、星やシュロの葉模様である。大陸封鎖のあいだはマホガニーが不足し、家具師はこぶのついたトネリコの木や、まだら模様の入ったカエデで代用した。

都市計画と建築についてみると、ナポレオンはパリを列柱付きの寺院で満たしている。二つの動機から、彼は首都に自らの刻印を残そうとした。個人的栄光を同時代と後世に示したいと望み、失業の増加が社会的動揺につながることを恐れたのである。

彼は二方面から影響を受けていた。第一がペルシエ、フォンテーヌ、シャルグランなど建築家からの影響で、彼らはナポレオンに都市の建設を勧めた。もう一つは、理工科学校の教授や土木局の技師など学者からのそれで、彼らは特に衛生化のための工事を勧めた。しかし皇帝はどちらとも決めずにすべての計画を受け入れ、かつ芸術と技術を調和させようとした。彼は幾何学者の目をもって建設に取り組んだ。衛生状態の改善にもつとめたが、実用性が美観を損なわないよう配慮した。

あらゆる点において、彼は国王たちと互角に壮大なことをやりたがった。ときにはそれが成功した。最もうまくいったのは、と言っても長続きはしなかったのだが、征服した国々の傑作を奪い取ってくることだった。彼よりも前に国民公会が、アントワープ、ゲント、ブリュッセルで奪ったフランドル芸術の珠玉の作品をパリに移送していた。ファン・アイクの『子羊の礼拝』、ルーベンスの『キリスト降架』、レンブラントの『夜警』、ファン・ダイクの『ベンティヴォグリオの肖像』などである。アルコルの戦いに勝ったボナパルトはイタリアのすぐれた芸術品をフランスに送った。それらはリヴォルノに集められ、マルセイユへ運ばれてから、一〇隻の川船でローヌ川、ソーヌ川、中央運河とブリアール運河を通ってセーヌ左岸の植物園のそばに陸揚げされた。そして、これらおびただしい数の彫刻と絵画は、軍楽隊に先導され、騎兵の分遣隊にエスコートされて、パリの街をパレードしたのである。聖《サン》マルコ寺院の騎馬像、ベルヴェデーレ宮のアポロン像、キャピトールのラオコーン像とヴィーナス像、『円盤を投げる男』、『瀕死の剣闘士』、『エロスとプシュケ』などの彫刻。ラファエロの『キリストの変容』、コレッジオの『聖ヒエロニムス』や、ティティアーノ、ヴェロネーゼによる数々の絵画である。シャン・ド・マルスでは、三色旗をつけた軽気球が舞う下で、演説や歌や踊りが、これらの財宝を迎えた。聖マルコ寺院の騎馬像とライオン像はアンヴァリッド広場に置かれることになった（騎馬像はその後、カルーゼルの凱旋門の上に置かれる）。その他の芸術品の大部分はルーヴル美術館に送られた。この美術館はファラオの財宝を略奪することによってさらに収蔵品を豊かにするのである。

　パリ市内の建設は、基本的に、ルーヴル宮とマドレーヌ寺院のあいだの区域に限っておこなわれた。ナポレオンはひしめく人口と重なりあうような小商店を宮殿周辺から追い払った。「あの下衆《げす》どもを立ち退かせろ」というわけで、民衆の自由を尊重して歴代の王が何世紀も手をつけなかったしみが二週間でぬぐい取られた。ペルシエとフォンテーヌは、ルーヴル宮殿中庭《クール・カレ》を完成させ、かつルーヴル宮殿とテュイルリ宮殿を北側で結ぶよう命じられた。カルーゼルの中庭は地ならしされ、フランス軍の栄光を顕す凱旋門が建てられた。それはセプティミウス・セウェルスの凱旋門とコンスタンティヌスの凱旋門を模していた。ローマ文化の生徒としては当然のことだろう。

　ルーヴル宮殿の北側回廊とテュイルリ公園に沿って、調馬場をつぶして、ナポレオンはリヴォリ通りを通した。古代都市がそうであったように、またボローニャやトリノがそうであるように、通りにはアーケードがつけられた。彼はリヴォリ通りをフォブール・サン＝タントワーヌまで延ばしたかったらしい。この直線とほぼ直角に、ヴァンドーム広場を通ってテュイルリと外周大通《ブールヴァール》りがつながった。フイヤン修道院を取り壊してカスティリオン通りが、カプチン会修道院を取り壊してナポレオン通り、のちの平和通り《リュー・ド・ラ・ペ》が開通したのである。ヴァンドーム広場の中央にはルイ大王の騎馬像があったのだが、ナポレオン大帝はそこにローマ皇帝を装った自分の像を建てさせた。らせん状の青銅の柱の上に像は載せられたのだが、その柱はトラヤヌスの円柱を模したものだった。通りにはリヴォリ、カスティリオン、モンドヴィ、モン＝タボル、ピラミッドといった名前がつけられ、アウステルリッツの会戦でぶんどった一二〇〇門の大砲から得た青銅製の柱が並ぶこの一帯は勝利の記念物であふれていた。

ロワイヤル通りはコンコルド通りと改称されたが、通りのつきあたりにはルイ十五世時代に着工した教会があり、皇帝はこの建設を再開した。聖《サント》マドレーヌに捧げられるはずの教会だったが、聖《サン》ナポレオンに奉献することが検討された。もしくは、いっそのこと株式取引所、取引裁判所、立法府、さらには宴会場にすることが取り沙汰された。断を下したのは皇帝だった。ここは栄光の寺院である。当然ながらギリシア風寺院で、五二本のコリント式列柱で囲まれることになる。

これと向きあって、セーヌ川の対岸にはブルボン宮殿があるが、ナポレオンはここにネオ＝ギリシア様式の列柱をとりつけた。こちらもまたコリント式の一二本の柱で、型通りのアレゴリーを描いた切り妻壁《フロントン》が載せられた。

ナポレオンはセーヌ川をパリの動脈にしようとした。アンヴァリッドやシャン＝ゼリゼにまでおよんだ浸水が引くとすぐ、彼は四キロメートルにわたって、凹凸した土手を割り石の河岸に変えた。川面には新たに五つの橋を架けた。そのうちの一つ、下流のセーヴル橋は、古い木の橋を石の橋に架け替えたものだった。また、セーヌ川を通行する船が蛇行を避けられるように、サン＝マルタン運河を掘らせた。この運河は、ヴィレットの停泊地で、ウルク運河とサン＝ドニ運河の二本に分かれている。こうした新水路により、給水所への送水が可能になった。ナポレオンは、ローマのように、無料で常時給水できるようにしたかったのである。これ以後パリには約八〇の公共給水所が設けられた。シャトレの給水所では、翼のある勝利の女神像が柱の上に据えられていた。

　精密科学に通じていたナポレオンは、自らが理想とする都市計画を推し進めることができた。エトワールの丘にフランス軍の勝利を記念して巨大な凱旋門を作る計画を立てた。ミラノのボナパルト広場に建てた凱旋門に倣ったのである。同様に彼は、パンテオン前のスフロ通りの建設に着手し、戴冠式の行列を広い広場でおこなおうとして、パリ市立病院《オテル・デュー》の敷地を削った。またシャイヨの士官学校の真向かいに、ヴェルサイユを模した長さ四〇〇メートルの宮殿を息子のローマ王のために建てることを夢見た。

　現実的な問題としては、ラ＝シェーズ神父の地所だったところを墓地にするようブロニャールに命じ、また、元のサン＝ヴィクトール修道院をブドウ酒市場にさせた。

計画にはこと欠かなかった。やはりブロニャールに任せた、これまた寺院様式の株式取引所《ブルス》の会館。さらにモン＝ヴァレリアンの宮殿、高校、省庁、兵舎、養老院などである。セント＝ヘレナ島でナポレオンはエジプト風の寺院を作らなかったことを悔やんでいる。しかし、彼の時代はじきに終わった。多くの計画は未完のまま残された。ルーヴルの北側回廊は作られず、栄光の寺院の列柱は玉縁《たまぶち》が作られたところだった。凱旋門は地上に数メートル出たところで、そして着工したばかりのリヴォリ通りはカルーゼルで中断していた。シャイヨの丘はやっと斜面の整地が終わったところだった。「聖《サン》トマスの娘会」修道院の跡地には、株式取引所の足場が組まれたところだった。

帝政が倒れると、パリは、軍事力で手に入れた傑作の数々を返還せざるをえなくなった。ルイ十八世はこれに反対したが、無駄だった。ウェリントンは強情で、大革命と皇帝が略奪した戦利品を武力にものを言わせて取り上げたのである。イギリス兵がシャン＝ゼリゼに野営し、プロシア兵がシャン＝ド＝マルス、ロシア兵がブーローニュの森を荒らしているあいだに、聖《サン》マルコ寺院《バジリカ》のライオン像はヴェネツィアに、『夜警』はデン＝ハーグに、ベルヴェデーレのアポロン像はヴァティカンに取り戻された。カルーゼルに置かれた青銅の騎馬像はオーストリアとイギリスの部隊が警戒線を張って警護する中で撤去され、聖マルコ寺院への道をたどった。プロシア軍のブリュッハーは、すでにサン＝クルーの宮殿を略奪していたが、アンヴァリッドの館から一九の浮き彫りをぶんどった。これが、要塞を攻め取ったときの彼のやり口だったのである。これらはベルリンに送られ、一九四四年の爆撃の最中に失われてしまう。

大革命も帝政も、パリ以外の都市計画は考えなかった。地方は忘れられたのである。リヨンでもマルセイユでも、ボルドー、リールでも、まともなものは何も作られなかった。わずかにナントで列柱のついた株式取引所が建てられたにとどまる。皇帝が生まれた町ですら、地元であることの恩恵をほとんど受けなかった。統領政府のときに総督ミオが古い市壁を取り払って練兵場を開き、ジェノヴァ風の門を壊して海に下りる通りを開き、丘の中腹にそれと交差する遊歩道を作った。それだけである。もっともエリザはアジャクシオの大聖堂にイタリアのルッカで略奪した大祭壇を寄進したが。

帝政下で唯一、都市化が進められたのはヴァンデー地方で、ここは死者が多く、人口をふやさねばならなかったのである。火事で焼失した村落の跡に碁盤状の都市が計画され、ナポレオン＝ヴァンデーと命名された。のちのラ＝ロッシュ＝シュル＝ヨンである。ここに反王党派の人間を移住させたが、帝政末期になっても、住民は一五〇〇人しかいなかった。その一〇倍が予定されていたのである。

旅行者の証言

以上が総決算のプラス面である。マイナス面は意外に大きい。

一八〇〇年の春にシャトーブリアンがフランスに帰国したとき、カレーからパリへ向かう途上で彼は故国のどんな光景を見たのだろう。「火が村々を焼き尽くしたかのようだった。それらは貧しく、壊れかかっていた。そこら中が泥とほこりにまみれ、いたるところで煙がくすぶり瓦礫の山があった。道の両側に打ち壊された城館が見られた。樹木は切り倒されて幹だけが残り、その上で子供が遊んでいた。囲い込み地の垣に穴が開いているのが見えた。放棄された教会、暴かれた墓、鐘のない鐘楼、十字架のない墓地、頭をもがれ石をぶつけられた壁龕《へきがん》の中の聖人像などが見られた。壁には、すでに古くなった共和主義のモットーが落書きされていた。『自由、平等、博愛、さもなければ死。』石灰を塗って『死』という言葉を消そうとした跡もあった。だが黒や赤で書かれた文字は石灰の下からあらわれていた。この国は、一時は分解しそうに見えたが、再び生き始めていた。ちょうど野蛮の闇や中世の破壊を抜け出した国民のように。」

もちろん、われわれはシャトーブリアンの、この『墓の向こうからの回想』が「茶番と、人をかつぐ罠の連発」（アンリ・ギルマン）であり、それらを見つけて訂正せねばならないことを知っている。それにしても、この追放からの帰還の章では著者を信用できるのである。革命の一〇年間の行き過ぎが終わったときのフランスの荒廃は、著者の発明ではない。パリはその正確な実情を著者に示している。「ヴィクトワール広場とヴァンドーム広場は偉大な王の像がなくなったのを嘆いていた。カプチン会修道院は破壊されていた。……（革命期にコルドリエ・クラブが置かれていた）コルドリエ修道院では、クラブで活躍したマラやダントンが華々しい弁論を繰り広げたのはどこだったかとゴチック式の外陣に問うたが壁は黙して語らなかった。テアタン河岸では、この修道院の教会がカフェやダンスホールになっていた……。」彼の失望は真面目で的を射たものである。フランス中に鐘のない鐘楼、十字架のない墓地、王の像がない「国王広場」、破壊された修道院、世俗の用に供された回廊、種々の目的に転用され破壊を免れた教会が見られたのである。一〇年でフランスの表情は変わってしまったのだ。

シャトーブリアンほど叙情的でなく、フランス社会へのかかわり方も少なかったイギリス人のジョン・ディーン・ポールは、一八〇二年八月にカレーに上陸し、旅行者としての印象をたいへん客観的に報告している。到着してすぐに、彼は傷ついたフランスの光景に心を痛めている。「廃墟となり、朽ちかけた城館の光景はわれわれに憂愁をもたらす。多頭の怪獣（人民か共和国のことであろう）は、エレガンスとか洗練さが少しでも見られたものは何一つ容赦しなかったのである。技芸や奢侈を示す古い建物には、その持ち主の所有権もろとも、見境なしに襲いかかったようだ。」

パリへ向かう途中でアブヴィルに泊まった。「市《いち》の立つ広場にあった美しい教会は完全に廃墟となっていた。すべてがみすぼらしく荒れ果てていて、心が痛むのを覚える。乞食が多い。」

さらに進んでピキニでは「ベルナルド会の美しい修道院のうち、教会堂は破壊されていた。修道院そのものは、アミアンの工場主が最近購入し、製紙工場にするそうだ。……切り立った岩山の上では無人の古城が崩れていた。」

ヴェルサイユを訪れる。一七九七年にすでに一人のドイツ人がこの城館を訪れて、そのうらさびれた有様に驚いている。「墓場のような沈黙が支配している。私の足音が無人の壁にこだました。」それから五年たって、そこはいっそうひどい状態になっていた。ジョン・ディーン・ポールは、その損害を計っている。「この町は打ち棄てられた風情で、沈痛な様相を呈している。……宮殿の広大な中庭を横切るとき、われわれの目に映るのは略奪と破壊の跡ばかりである。板が打ちつけられた壊れた窓、蝶番《ちょうつがい》からはずれたドア、中庭の歩道に生えた雑草などを誰が悲嘆の念を持たずに眺められようか。王の紋章はすべて削り落とされ、軒蛇腹《のきじゃばら》のところどころに銃弾の痕がある。いたるところ、じきに崩れ落ちる気配が漂っている。居室は不潔な市民でいっぱいで、彼らはわがもの顔で歩き回っている。あちこちで雨漏りがしており、必要な措置をとらなければじきに完全に崩壊するだろう。」

この旅行者はグラン・トリアノンにも足をとめて、その「最終的な崩壊」は「より早い」と見た。シャンティイで敷地全体が荒廃しているのを見、クレルモンのそばではフィツ＝ジャム公の城館の廃墟を前に佇んだ（ジョン・ディーン・ポール卿『一八〇二年八月のパリ旅行の日記』）。

あらゆる証言は、恐怖政治後の一〇年ほどはフランスが衰微状態にあったという点で一致している。

文化財破壊の諸原因

こうした変容、こうした文化財破壊はなぜ生じたのだろう。およそ革命とは聖像破壊的であり、政治や社会の転覆は破壊的なのである。くつがえされた体制から受け継がれたもの、それも最良のものを、使命感すら持って攻撃するのである。というのも、その体制が才能を育みえたのだという証拠が、石材や大理石や青銅に刻まれているのを消し去らねばならないからである。忌まわしい過去の芸術の痕跡を消すことによって、革命は自己を確立するのである。そして、石材や大理石や青銅は抵抗しないし、物を壊す仕事は愉快なことだから、誰もがこの仕事をやりたがるのである。親や兄さんが積み上げた積木を手でひっくり返す子供のようなものだ。革命家というのは常に大きな子供なのである。

破壊の喜びに加えて、平等のチャンピオンたちには何事も水準化しなければならないという熱意があり、彼らは最も簡単なやり方でこれを満たそうとしたのである。ノートル・ダムやサント＝シャペルにそびえる尖塔は、彼らにすれば平等に反していると思われたから、二つの尖塔は取り払われた。トゥルーズでも、同じ名目で、ヤコブ会修道院の鐘楼とダルバド教会の尖塔が倒された。その決定は率直に「平等の印として」ということで正当化されたのだった。国民公会へ宛てた手紙で、ある派遣議員は「サン＝キュロットの質素な住居の上に高慢にそびえている鐘楼をすべて倒させた」ことを自慢している。あらゆる優越性ないしはあらゆる差異にたいする敵意によって動かされている革命家たちにとっては、エリートの首を斬ったり追放したりするだけでは足りなかった。建造物に関しても、他より抜きんでていたり、高かったりするものは取り払われねばならなかったのである。「あらゆるものが同じ高さである、というところに幸福があるのだ」と革命歌のリフレインは唱えている。

ところで、一七八九年までは国王、貴族、聖職者が絶頂にあった。もしくは少なくとも貧しい民衆を支配しているとの印象を与えていた。したがって大革命は、理の当然ながら、日常生活の中でアンシャン・レジームを思い出させるもの、つまり君主制、封建制、教会制度を廃止した。これらの遺物を破壊するという点で、大革命の文化財破壊は反王権、反封建、反教権の情熱によって動かされていたのである。

反王権の情熱を見てみよう。まず百合の花が狙われた。石材やタピスリ、絵画に描かれていた百合の花は、君主制のシンボルだった。また新旧の国王や王家一族の像、墓、肖像が狙われ、さらに断罪された制度にまつわるすべての物が同様の目にあった。

反封建の情熱を見てみよう。昨日までの権力者の城館が目標となった。中には権力者として通っていたが実際にはつましく暮らしており、領地を維持する手段にこと欠く者もいた。昔の貴族の、主塔や掘割のついた要塞や、サロンと閨房のある城館は、しばしば成り上がりの金融家の手に落ちた。何世紀も経た簞笥や革命直前に作られた簞笥には、紋章学者が喜びそうな盾の紋章がついていて、赤や青、黒や緑が豊富に使われており、同じ紋章が装丁本、皿、銀器、家具、馬具、城の門扉にも描かれていたのだが、これらは無数の略奪の対象となったのだった。

反教権の情熱を見てみよう。これがいちばん熱烈で最も破壊的だった。なぜならフランスではキリスト教は最もつましい茅屋に至るまで、あらゆるところに影響力をおよぼしていたからであり、種々のアカデミーや読書クラブのような思想協会で育まれた自由思想家は教会の教えに反抗していたからである。大修道院、教会、礼拝堂、聖遺物に一区画たりとも捧げるな、真の革命家は抹香臭い信心とは折り合わないのだ、というわけである。

破壊の足どり

こうした破壊の熱狂が恐怖政治期の専売だと思ったら間違いである。それは一七八九年からすでに始まっていて、帝政期まで続くのである。大革命が始まった直後の農民のパニック、すなわち「大恐怖《ジャクリー》」が生じた際には、自発的だったかどうかはわからないが、農民蜂起によって農民は武装し、封建的諸権利を消滅させるために羊皮紙の証書を燃やし、ついでに城館や、さらにはその住人にまで火を放ったのだった。ノルマンディの農耕牧畜地帯《ボカージュ》やオート＝アルザスで蜂起した者たちは古文書や所有証書に火を放つにとどまった。しかしドーフィネでは九軒の城館が放火され、八〇軒の城館が略奪にあった。マコネとボージョレでは七〇軒以上が破壊された。ブルターニュとバ＝ラングドックでは一軒も被害にあわなかったが、ヴィヴァレとペルシュでは人が殺された。

一七八九年には最も象徴的な破壊、すなわちバスチーユの破壊があった。もちろん、大革命以前から、都市計画の必要性と時代錯誤だとの理由から、この古い要塞の取り壊しが提案されていた。ここは久しい以前から首都防衛の機能を失っており、無法者が優雅に過ごすところになっていたのである。ルイ＝セバスチアン・メルシエは一七八二年に撤去を求めていた。ネッケルも経済上の理由から同じことを考えていた。七月十四日の翌日にはすでに、ボーマルシェとミラボー、そして何人かの社交界の女性たちが、撤去作業を始めるためにつるはしを入れる真似ごとをした。正規の命令はなかったのだが、企業家のパロワが即座に作業を引き継いだ。この仕事が金になると踏んだのである。パロワは全く自分の一存で解体した石材を自分のものにしてしまい、この有名な牢獄の模型を作って、革命下にある県や市町村にいい値段で売ったのだった。スレートはテーブルカバーにし、梁は箱やキャンディ入れに、鉄具は置物やインク壺にした。また議会には「囚人の鎖でできた」「自由人の胸を飾るための」メダルを提供した。こうして、熱心な市民との評判を得ながら金を儲けたのである。十一月には壁が何面か残っていたにすぎない。一七九〇年七月十四日には、その土台の上でパリの民衆がカンテラを点して踊ったものである。ロンドン塔は丁寧に保存されているというのに、パリはこの中世の遺構を犠牲にした。塔と掘割には風情があったのに。統領政府のもとでバスチーユの跡地は薪置き場となった。先例はできた。記念建造物を破壊することは許可され、推賞されたのである。

聖像破壊の暴力は、言うまでもなく、国民公会のもとで頂点に達した。フランス芸術は、一七九二年から九四年のあいだに最大の被害をこうむり、とりわけ一七九三年のそれは最悪の記録を作っている。まさにフランスの虐殺であった。

この時代には村全体が、農地や教会もろとも、城館があればそれも含めて取り壊された。まずあげられるのがヴァンデー地方で、アメヨンの町とかティフォージュなどである。デルベーが視察に出したポワリエ・ド・ボーヴェは「われわれが通過している地方全体が、かつてはたいへん活気があったのに、広大な無人の地のようだ。炎や煙が大きく渦巻いているので、やっと人の住んでいることが知られた。こちらに煙の出ている瓦礫があるかと思えば、あちらにはまだ燃えている家があるという具合である」と報告している。クリソンの町とその城館も同じ運命にあった。この城館はレスキュールの居城で、火を放つ前に略奪にあった。ラ＝ロッシュ＝ジャクランの居城であるラ＝ダルブリエールの城館もそうだった。ヴァンデー全体が、そこにあった珠玉の芸術品もろとも、猛火に包まれたのである。

それだけではなかった。ヴォクルーズ県では、革命派市民が植えた「自由の木」が一本切り倒されたことの報復措置として、ベドワンで五五人の男と八人の女が処刑され、五〇〇軒の家が燃やされた。コルシカでは、公安委員会からの派遣議員ラコンブが旅団長のサン＝マルタンにたいし、ノンザとファリノルを燃やしに行くよう命じた。ノンザとファリノルはいずれもコルシカ北部の半島にある村で、イギリス軍との通牒が疑われていたのである。サン＝マルタンが逃げ腰だったので、ラコンブが自ら執行した。「両村は、今後二〇年は忘れられないほどの教訓を与えられた。恐怖がわれわれを導いている。コルシカの軍営には戦慄が走っている。私はファリノルを燃やした。この見せしめは大いに効果があった。皆が震えている」と彼は公安委員会に書き送った。

単なる狂気の発作だろうか。災禍はテルミドールののちも、総裁政府や統領政府下でも、そして帝政下ですら続いた。喧嘩にケリをつけ、恨みを晴らさねばならなかったのである。秩序が取り戻されても、反封建主義と反教権主義は依然として活発だった。なにより、統領政府と帝政はギリシア＝ローマの教えに忠実であり、ゴチック美術にたいする軽蔑を表明していた。古代の純粋性を保つという名目のもとに、そして都市計画を実現させるために惜し気もなく破壊がおこなわれた。タンプルは取り払われ、サン＝ジャック・ラ・ブーシュリ教会には塔しか残らなかった。サン＝タンドレ・デ・ザール、サン＝ジャン・アン・グレーヴ、サン＝トマ・デュ・ルーヴル、グラン・シャトレの各教会（『審議日報《ジュルナル・デ・デバ》』紙は「この雑然たるかたまりは悪趣味で、公共道路の邪魔となり、市民の健康を害するものだ」と断言している）、サン＝シュルピス神学校、ヴァンセンヌ城壁の塔、フイヤン会、セレスチン会、コルドリエ会、カプチン会、カルメル会、サン＝ヴィクトル会などの修道院の礼拝堂も同様の運命をたどった。地方では、アングレームのモントロー城の主塔とサン＝ピエール大聖堂の回廊、トロワのシャンパーニュ伯の城、ソワソンのサン＝ジャン・デ・ヴィーニュ大修道院付属聖堂、ネヴァールのサン＝マルタン教会、オセールのサン＝ジェルマン教会、トゥルーズのサン＝セルナン教会などがそうだった。不要品を片づけたのである。

重大な損失だったが、それらはしばしば大革命下に始められた破壊を完了させたにすぎなかった。カンブレの大聖堂、アラスの大聖堂、ジュミエージュの大修道院。そして忘れることができないのがクリュニ修道院である。この修道院は十一世紀の傑作で、長さ一八〇メートル、高さ三〇メートルの建物である。クリュニは、一七九一年に略奪にあい、九二年に破壊命令が下され、九三年に破壊された。ナポレオンが一八一〇年にとどめを刺し、修道院には鐘楼しか残らなかった。

大革命は、怒りから破壊行為をおこなっているとみなされた。帝政はもはやそうした言い訳すら持たなかった。しかし、一八一四年と一五年には外国軍の侵入という別の理由から破壊が生じた。フランスは、その過去の財宝を守ることを第一の義務とは考えていない軍隊の手に引き渡されたのである。一二〇万の外国兵がこの国を占領した。プロシア兵はルヴシエンヌ、ムドン、ルイユ、クリシ、サン＝トゥアンを略奪した。オーストリア兵はアルクァイユを食いものにした。イギリス兵はサン＝ジェルマンの城に駐屯した。これらは戦時におけるありきたりの代価だった。

文化財破壊の技術

再び一七九三年前後の重要な時代にもどってみよう。「共和国を構成するということは、これに反対するものすべてを全面的に破壊することである。」こう言ってサン

＝ジュストは、容赦のない、断固たる根絶の原則を定めた。行きあたりばったりに破壊するのではなく、明確な目的を持ち、プログラム化された規則に従って、体系的な方法をもっておこなおうとしたのである。

その目的とは、言うまでもなく、政治的なものであった。忌むべき過去の遺産を一掃し、ケリをつけねばならなかったのである。しかし、実際的な目的もあった。共和国には資金を、軍には物資を、そして市民には食糧調達の手段をもたらさねばならなかった。

共和国の財政は困窮していた。そこで、王権、教会、亡命貴族の所領を国有化し、それらを国有財産として売却して収益を国庫に収め、宮殿や大修道院の所有物を持ち去り、財政の足しにしようとしたのである。

ありきたりのシナリオは次のようなものだった。国有財産を購入した者は、アシニア紙幣で代金を支払ったが、たいていは自分が所有者となった建物を維持していけるだけの資力がなかった。そこで彼はそれを分割し、細分化して、部分ごとに転売した。あるいは、土地だけを利用するつもりのときは、建物を放置した。もしくは資材として転売するために解体した。いずれの場合にも建物は廃墟と化していったのである。

歴史は好んでこうした仕業を「黒服団」のせいにする。土地や建物を買い占めて巨利を得たこのグループは、一八一五年以降も活動を続け、大革命の嵐のあいだに手に入れた所領を荒らしたのである。しかし、土地を分譲する者や投機人は、こうした団体に加わることなく、フランスの取り壊しに加担したのである。

こうしたわけで、ブリオネのシュルリュー大修道院は切り石や石材として売りさばかれ、それをもとに石灰が作られたのだった。ポンティニ修道院では、鉄格子を溶かして槍が作られた。ヴォ・ド・セルネ大修道院やクルーズ河岸のフォンゴンボ大修道院は石切り場となった。プロヴァンス地方のモンマジュール大修道院も同じ運命をたどり、回廊だけが残された。

共和国は、対外債務の決済をしたりアシニア紙幣発行を保証するために、貴金属を必要とした。金銀の収集が組織化され、司教館、宗教施設、大聖堂、教会、礼拝堂、亡命貴族の館から略奪した財宝を国民公会の演壇に持参した市町村や市民には公民証が発行された。略奪人の中には獲物をネコババする者もあった。多くの、正直で小心な者たちは「迷信の遺物」を差し出した。議会ではほとんど審議のたびごとに、愛国者から送られてきた金属を演壇に広げ、数え上げた。財宝の内訳はいじらしいものだった。全部合わせてもわずかな量だった。テルミドール後にカンボンは、こうした贈与や差押えの決算をしたためているが、収益はわずかだったことを認めている。教会の金銀類で二〇億から三〇億フランになると予想されていたのだが、フランスの五万の小教区で二五〇〇万から三〇〇〇万フラン分しか見つからなかった。

軍隊は、大砲や弾丸を鋳造するために、卑金属を必要とし、それらを屋根材の鉛、格子、鎖、鐘の青銅から手に入れた。たとえばポンティニのシャンデリアは武器を作るのに使われた。パリ裁判所の格子、ルアンの大聖堂の内陣の格子も同様である。トゥールのサン＝マルタン教会やボルドーのサン＝タンドレ教会の屋根の鉛は弾丸を鋳造するのに用いられた。ユール県のガイヨン城は、かつてはルアン大司教の居城だったのだが、六万七〇〇〇リーヴルで売却された。これは城に使われている鉛の値段で、買い手は「素早く鑑定家になりすました人物からなる会社」だった（マルセル・マリオン『国有財産の売却』）。

鐘はあらゆる村にあり、大量の青銅をもたらした。一七九三年七月二十三日の布告《デクレ》は文化的構築物ごとに鐘は一つだけとしたが、多くの教会は、転用されたり無人になったりしていて、どっちみち沈黙させられていたのである。モン＝サン＝ミッシェルの鐘は全部奪われた。回収された金属は、主として砲兵のために用いられたが、小額貨幣が著しく不足しており、補助貨幣の鋳造にも用いられたのだった。

火薬を作るには硝石が必要だった。古い建物の地下室は、上手に洗出すれば、硝石にはこと欠かなかった。サン＝ジェルマン＝デ＝プレ大修道院は八年のあいだ、硝石精製所となったが、塩水が浸透して建物を傷めたので、取り壊しを余儀なくされた。

そのほか、教会の聖職者席（たとえばディジョンのサン＝ベニーニュ教会）や金粉塗りの格子（たとえばマルリ城）が薪用材として使われた。こうして、多くの城館の木彫り細工が市民を暖めるために炎と化したのだった。

文化財破壊の代価

革命の情熱にかられてやみくもに取り壊しをした愛国者もいた。しかし一般的には破壊は命令によって組織され、計画されたものだった。金が支払われることもあった。狂信的だったのは、実際に破壊に携わる者ではなくて、その出資者たちだったのである。

「清掃」は、体系によって進められた革命にふさわしく、秩序立っていた。専門家や、気前のいい報酬を受けたボランティアたちが動員された。戸棚をひっかきまわすためでもあれば、十字架を丸太にしたり、天使の翼を削ったり、木彫り細工を取り壊したり、「民衆があまりにも長いあいだ苦しめられた奴隷制の時代を思い起こさせるような人物像や紋章」を除去したりするためであった。

迷信や封建制の印を消し去る仕事の精算書が残っている。「フリーズ〔家具の上部にほどこされた帯状装飾〕の中の二つの数字と智天使《ケルビム》の翼のある頭を除去し、全体をきれいに削る作業。このための買物と費消時間も含む。しめて二五フラン。」「黒大理石の墓石の上の盾形紋地および伯爵冠の兜飾りを削除。盾形紋地上にはあらゆる種類の領主制および教会制上の資格が書かれていた。すべて深く刻み込まれていたもの。しめて七八フラン。」念の入った仕事である。

サン＝トゥスタッシュ教会の取り壊しには三万一七四五リーヴルの請求書が切られている。ストラスブールでは、市長が「ハンマーを使えるすべての市民」にたいして、大聖堂にある二三一の石像を粉々に叩き壊すよう要請した。アヴィニョンの教皇庁では、大きすぎる作品を除いて、壊せるものはすべて壊すために「石工が日雇いで」動員された。

建造物は、利用価値をわきまえた購入者があらわれたときには難を免れた。破壊されずにすむなら、所期の目的とは関係のない用途に用いられるのもやむをえないことだった。教会としては、壊されるよりはダンスホールに使われるほうがましだったのである。

こうして破壊の運命を、少なくとも当座は免れたのが、最初は食糧貯蔵庫、ついでワイン貯蔵庫となったノートル＝ダムをはじめ、小麦粉の貯蔵庫となったサント＝シャペル、馬糧倉庫のサン＝ジェルマン＝ロクソロワ、塩倉庫のサン＝ジュリアン・ル・ポーヴル、火薬庫のサン＝セヴランなどのパリの教会である。同様にランスの大聖堂はクラブ室、ついで穀倉となり、ランスのサン＝レミ教会は調馬場、クレルヴォー教会はガラス工場、フォントノワ大修道院は製紙工場、サンリスのサン＝ピエール教会はコーヒーとチコリを混ぜる工場、ルアンのサン＝トゥアン教会は武器工場、サン＝ワンドリユ教会は紡績工場、トゥールのサン＝マルタン教会は廠舎となった。サン＝ドニ通りのそばのサン＝ショモンの娘会修道院の礼拝堂は転用されて、ある小職人が印刷所を設置したが、一七九八年にそこで歴史家ジュール・ミシュレが生まれた。サン＝ジェルヴェ教会ではダンスがおこなわれ、サン＝トゥスタッシュ教会ではパーティが催された。田舎の小さな教会も、パリと全く同じように「サン＝キュロット化」された。サント＝ジュヌヴィエーヴ教会はパンテオンの名のもとに世俗化された。

亡命貴族たちの館も新たな役割を付与され、品位は落ちたものの、保存されることになる。エリゼ＝ブルボン宮はカフェとなり、ビロン館はダンスホール、ランベール館はマットレス用ロープの製造所、クリュニ館は印刷所および死体解剖所となった。ロッシュ城とアンボワーズ城は牢獄に用いられた。バガテルの小城は郊外酒場〔町の外にあって、入市税を払わなくてよい分だけ値段の安い酒場〕となり、ついで床屋が購入した。帝政下にサルム館はレジオン・ドヌール宮となり、ロアン館は古文書館となった。ブロワ城は兵営に改装された。

もう一つの救済手段は、売却された建造物が大革命も手を出せないような人物の所有に帰することだった。サン＝ファルジョ＝アン＝ピュイザージュ城は、もとはモンパンシエ《グランド・マドモワゼル》夫人が所有していたが、その後ルペルチエ家が購入した。国民公会議員ルイ・ルペルチエは、国王処刑に賛成したために近衛兵パリスに暗殺され、いちやく国民的英雄となった。彼の胸像はフランス中に広まり、聖母マリア像に代わって通りの角の壁龕に安置された。そうした人物の所領に手を触れるのは、もはや不可能だったのである。

ときには外国人が購入して、建造物を分解し、移築することもあった。それでニューヨークのハドソン川のほとりに、サン＝ギレム＝ル＝デセールの回廊の上部とサン＝ミシェル＝ド＝キュクサの回廊の一部がそびえているのである。細分され、アメリカの空の下に追放されはしたものの、「回廊《クロスターズ》」は救われたのである。

ものが大きすぎて、取り壊すのは時間的にも金銭的にも高くつきすぎる、というだけの理由で難を免れた芸術品もある。鐘楼の多くが残ったのは、高い足場を組まないと取り壊すことができず、人びとが二の足を踏んだからである。アヴィニョンの教皇庁、この「教権のバスチーユ」も、あまりの大きさに買い手が怖じ気づいたために、助かった。シャルトルでは、市民コション＝ボビュが大聖堂を「愛国的破壊」の対象にするよう要求したのだが、ある建築家が、その残骸が町の通りをおおいつくすだろうと指摘したため、つるはしを免れた。シャンボールでは、取り壊し屋が城を壊す手間と費用にしりごみした。

こうしたわけで、フランスはすべてを失うことはなかったのである。

略奪の目録

大革命による文化財破壊の目録はルイ・レオによって作成されている。この行き届いた著作（『フランス芸術の破壊された主要作品』）の主要部分をここに再録しよう。国王を倒せ、国王どもを倒せ。これが当時の至上命令であり、それはすなわち混乱を命じる言葉だった。愛国者たる者は、君主制を想起させるものは何一つ放っておいてはならなかった。その手始めが、フランシアドと改名されたサン＝ドニの王墓にある君主たちの遺物だった。一七九三年の八月六日から八日にかけて、五一の墳墓が穢《けが》され、打ち倒された。教会堂《バジリカ》の飾り窓と鉛枠は取り去られ、遺体は溝に投げ込まれた。青銅や銅でできた横臥像は熔解された。そのなかにはグイド・マッツォーニの傑作であるシャルル八世の墳墓もあった。シャルル禿頭王《ル・ショーヴ》の金製の装飾品は消失した。スュジェのカリスはワシントンに流れていった。建築家ドン・ポワリエの調書によれば「三日間で十二世紀分の作品が破壊された。」七年後に追放からもどったシャトーブリアンは、その悲惨な光景を凝視している。「サン＝ドニ教会堂の屋根ははがされ、窓は破れていた。草の繁った外陣には雨がしみ込んでおり、墳墓はなかった。」

ヴァル＝ド＝グラスおよびサン＝ポール教会に保存されていたルイ十三世、ルイ十四世の心臓もまた穢された。粉末にされ、ものにこだわらない画家の画材として使われたのである。

ノートル＝ダム大聖堂の正面装飾についても、パリ市当局は諸王のギャラリーを取り去ることにした。十三世紀にさかのぼる二八の像一つ一つの首に綱をつけて引き倒し、ごみ捨て場となった前庭に放置した。企業家のパロワは、バスチーユでひと山あてていたが、これらも金儲けに使おうとした。ベルトランという別の企業家が競売でせり落とし、ジャン＝バチスト・ラカナル（国民公会議員の弟）がショセ・ダンタンに建てていた館の石材に再利用しようとした。ラカナルは熱心な王党派だったので、王像の頭部を守った。偶像破壊から救うべく、中庭に埋めておいたのである。そのうちの二一個が一七〇年後に発見され、パリ市当局が諸像の由来を間違えていたこともわかった。それらはフランス王ではなくユダヤとイスラエルの王の像だったのである。

本物のフランス国王たちの像は、ノートル＝ダムの諸王のギャラリーではなく、パリや地方にたしかに存在していたのだが、町を大改装する際の犠牲となった。ブロワとガイヨンのルイ十二世像、パリ市役所とポン＝ヌフのアンリ四世像、ロワイヤル広場とリシュリュー通りのルイ十三世像、ヴィクトワール広場（ブーシャルドンがうまくバランスをとって立たせた騎馬像）、ヴァンドーム広場、そしてディジョン、レンヌ、モンプリエ、ポワチエ、ポー、リヨンのルイ十四世像、革命広場、ボルドー、レンヌ、ランス、ヴァランシエンヌ、ナンシにあったルイ十五世像が無遠慮にひっくり返された。立像であれ騎馬像であれ、大理石であれ青銅であれ、国王の像は、大革命が赦そうとしなかった国王たちの罪のつぐないをさせられたのである。これに比べると、レーニンとスターリンによる革命において、二十世紀の革命家たちが過去の帝政をいかに尊重していた（さらには誇りを持っていた）かに賛嘆させられる。ピョートル大帝の像はレニングラードの中心に残されているし、エカテリーナ二世の墓は怒れる民衆の手から丁重に守られたのである。

絵画に描かれたフランス国王もまた、青銅の像と同じく不運であった。フォンテーヌブローではフィリップ・ド・シャンペーニュのルイ十三世像が燃やされた。ストラスブールでは、広場に火刑台が作られて、ルイ十四世とルイ十五世の肖像画が燃やされた。パリでは、王立家具保存所《ガルド・ムーブル》にある君主の像をつけたタピスリが燃やされた。

国王の像がない場合には、百合の花が狙われた。この紋章は一七九〇年六月十九日のパリ市当局の布令によって断罪されたのである。専門の削り屋が選ばれて、ルーヴル宮やテュイルリ宮からこの君主制のシンボルを取り除いた。いたるところで、白百合の紋のついたステンドグラスが壊された。シャンボール城では中央のランタンを飾る大きな百合の花が破壊された。

さらには、君主制の勝利を記念する凱旋門の類も片づけるべきではないだろうか。パリ市当局は、一七九二年に、サン＝ドニ門とサン＝マルタン門の取り壊しを命じたが、実施には至らなかった。新聞発行人たちは、同じ発想から、ヴェルサイユを消滅させるよう要求した。「今日、王室の記念建造物はすべて消滅させねばならない。オーストリアの牝狼がフランスの敗北を誓った城は抹殺されねばならない。ヴェルサイユ、トリアノン、ランブイエ、サン＝クルー、フォンテーヌブロー、シャンティイに石が積み重ねられたままにしておいてはならない。」この大言壮語は『デュシェーヌ親爺の大いなる怒り』紙に載ったもので、エベールのサインがある。『パリの革命』紙は、ヴェルサイユの城館が「遅滞なく抹殺されねばならない」と繰り返していた。しかし共和国にはそれにとりかかるだけの時間も勇気もなかった。ヴェルサイユがゴチック様式でなかったのが幸運だった、というのは本当である。同じ理由からトリアノン、ルーヴル、アンヴァリッド、ヴァンドーム広場、士官学校なども大目に見られたのである。

しかし他の城館は、王のものであれ王族のものであれ、あるいは封建的なものであれ、犠牲になった。ヌイイではある企業家がマドリッド城を取り壊した。この城でフランソワ一世とエタンプ公妃の愛が育まれたのである。この企業家は、暖炉の陶器を打ち砕いてセメントにした。マルリでは、マンサールが作った城館と一二の翼館が略奪を受けた。閨房の絹類は引き裂かれ、板張りがはがされ、そのあとで打ち壊された。オーヴェルニュの一企業家が水道の鉛管、陶製タイル、および壁面の象眼大理石を売り払った。仕事熱心な職人が、メディチ家のヴィーナス像の尻に靴の跡を刻みつけた。

城には水飲み場だけが残った。

ムドンでは、ヴュ・デュ・グラン・ドーファン城が放火された。水道管がはぎ取られ熔解されていたので、火災をくい止めることはできなかった。バラ色大理石の列柱しか残らず、それらはカルーゼル凱旋門の材料になった。

ソーでは、ペローによって作られたコルベールの城館が取り壊された。庭園内にあった付属の建物がいくつか残った。ランブイエでは、領地は細分されて売却され、垣格子は取り払われた。コンピエーニュの城は陸軍幼年学校が設置されたことから取り壊しを免れ、フォンテーヌブローは中央学校、さらに統領政府下では陸軍特別学校が置かれたおかげで取り壊されなかった。グラン・トリアノンは、当初、放置されていたが、総裁政府下には賃貸しされた。プティ・トリアノンは仕出し屋ラングロワの手で宿屋になったが、その後ポリーヌ・ボナパルトのものになった。ヴェルサイユのフランス式庭園にある翼館は飲み物屋が入手した。旧動物小屋に付属する農園はシエイエスが購入し、五八万六二二〇フランで国家に転売した。アンボワーズの城は、ナポレオンが統領政府の同僚ロジェ・デュコに贈ったものの、「王妃の館」のルイ十一世が建て増しした部分、サン＝フロランタン礼拝堂が失われた。

フランスの資産は、それ以外のところでも、とり返しのつかない損失をこうむった。ネラックのアンリ四世の城は破壊され、一翼だけが難を免れた。シャンティイはまず略奪され、大コンデ公の像が引きずり降ろされて首をもがれた。城館は結局、二人の請負人、プーレとダモワイエが、一七九九年にアシニア紙幣一一一二万三〇〇〇フランで落札し、資材を換金するために取り壊した。小さな城館と大厩舎が残った。フィリベール・ドロルムが建築したサン＝モールの城は売却され、打ち壊された。同じフィリベール・ドロルムの手になるアネの城も没収されて投機業者の手に渡り、破壊された。左翼部のみが残った。イル＝アダムからブルボン＝コンティに至るまで、テラスと手摺の一部分しか残らなかった。ショーモンの城はロワール川に面する翼部を失った。シャントルーの城は、建築家ロベール・ド・コットがトゥレーヌ地方に建てたものだが、小塔しか残らなかった。ピカルディ地方のメモン城のサロンでは家畜が飼われた。ヴォクルーズ県ではトゥール・デギュが炎上した。ドローム県ではグリニャンの城の一部が破壊された。リムーザン地方のラ・ヴォギュイヨンは完全に破壊された。ジロンド県では一七九二年にブリュの城が略奪され、一七九六年に売却された。錠前も蝶番も窓ガラスも鎧戸も残らなかった。ロ＝エ＝ガロンヌ県ではモンプザの城が「ただ同然で市の役人に売却された。この役人は秘密の宝物庫があると思い、それを見つけようと城を系統立てて取り壊していった」（マルセル・マリオン）。

館と同じく、もしくはそれ以上に、墳墓も略奪された。コンデ家やモンモランシ家などの墓である。

キリスト教芸術への攻撃

宗教芸術のモニュメントにたいして、サン＝キュロットは容赦しなかった。彼らの尊大な行為のうち、いくつかの典型例しか取り上げられない。パリとその周辺地域をみると、聖王ルイ九世の妹イザベルが創立したロンシャンの大修道院が撤去された。のちに二本の塔と納屋の切り妻が再建される。ロワイヨモンの大修道院は綿の紡績工場となり、傍らにあった教会は打ち壊された。ブランシュ・ド・カスティーユによってダマリに設立されたリス大修道院は解体された。サン＝ジェルマン＝デ＝プレは、その名高い食堂（長さ四〇メートル、高さ一六メートル）もろとも放火されて焼失した。修道士の蔵書も類焼したが、図書の一部は焼け残ってセント＝ペテルスブルクに届けられた。ヴァンセンヌのサント＝シャペルはステンドグラスを取りはずされた。モンマルトルのノートル＝ダム大修道院は地図から抹消され、跡地すらわからなくなった。ロンジュモーの大修道院も抹消された。パリ市内だけで一八の教会が閉鎖された。ある市民はサン＝マグロワール教会の資材を一万三五〇〇フランで落札した。

無差別攻撃にさらされたようなものだった。サント＝シャペルは国有財産となり、危うく打ち壊されるところだった。ノートル＝ダムの交差廊の尖塔と正面玄関の像および王のギャラリーはすでになかった。のちに高名な貴族的社会主義者となるサン＝シモン伯爵は、大聖堂の屋根を手に入れようとした。サン＝ドニでは、愛国者たちが墳墓をあばいたうえで、教会堂を破壊するつもりだった。シャルトルでは愛国者たちは素晴らしいできばえの「地下の聖母像」の首をはねて燃やした。

フランスのあらゆる地方で似たような攻撃が加えられた。サン＝ブノワ＝シュル＝ロワール大修道院は破損された。マルムチエ大修道院とクレピ＝アン＝ヴァロワの参事会教会は売却され、破壊された。コルビの教会は建物の一部を破壊され（長さ一一七メートルあったのが三六メートルに縮められた）、聖遺物匣《ばこ》は穢された。ほとんど無に帰せられたのは、リモージュのサン＝マルシアル大修道院、マコンのサン＝ヴァンサン大聖堂（十二世紀に作られたポーチが残っている）、プロヴァンのサン＝ティボー教会、モンモランシの聖堂騎士団《タンプリエ》の館、ディジョンの公爵城館のサント＝シャペル、ヴァランシエンヌのノートル＝ダム＝ル＝グラン教会、同じくヴァランシエンヌのサン＝タルマン大修道院付属聖堂（鐘楼付き正面玄関を除く）、ポントワーズの教会、マントの参事会教会、ルザルシュの教会、ロープをかけて引き倒されたアラスのサント＝シャペル、ローマ期の地下墳墓しか残らなかったブーローニュ＝シュル＝メールの大聖堂等である。有名なシトー会は分割され、大修道院、教会、宿泊所などがバラバラに売却された。

トゥレーヌ地方が取り壊し屋たちからこうむった損害は大きかった。一〇〇〇年の古きにおよぶコルメリの修道院が失われ、リジェのシャルトル派修道院は残骸しか残らなかった。トゥール市では、ある狂信者が聖マルタンの祝日にサン＝マルタン教会堂を爆破した。何百とある事例の中から、一般的と思われる一例をあげよう。モンリシャールの近くのエギュリヴ大修道院は、アウグストゥス派によって十二世紀に設立されたものだが、国有財産として競売に付された。最初に購入した者は亡命し、二番目の購入者は、一七九五年に回廊を取り壊し、教会の骨組みを分解して資材を売却した。これがとどめの一撃だった。

ボーヴェーからは一二の教会が失われた。アラスとシャロンでは七つ、アミアンは二つ、トロワでは一五ほどの教会が失われた。ディジョンのサン＝ベニニュ教会は円屋根を失い、ヴェツレ教会は内陣仕切りを、コンク教会は回廊を失った。アンジェの大聖堂の後陣にある、十五世紀に作られたアダムの礼拝堂からは、正面に刻まれていたアダムとエヴァの肖像が失われた。ボルドーのサン＝タンドレ大聖堂では、ポーチの下を荷馬車が通りやすくするため、タンパンが削られ、玄関柱と盾が取り壊された。ジュミエージュ大修道院は、材木商人が落札して石切り場にし、教会の越し屋根を壊した。サルラのサント＝マリー教会は一七九三年末に武器の修理工場に改装されて、木彫り細工は燃やされ、彫刻は傷つけられ、ステンドグラスは割られ、礼拝堂は取り壊され、墳墓は踏みにじられた。コルベイユ教会の正面玄関には十二世紀の彫刻が二つしか残らなかった。ソロモンとシバの女王である。

　一七九四年七月、テルミドールの政変直後に、アベ・グレゴワールは破壊に関する報告書を作成するよう国民公会から依頼され、そのなかで「文化財破壊《ヴァンダリスム》」という新語を作った。しかしながら、ヴァンダル族もこれほどの悪行は働かなかったのである。「かくも多くの傑作が失われたことに血の涙を流さねばなるまい」とグレゴワールは慨嘆したが、彼だって大革命のなした仕業に多少の責任はあったのである。この期におよんでやっと後悔の念にとらわれ、国民公会はあらゆる芸術品を「国家の保護のもとに」置くという布告を採択した。しかし国家は芸術品保護に本気で取り組んだわけではなく、この布告に制裁措置はなかった。

宝飾品と家具の犠牲

　大革命はフランスの不動産の資産を傷つけたのだが、同じように無数の動産をも犠牲にした。金銀細工を熔解したり、国の宮殿や私人の城館・屋敷、教会や修道院などに収集されていた芸術的な貴重品を競売にかけて四散させてしまったのである。こうした横領行為のうち前者については、ジャック・エルフトが目録を作っている（Jacques Helft, *Les Grands orfèvres de Louis XIII à Charles X*）。後者についてはミシェル・ブルドレが歴史を跡付けている（Michel Beurdeley, *La France à l'encan, 1798-1799*）。それらにもとづいていて、この二重の悲劇をたどってみよう。

国王や王族は、一七八九年九月から食器類を熔解に出して、聖器破壊の先鞭をつけた。そうすることで彼らは愛国主義的なジェスチャーを示し、挑発的な奢侈をやめることを確認したのである。造幣局は国王の食器から金六八キロと銀二三一三キロ、王妃の食器から銀一二三八キロを回収した。さらに王弟《ムシュー》（プロヴァンス伯）の食器から銀五八八キロ、王妹《マダム》（エリザベト）から三二二キロ、オルレアン公から六三二キロ、また王の叔母たち、パンチエーヴル公、ヌムール公、ランバル公妃からも若干量を得た。金銀細工の宝物はこうして、単なる金属の塊になったのである。もっとも君主制のもとでも食器から貨幣が何度か鋳造されたことはあったのだが。

市民たちも負けてはいなかった。自発的であれ不承不承であれ、彼らは金の靴金具、嗅ぎタバコ入れ、金属杯、燭台などを犠牲にした。女性たちはアクセサリーを差し出した。自発的供出は全部で金一八七キロ、銀約五五トンにおよんだ。しかし、こうしたうるわしい情熱は長続きしなかった。フランス人は、紙幣よりも金属のほうが好ましいことに気がついたのである。

このあと、それほど自発的に提供されたとはいえない供出品を熔解して、国庫の資産は太る。家具保管局は熔解できるものはすべて供出し、四マール一オンス五グラン（約一キロ）もある銀製の尿瓶《しびん》まで手放した。フォンテーヌブローの城からは金メッキした銀製の祭具一式が供出された。サン＝ドニとサント＝シャペルの宝物類は、車両一七台からなる大輸送隊によって移送されたが、御者たちは、軽蔑の意味をこめて、司祭の祭服を身に着け、司教冠をかぶった。聖エロワの十字架、聖王ルイの聖遺物匣、シャルルマーニュと聖王ルイの王冠にはめ込まれていた宝石ははずされ、金銀類は八つの箱に収められて造幣局に搬入された。パリの聖マルセルの聖遺物匣、トゥルーズの聖セルナンやフランシュ＝コンテの聖クロードの聖遺物匣も持ち去られた。それらはすべて銀製だったのである。それでもコンクでは、敬虔な教区民たちが聖フォワの金製の像を隠すことに成功した。

こうしたやり方を告発する理をわきまえた声があがった。フォンテーヌブローの芸術委員会の議長をつとめるジャン・ベルナール・レストゥが初歩的な忠告をあえてした。「手を加えることで素材そのものよりもずっと高い価値を持つようになる品々がちゃんと保存されているかどうか、諸君はあらゆる手段を用いて監視しなければならない。」だが誰が耳を傾けただろう。

キリスト教の教えのなかで宝とみなされたり寓意的意味を付与されているもの、たとえば聖体顕示台、聖杯、聖遺物匣、祭服といったものをすべて破壊したいという欲望が荒れ狂っているときには、いかなる声も聞き入れられなかった。たくさんの証言があるが、一つだけあげよう。トゥール・デュ・パン侯爵夫人はボルドーを通った際のメモワールに、「娼婦やよた者が大勢集められた。彼らは大聖堂、サン＝セヴラン教会、サン＝ミシェル教会など、町と同じくらい古く、とても希少で貴重な品を持っている教会の聖具室で見つけたたいへん美しい装飾品を身につけていた。劇場前広場ではこうした貴重な装飾品がすべて燃やされた」と記している。パリでも同様に、グレーヴ広場で、ルイ十六世の衣装箱、服と帽子、上着とズボンが燃やされた（一七九三年十月二日）。

革命的「蜂起《ジュルネー》」の絶頂にあっては、ハメをはずした群衆はひたすらものをぶち壊そうとし、徹底的な略奪と破壊がおこなわれた。一七八九年七月十四日の前日にはサン＝ラザール修道院が略奪され、鏡、階段の手摺、書籍、木彫り細工、高価な家具が壊され解体された。バスチーユ攻略の際には、反乱者は家具を見境なしに窓から放り出した。一七九〇年十一月のカストリ館でも同様だった。三〇分ほどのうちに、ベッド、大理石、鏡、絵画、銀器が姿を消した。コルドリエ修道院では国民衛兵が書架に並んだ本に銃剣を突き立てた。しかしプティ＝ゾギュスタン修道院の場合、すでに一七九一年に、略奪された教会装飾品の即売がおこなわれている。聖職者が着用する長袍祭服、上祭服、ストラ、飾り着、白衣、短白衣、スルプリ、そして祭壇布、祭壇の前面装飾などである。侵略はアナーキーでも清算は組織的にできる。一七九二年のテュイルリ宮殿略奪の場合がそうだった。愛国者たちは椅子を切り裂き、タピスリをはがし、木彫り細工に傷をつけ、銀器、装身具、ダイヤモンド、衣服を略奪した。そのあとで当局は、難を免れた陶磁器、掛け時計、レース、書籍、トランプ、版画、下着、飾り絵などを競売に付したのである。

当局がイニシアティヴをとったことから、強盗どもは「共通の権利」という考えを抱いた。市民も国家の真似をして、アンシャン・レジームの宝物を落札し、できるだけ多くの貨幣を鋳造する義務があるのではないだろうか。一七九二年九月十一日に、革命広場では、高級家具や宝石細工の傑作を預かっていた家具保管局がこじ開けられ、略奪された。自覚的な革命家であれ、目先のきく投機業者であれ、この詐欺師どもは三〇〇〇万フランにのぼる王の貴重品や宝石細工を奪い、地方在住者やイギリスに譲り渡したのである。警察はあまり動かなかったようだ。略奪者が英雄扱いされているときに、どうして盗人を厳しく扱えるだろう。それでもこのときはペテン師が何人か逮捕され、処罰された。「サンシ」という名のダイヤ（五三カラット）はスペインに渡り、シャルル十世の時代になるまでもどってこなかった。同じく「レジャン」（一三七カラット）は隠匿者のもとで見つかり、ナポレオンの剣の柄にはめ込まれた。

貴重品の競売

国民公会は、略奪者や盗人をのさばらせておくよりはむしろ没収・売却を合法化し、売り上げを国庫収入とするほうが得策だと考えた。ともかく現金が不足していたので、手に入れた芸術品を売って国の収入にしなければならないと思われたのである。没収した簞笥や書きもの机、掛け時計、宝石を欲しがるのは誰だろう。金になる相手なら誰であれ売りつけたから、外国人が利益を得る結果になるのもやむをえないことだった。いずれにせよ、この種の輸出はフランス芸術の宣伝にはなるだろう。

外国人は手ぐすね引いて待っており、フランスの混乱につけ入って利を得ようとしていた。一七八九年にはパリで、クリスティの代理人フィリップ・タセールが、亡命する者たちが手放す芸術品を買い漁った。それらがあまりにもたくさんロンドンに流入したので、相場が下がったほどである。

オルレアン公爵は慎重で、「平等公」たることを自慢していたにもかかわらず、リシュリュー枢機卿から受け継いだコレクションを輸出し、現金化した。フランス派とイタリア派の絵画を七〇万リーヴルでブリュッセルの銀行家に売り、フランドル派とオランダ派のものはあるイギリス人に売った。公爵はこの取引から得た金を無駄にはしなかった。扇動に使ったり扇動家の資金につぎ込んだのである。

こうした私的イニシアティヴにたいして国が規制を設けるときがくる。破壊と略奪のときが過ぎると、国は自らが入手した品々を組織だって公共の競売にかけたのである。国民公会は「自由の大義と国民の繁栄の拡大のためにフランスの最後の暴君たちのぜいたくな家具を用いることを望み」、一七九三年六月十日の布告により、保有している日用家具（見積もり価格一〇〇〇リーヴル以下）と希少家具（一〇〇〇リーヴル以上）を遅滞なく売却することを決めた。

ヴェルサイユでは、オーストリア皇帝の肖像画のような「忌むべき」品々は焼却されていたが、一七九三年八月二十五日、日曜日の午前十時に始まった競売は、翌年の八月十一日まで続いた。「もとの王室費で購入された家具と貴重品」のカタログは一万七〇八二点を数え、なかには一室の家具全体を一点とする場合もあった。この競売で最初に注意されたのは、白百合の紋のついた青銅は熔解されてしまったこと、白百合のついた物品は、購入者がこの「封建制の野蛮な印」を消すことを保証しない限りは売却されないということである。

売却には多くの好事家が集まり、大市のような雰囲気のなかでおこなわれた。支払いはアシニア紙幣でおこなわれた。あらゆる物が売り尽くされた。サヴォヌリ工房の絨緞も、寄木細工の簞笥も、セーヴル焼きのセットも何もかもである。二つの枝付き大燭台は二〇〇〇フランで市民《シトワイヤン》グランクールに売られた。ポリニャック夫人のセーヴル焼きのセットは三九四〇フランで市民シェイリュスに。紫檀の書きもの机は三二一〇リーヴルで市民リズネルに（これは自分の作品を買い戻す家具師だろうか）。のちになって、一七九五年に、ルイ十六世の事務机は、簞笥と三角机をつけて五〇〇〇フランで市民トリュセが落札した。ポーランド人のジュリ・リュボウィスカは絵画や彫刻、装身具類を購入して、ランクートの自分の城に移送した。そこではフラゴナールの作品がブーシェやユベール・ロベールの作品と並べて架けてあった。

ヴェルサイユの次はプティ・トリアノンだった。そこはすでにかなりひどい状態になっていた。鏡は割られ、コンソール・テーブルにはひびが入り、金具はもぎ取られ、扉の上部ははがされていたのである。残っていた家具が競売に付された。市民エベールは王妃の寝室を一五一二リーヴルで購入した。市民サンツは金メッキされた青銅製の天井のランタンに一万三九〇八リーヴル支払った。ロシュウなる男はソファ一台、安楽椅子四脚、椅子二脚、足台一つを二万九二三〇リーヴルでぶんどった。

聖職者の貴重品（ドルーのサン＝ピエール教会、トロワの教会や修道院などが所有していたもの）、聖職者の図書室の稀覯本（ランのサン＝ジャン教会、モーのサン＝ファロン教会、クリュニのベネディクト会修道院所蔵のもの）、およびムドン、マルリ、シャンテイイ、ランブイエの城にある売却可能なものはすべて叩き売られた。

総裁政府は輸入品の決算をし、ニシン、カリウム、穀物、砂糖、藍の支払いをするために、一七九五年に芸術作品の残りに手をつけた。セーヴル焼きの陶器、フォンテーヌブローにあった木彫り細工、バリー夫人のレースや絹製品、掛け時計、コンソール・テーブル、化粧台などである。外貨が不足していたので、現物で支払った。緊急に必要な品々を購入するために過去の富を交換に出したのである。リズネルのサインが入った書きもの机が、軍への調達品と引き換えに外国人銀行家の手に落ちたのは、おそらくこのときである。寄木細工の巻き込みぶたが付いたこの書きもの机はワデストン・マナーのジェイムズ・ロスチャイルドのコレクションに収まった。

総裁政府のもとで、国庫は絶望的に空っぽだったので、一七九七年四月にはさらにフランドルやゴブラン織りのタピスリが火中に投じられた。ラファエロ、デューラー、ルブラン、ジュリアーノ・ロマーノなどの下絵にもとづく作品だったが、金糸や銀糸を回収するために燃やされたのである。窮地に陥っていた財政当局はこうしたさもしい弥縫策を余儀なくされたのだった。第一回目六九枚を「焼却」した結果、「焼却、熔解、鋳塊準備、周旋、熔解工の夜間勤務費と特別手当を差し引くと」二万三一九八リーヴルが得られた。二回目の「火刑」は、一一三枚のタピスリにたいしておこなわれ、四万三八三五リーヴルが得られた。これで当座の「行政費」を捻出したのである。

フランスの過去の宝庫は明らかに汲めども尽きないものだった。イギリスの好事家はそのことをよく知っており、アミアンの和約が結ばれるやいなやパリに駆けつけ、戦争で中断していた大量買い付けを再開した。一八〇二年八月には二〇日間で五五隻の客船がカレーに着き、一六〇〇人以上の乗客を上陸させたが、全部が全部、観光客だったわけではなかった。こうした旅行者の中にジョン・ディーン・ポールがいた。彼もこの旅行から持ち帰るつもりの「みやげもの」に無関心ではなかった。「恐怖政治時代にさまざまな城館や貴族の屋敷から略奪された美しい家具や芸術品を何点か、買い付けたいと思う。古道具屋へ行けば選り取り見どりなのである。」実際、アンヴァリッド地区で掘り出し物があった。「二階の一室に箪笥があるのを見た。とてもきれいで、ヴェルサイユ宮殿から出たものと思われた。私の友人がそれをとても安く手に入れた。」

皇太子《プリンス・オヴ・ウエイルズ》、のちのジョージ四世は買い付けに熱心で、ハリー・ファーザーサンハウ卿をフランスに遣わした。ファーザーサンハウ卿のおかげで、掛け時計、青銅製品、陶磁器、王妃の家具のコレクションは再度にわたって英仏海峡を渡るのである。

より貧しくなったフランス

フランスは、その芸術的資産が大々的に壊滅するなかにあって、うまいときに避難させていたいくつかの希少品を救うことが、ともかくもできた。たとえば、マリー＝アントワネットはブリュッセルの姉マリー＝クリスティーヌのところへ、ジャン＝ピエール・シャルプナの旅行に必要なものを送っておいた。それはついでベルガモに移送され、フランス軍がイタリアで差し押さえた。ボナパルトはそれをジョゼフィーヌに与える。

もう一つの例は、フランスの記念建造物の熱心な守り手だったアレクサンドル・ルノワールの機転に負うものである。彼はコンデ家の墓にあるブロンズ像を白く塗り、大理石の像で押し通して、熔解を免れたのである。

だが、多少は救われたにしても、なんという大惨事だろう。マルリの城やクリュニの修道院、打ち壊された城、燃やされた修道院、輸出された傑作の数々、四散したヴェルサイユ宮殿の家具、熔解された聖王ルイの聖遺物匣をもはやフランスでは見ることができない。フランスには芸術上の傑作が多いので、このときの損失は忘れられるようになるが、だからといって受けた苦痛が軽減されるわけではない。今日、フランス人はポン・ヌフの橋の上にアンリ四世の騎馬像を見、シャンティイの競馬場で夏の競馬がおこなわれている背後に城館がそびえているのを見る。だがそれらが「代用品」であること、すなわち、よかれあしかれ壊されたオリジナルに取って代わった複製品だということは知られていない。新しいアンリ四世像は、ヴァンドーム広場およびブーローニュ＝シュル＝メールの円柱に載っていたナポレオン像を撤去し、その青銅で鋳造されたのである。

石材、青銅、画布などとともに、大革命期と帝政期のフランスは人材も失った。才能の流出であり、のちには「頭脳流出」と呼ばれる現象を示す言葉を発明しなければならないだろう。シャトーブリアンのように芸術家は亡命し、その技量と彼らの創造性が産み出す資産を外国にもたらした。フラゴナールは大革命で破産し、一時、グラス（ここは当時サルディニア王に属した）に引退した。彼はバリー夫人のために描いた絵をこの地に持参したが、それらは結局ニューヨークに渡ることになる。リズネルは、財産を没収され仕事場を略奪されると、ベルリンに亡命した。美しいルイーズ・ヴィジェ＝ルブランは、王妃の肖像画を何枚も描いた女流画家だが、一七八九年に亡命し、ローマからウィーン、ベルリン、ペテルスブルク、さらにはロンドンと、ヨーロッパの君主国を渡り歩き、自分の作品を広めた。他の芸術家たちもアメリカやイギリスに移り住んだ。平等主義的なフランスはエリートにとっては脅威だったのである。

奢侈品を作る技芸家たちに大革命はとどめを刺した。パトロンと顧客の双方を奪ったのである。彼らの才能は突然に枯渇させられ、告発、虐待、警察の嫌がらせに翻弄される。金銀細工師の同業者組合が廃止されて親方職がなくなり、徒弟は自由となって、凡庸な者にも門戸が開かれた。マラ自身が、（医学を妨害するような措置を告発したのはすでに見たが）こうした政策が技芸におよぼす脅威を認めている。「あらゆる修練を免除するなら、技芸家はもはやきちんとしたものを作ろうとか、入念な仕上げをしようとか思わなくなり、作品はやっつけ仕事になるだろう。」

テルミドールの政変後も、部分的な改善が加えられたにすぎない。総裁政府は悪趣味の片棒をかついだ。帝政は、その荘厳なる様式をもって、改善に向けての熱意を示しはしたが、宮廷にいたのは成り上がり者ばかりだった。

芸術の分野で、大革命と帝政期の利益と損失を精算してみると、結果は赤字にしかなりえない。秤の一方の皿には形になったもの、ないしはその計画が載せられるが、そのほとんどがナポレオン期のものである。将来の凱旋門、将来のマドレーヌ教会、将来の株式取引所、カルーゼルの凱旋門、ヴァンドームの円柱、効率的な都市計画などである。他方の皿には無数の修復不能な損失が載せられる。

第二部

経済的要因

第一章　農業の決算

一七八九年以前のフランスの農村

大革命とその後の帝政期が経済面におよぼした損害を明らかにするには、少数の事実から類推するのではなしに、統計的な処理が必要になる。歴史は計量経済学における回顧的研究に刺激されて数字を用いるようになったのだが、それらの研究は、同時代人が統計にあらわそうとしなかった現象まで計測しようという野心を持っていたのである。こうした研究から導き出される数字は近似値にならざるをえないが、それでも、真実に近く、ほぼ客観的と思われる数値に到達している。最も信頼できるものはエルネスト・ラブルース教授の業績で、それらはソルボンヌでの講義で公にされ、確たる評価を受けた。また「計量史」の父、J・マルチェフスキ教授を中心とするグループの研究成果も同様に信頼に値する。ここではその双方に依拠しよう。しかし数字それ自体には意味がない。人びとがじかに体験した現実を忘れてはならないのである。

十八世紀のフランス社会はとりわけて農業中心であり、経済は農業に支配されていた。したがって、論理的にいって、最初におこなうべき決算は農業についてである。

　この混乱の四半世紀の農業に関する決算では、フランスの大地に生きる人びと、すなわち農民が舞台に登場する。地主の場合もあれば、定額借地農《フェルミエ》、折半小作農《メテイエ》、農業労働者の場合もあったが、彼らは、少ない収穫高で過剰な人口を養うのに苦労していた。農民たちはなによりもまず、困難な状況のもとで、自分たちが食べるために働いていた。

　最初に問題となるのは、一七八九年前夜、試練の時代を迎えようとしていたとき、農民はどのような状態におかれていたか、という点である。イギリス人旅行者リグビー博士は、一七八九年のフランスを見て、土地はよく耕されているし、田舎の人びとの血色もいいと感心している。「勤勉に耕作されていない土地は一エーカーといえども存在しない。人びとは皆満足しているように見える。」この博士はたぶんバラ色の眼鏡でもかけていたのだろう。

　農民の生活の実情を描いてみると、暗くもあり明るくもあると言えよう。暗いというのは、封建的諸税——領主にたいする賦役、聖職者にたいする十分の一税——が農業経営に重くのしかかっていたからであり、また畑仕事は、技術が遅れていた時代にあっては、報われるところ少なく、ときとして苛酷なものだったからである。一方、新しい技術や、新種の作物が出現したことで、地平が開けたという意味では明るかった。あらゆる政治革命の外側で、一つの革命、すなわち技術革命が進展していた。そこで、政治革命が技術革命を促進させたのか否かを知るのが問題となってくる。

一七八九年には、フランスの全人口二七〇〇万人のうち二〇〇〇万から二二〇〇万人が農村部にいた。約七八パーセントである。職人、土方、石工、石切り工、荷車引き、車屋、召使、水夫、漁夫が五〇〇万から六〇〇万人いたとしてこれを差し引くなら、農耕に従事していた人びととして少なくとも一五〇〇万人が残る。全人口の五五パーセント強である。

それでは土地は誰のものだったのだろう。貴族は全体の五分の一しか持っておらず（アルベール・ソブールの見積もり）、地域によってかなりの開きがあった。トゥルーズ郡《ディストリクト》では四四パーセント、ブリでは約四〇パーセント、ブルゴーニュでは三五パーセント、ピカルディでは三三パーセント、これにたいしてリムーザンとケルシーではわずかに一五パーセントであり、ドーフィネでは一二パーセント、フランドル沿岸部では九パーセントだった。貴族一人当たりの地所は平均して一五〇ヘクタール（エルネスト・ラブルースの見積もり）で、何千ヘクタールにもおよんでいるのは全くの例外だった。

聖職者の土地はそれより少なかったが、ノール県には多かったようで、カンブレジで四〇パーセント、フランドルで二五パーセントである。アルトワでは二二パーセント、山岳部では二パーセント、ブリヴ徴税区では一パーセント未満だった。おそらく平均すると六から一〇パーセント程度で、ジョルジュ・ルフェーヴルの見積もりに従えば六パーセントである。

残りの土地は全体の優に半分以上になるが、すべてブルジョワか農民のものだった。ブルジョワの持ち分は地方によって異なるが、土地の一二パーセントから四五パーセントを占め、ラン地方で最も多かった。純粋に農民が所有している土地、つまり所有者と経営者が一致しているものは、この世紀のあいだにふえていった。北部や西部平原の穀物および酪農地帯では少数派だったが、南部の、大資本を必要としない農耕地帯では増加した。ブドウ、オリーヴ、タバコ、ホップなどを栽培している地方である。オーヴェルニュ、リムーザン、ギュイエンヌ、ベアルン、ラングドックではそうした土地が五〇パーセントを超えていた。国土全体に占める割合は四〇パーセント近かった。しかし、都市近郊の菜園や野菜の囲い込み地およびアルザスやガロンヌ渓谷などの肥沃な土地を除けば、農民の所有地は最良の土地とはいえず、その多くはしばしば二ヘクタールにも満たないようなわずかな面積で、かろうじてつましく生活できる程度だった。テュル徴税区では、土地の八三パーセント近くが農民のものだったが、そのうちの六〇パーセント近くは五アルパン以下、つまり四分の一ヘクタールに満たないものだった。土地は小さな区画に細分されていたのである。

所有地を持たずに農業経営をおこなっている農民は、定額借地農《フェルミエ》もしくは折半小作農《メテイエ》、さらには単なる賃金労働者《サラリエ》だった。定額借地農は土地所有者から九年契約で土地を借り、小麦や牧草の農耕に従事していた。ブドウ栽培地や山林にはいなかった。彼らは馬を使って畑を耕していた。フランドル地方からオルレアン地方、ロレーヌ地方からノルマンディにかけて、この借地形態が見られた。土地所有者は借地をまとめることで収益率をあげ、経営コストを削減しようとしたので、定額借地農は減る傾向にあった。

折半小作農とは、収穫物を土地所有者と折半するもので、ブルターニュとロワール川以南の地域ではこの借地形態が中心だった。彼らは牡牛を使って耕作していた。経営面積は定額借地農のそれよりも狭く、二〇ヘクタールに満たないものも多かった。彼らの負担は重く、ブドウ栽培農だけは、収穫量のさばを読んで小金を貯えることができたが、それ以外は借金をしなければやっていけない状態だった。

残るは、経営者から受け取る賃金で生活する日雇い農《ジュルナリエ》である。その数は何百万人にもおよび、とりわけブルターニュとブドウ栽培地帯で多かったが、彼らは貧困とプロレタリア化に直面していた。一日の賃金は、この世紀のあいだに二〇パーセント上昇したものの、それでも一五スーから二〇スーだった。

ここに描いたフランス農村の姿は、主としてエルネスト・ラブルースとジョルジュ・

ルフェーヴルの研究に依拠したものだが、やや灰色すぎるのではないだろうか。アンシャン・レジームの現実を理解するうえでは、フランス人は税をごまかすために実際よりも貧しく見せようとしていたこと、地方総監は自分の州の担税負担を軽減するために、管轄する州の窮乏を誇張する傾向があったことを念頭に置いておかなければならない。歴史家はしばしば、必要以上に痛ましく描かれたこうした描写に惑わされてきたのである。寓話作家ラフォンテーヌが「死期を悟った裕福な耕作農《ラブルール》」を描くのにさほど苦労しなかったことも忘れてはならない。その裕福な耕作農は、死ぬ間際になって枕もとに子供たちを集め、畑に小金が埋めてあることを打ち明けるのである。してみると、裕福な耕作農はいたのだろう。この寓話はルイ十四世の頃の話である。それ以来、ほぼ八〇年にわたって、フランスはあらゆる侵略や内戦を免れてきた。これほど長く平和が続いたことは経済にとっても、農民にとっても都合のいい事態だったはずなのである。

一七八九年における農業技術

アンシャン・レジーム末期のフランス農業は硬直していた、というのが一般的な受け止め方である。アラン・ペルフィットはその著書『フランス病』のなかで、この頃の農業社会を、いまだ原始的で、生産性が低く、革新に応じようとしないものとして描いている。彼はたぶん間違えてはいないのだろう。進歩は緩慢だった。収穫から脱穀やブドウ摘みまで、農作業はすべて手作業だった。肥料はほとんど使われず、廏肥ぐらいのものだったが、家畜が不足していたから量は限られていた。犂《すき》はまだ古風なもので、土地を掘り返すというよりは軽くひっかく程度のことしかできず、アーサー・ヤングはこの貧弱な農具を見て驚いている。

この場合もまた、こうした描写は、現実の姿と多少ニュアンスを異にしており、修正すべきではないだろうか。地方によって違うが、肥料は使われていた。ガスコーニュ地方では鳩小屋の糞やヒースから作った肥やしが使われていたし、アルザスではクローバーの栽培に石膏が利用されていた。ブルターニュでは海藻、フランドルでは人糞が使われていたのである。ラヴォワジェは化学と農学を融合させた人だが、ブレソワの自分の領地では人工硝石を使っていた。犂についていえば、ピカルディでは動鍬・二重刃のものが用いられていたし、ラングドックでは犂べらがついたものが使われていた。有輪犂も見られた。農業の世界に変化がなかったわけではないのである。

それどころか、農業技術の面において、十八世紀は積極的な時代だったように思われる。農業協会の数はふえた。農業協会は、知識人や読書人などの集まりで、そこでは農学の本を読んだり、実験などがおこなわれたが、参加者には領主や地主として農業経営にかかわりを持つ者もいた。こうしたアカデミックな制度はおそらく、当時はやっていた農業辞典や農業百科事典の類と同じで、実際に農業を営んでいる者より知識人のほうが関心を持っていたのだろう。しかし、こうした制度は農業の進歩という考え方を広めるのに役立った。たとえばブルターニュでは、ヴァンサン＝ド＝グルネによって設立された農業協会が「商品として通用するような農産物をより多く収穫するのに役立つ方法」を普及させたが、その効果はナント地方であらわれることになる。

牧畜は家畜を精選することによって改善された。大形家畜の場合には、オランダの牛を輸入して品種の改良をはかった。ランブイエではメリノ種の羊が飼われるようになった。イギリスの例に倣い、サラブレッドが育てられた。王妃が観戦するなかで開催された第一回のサブロン競馬で優勝したのは、ロズンのバス＝ノルマンディ種の馬だった。この種の学校の祖となる二つの獣医学校が開かれた。ノルマンディのある村ではマリー・アレルがカマンベール・チーズを発明した。

国は財政的な援助をして開墾を奨励した。農民たちはブドウ畑を開墾した。共有地を私有地として農地に変え、沼沢の干拓をおこなった。ランド地方では一七八七年に技師のニコラ・ブレモンチエが松を植林し、砂丘の進行をくい止める計画を立てた。こうした努力によって、耕地面積はわずかながらふえるか、少なくとも元のままの状態が保たれたのである。

土地の生産性を確実にあげるために技術的な面で大転換をはかるとしたら、それは、休耕地制の廃止である。オリヴィエ・ド・セール、ついでフランソワ・ド・ヌシャトーがこれを提唱していた。農学者たちは、穀物を二回ずつ収穫するあいだ、土地を荒地にしておくよりは、深さを変えて腐植土を耕し、土壌中に含まれる化学元素の割合が異っていてもかまわないような作物を作るべきだと、提案していた。小麦のあとにはクローバー、イワオウギ、ウマゴヤシなどを栽培し、ついでカブとかビートを植えるようにするのである。

こうした当を得た忠告があったにもかかわらず、休耕地制はボースやノルマンディなどの集約農業地帯で存続した。フランドル、アルトワ、エノー、ブルボネ、アルザス、リマーニュ、そしてトウモロコシを主要な産物とするガロンヌ渓谷で休耕地制をやめ、農地を連続して使ったのも一時的だった。アーサー・ヤングは、めったなことではフランスをほめず、フランスにおける輪作の遅れを強調する人であったが、アキテーヌ地方の小麦とトウモロコシの二圃制の輪作は賞賛している。

新しい作物も栽培されるようになったが、なかでも重要なのはジャガイモである。これは十八世紀にアメリカから移入され、パルマンチエが国王ルイ十六世の協力を得て紹介するよりも前に、中央山塊地方《マシフ・サントラル》に広まっていた。パルマンチエはドイツの捕虜になっているときにこの芋を知り、どんなに重要な作物であるかを見てとったのだった。ジャガイモのおかげで彼は生きながらえた。やせた土地でもジャガイモは育った。

その利点は二つあった。かりに新しいものを敬遠する人びとが食べないにしても、動物の飼料の足しになった。さらに平野部では三圃制、山間部の珪土質の土地では二圃制の作物の一つにすることができた。しかし、それが伝播した地域は限られていて、ブルターニュ、オート＝オーヴェルニュ、ブルゴーニュのいくつかの地域、ガスコーニュ、ラングドックではほとんど知られていなかった。この頃はまだジャガイモ導入のきっかけが作られたにすぎなかったのであるが、少なくとも、ジャガイモのおかげでアンシャン・レジームは、来るべき時代にたいして、飢餓にケリをつける手段を遺贈したのだった。

ほかにも新しく栽培されるようになった作物がある。ナント地方ではブドウ畑が新たに作られた。ブルゴーニュ地方のメロン種からミュスカデ種が生み出され、サントンジュ地方のフォル種も大量に栽培されるようになった。コルシカは新たにつけ加わった州で、すべてをこれから始めなければならなかった。栗を主食としていたが、ルイ＝ド＝マルブフはオリーヴの接ぎ木や植樹に奨励金を出し、牧羊地を開くことを奨励し、桑やタバコ栽培に便宜をはかった。

フランスの農業分布には風土や産物の相違が見られる。北部の亜麻や麻、ドーフィネやオルレアン地方のサフラン、アルザス地方のタバコ、リムーザン地方の馬と牡牛、オーヴェルニュやフランシュ＝コンテ地方のチーズ、ベリ地方の羊、プロヴァンス地方のレモン、オレンジ、ザクロ、オリーヴなどである。ブドウ酒はほとんど全国で作られていた。フランスの農業はさまざまな顔を持っていたのである。

収穫率は安定していなかった。穀物地帯の生活はきつかった。種籾《たねもみ》一袋から六ないし七袋の穀物しかとれなかった（一七四〇年ごろには五袋から六袋であり、中央ヨーロッパではわずか二ないし四袋だった）。うち一袋は次の種籾としてとっておかねばならず、耕作した者が食べる分も別にしなければならなかった。ブドウ地帯では生活はましだった。土地も資本もわずかですんだし、一アルパンのブドウ畑からは小麦畑一アルパンからよりも収入が多くあがったのである。

この時点でフランスの農業は目ざめつつあった。それは遅すぎたのだろうか。あるいは速すぎたのだろうか。フランス農業の可能性を評価し、その刷新を望む者にとっては遅すぎた。しかし社会の枠組みは同じリズムでは変革されないのだから、新しい技術が空回りしてしまう危険性もあった。その意味では速すぎたとも言えるのである。

大革命前夜

フランス農業が結局のところルイ十五世治下にはかなり発達していたとしても、次のルイ十六世の頃になると、さほど恵まれたものとは言えなくなった。大革命に先立つ一〇年ほどは危機の時代であり、それまでの活況とは対照的だった。

相対的に見た場合の危機であるが、それまでの活況だって相対的なものだったのである。景気のいい時代には耕作面積が広がり、収穫高と収益は人口の伸び率以上に上昇した。一七二五年以降、飢饉はなかった。農業は農学の教えに従うようになった。フランソワ・ケネーと重農主義者たちは、農業だけが生産的であると教えていた。農民階級が出世したのである。一七三〇年から七五年のあいだに農産物価格は七〇パーセント上昇した。定額借地料は六五パーセントしか増加しなかったから、その上昇率を少し上回っていたのである。価格上昇率は小麦よりライ麦のほうが高く、小麦の価格は、ブドウ酒や木材のそれより急速に上昇した。農民はそこから利益を得ていたのである。

一七七五年以降、状況は悪化する。穀物（および肉とケシ油）の通商に関する措置（テュルゴによる穀物取引の自由化）によって、価格が混乱した。各州は収穫物を守って外に出さないようにすべきだろうか、それとも国内商業、さらには輸出までも自由化すべきだろうか〔原注　スティーヴン・ケイプラン著、E・ル＝ロワ＝ラデュリ前書き『パンと民衆と国王、ルイ十五世下の自由主義への戦い』（ペラン社一九八六）を参照〕。テュルゴは一七七四年に穀物の自由取引、国内関税の廃止といった自由主義的な解決策を実施したが、国民はそれをほとんど評価しなかった。彼が失脚すると統制が復活した。穀物の自由流通は一七八七年に復活し、交易商人は満足したが、消費者は不満を抱いた。

一七八六年に英仏間で調印された通商条約は製造業者の怒りをも引き起こした。ロンドンのほうはフランス産のブドウ酒の関税を半額にし、パリはイギリスの工業製品の関税を一〇パーセントとした。フランスの農業にとってもイギリスの工業にとっても都合のいい取り決めであり、こうした自由主義は、短期的に見れば差し障りが多かったにしても、最終的には実り豊かなはずだった。

フランスでは、一七七〇年から八九年まで農産物の平均価格は上昇しなかったが、借地料がはね上がり、二〇パーセント近くも上昇した。農業経営者の利潤はこれまでどおりかもしくは後退したが、地代は増加して土地所有者の懐に収まった。

穀物やブドウ酒が値下がりした。穀物の値下がりは北フランスの農民を直撃し、ブドウ酒のほうは南フランスの農民に打撃を与えた。そのうえ、飼料作物の凶作で、藁《わら》や干し草が不足し、飼育業者は手持ちの家畜を売ろうとした。

価格下落に続いて、今度は天候異変のために騰貴が生じた。一七八七年の秋には長雨に見舞われ、種まきができなかった。一七八八年七月には雷雨と雹《ひょう》がフランスの北半分を襲い、収穫に打撃を与える。大麦の価格が突然、高騰し、ライ麦とソバはそれ以上に値上がりした。パリでは小麦一スチエが二二リーヴルから三四リーヴルに上がり、フランドルとノルマンディではさらに激しい騰貴が起こった。一七八九年春には小麦の価格は八〇年来の最高となった。ブドウ酒の流通量が減り、一七八八年の収穫後に価格が騰貴した。これもまた雹の被害にあったのである。収穫量はシャンパーニュで平年の七〇パーセント、ブルゴーニュで八〇パーセントにしかならなかった。果物の収穫も思わしくなかった。凍結によって地下三〇センチぐらいのところまで根がやられたからである。

いずれにせよ、農民にはたえず不平の種があった。収穫が好調ならば価格が下落して、経営者の減収となったし、価格が上昇するのは不作ということで、やはり減収につながったからである。平年並みの収穫があり価格がほとんど動かないのは波瀾のないときで、たいした害はなかったが、収穫と価格が大きく動くときには苦悩も大きかったのである。

半世紀のあいだ大きな問題がなかったのに、君主制の最後の一〇年間にはさまざまな災厄が生じて、農民層は不利な立場に立たされた。農民たちはよかった日々のことはすぐに忘れてしまい、不幸な日々のことしか考えなくなった。快適で安楽な生活を思い描くこともできたはずなのに、困窮の場面、さらには窮乏や悲惨の場面が好んで取り上げられた。農民は高すぎる小作料、重すぎる税金を呪い、収穫量の少ないことを嘆いていた。彼らは中央ヨーロッパであれイギリスであれ、フランス以外の国々の農民階級は自分たち以上に不幸で不自由なことを知らなかったのだ。

大反乱の機は熟していた。農民たちは制度に抗して立ち上がるのにバスチーユ攻撃を待ったりはしなかった。農民の騒乱は都市民の蜂起より早かったのである。一七八九年春には、ドーフィネ、プロヴァンス、ラングドック、ブルターニュの農村地帯で反乱の動きが見られた。領主権に異議を唱え、領主が独占していたパン焼き竈《かまど》を壊し、共有財産を勝手にわがものとし、十分の一税やシャンパール税の支払いを拒否し、塩倉庫を略奪した。

大革命はまだ、そのリーダーたちによって「プログラム化」されてはいなかった。しかし反乱は進んでいたのである。

所有の移転

一七八九年の出発点の状況は以上のようなものである。一八一五年の到着点は全く異なる様相を呈しており、影の部分もあれば光の部分もある。しかし、その最後の日々に偶発事故があったからといって没落しつつある君主制を責めることができないように、軍の敗北や外国の軍隊の侵入に起因する国力の衰えゆえに大革命や帝政を批判するのも正しくないだろう。正しく比較するためには、一七八九年以前と一八一五年以後の状態を秤にかけてみるのが一番である。いずれの場合も凶作とか偶然のトラブルは控除しなければならない。一時的状況にかかわる不都合事はオミットし、構造にかかわる事実に光を当てねばならないのである。

この時代、大革命によってもたらされた所有の移転ほど重要な現象はない。一七八九年十一月二日に、ミラボーが起草し、賛成五六八票、反対三一六票、棄権四〇票で採択された布告《デクレ》は、「教会財産はすべて国家のものとなり、礼拝の費用、聖職者の生活、および貧民の救済に適宜用いられる」と規定した。実際には、礼拝だの聖職者だの貧民だのはじきに忘れられるのだが、ともかくも教会の土地は国有化されたのである。これが「第一次起源」の国有財産である。ついで「第二次起源」の地所が国有財産につけ加わる。すなわち修道会やイエズス会の土地、教会建築、大修道院、神学校や病院、王領地、さらにのちには亡命貴族の領地などである。これらを合わせると巨額の土地資産となり、国民議会はこれをアシニア紙幣発行の担保にしたのだった。

一七九一年十一月に革命財政の大立者カンボンは、国有地は「実際の価格よりずっと安く見積もっても」二六億フランに達すると受け合った。翌年四月に彼は、その見積もりを三四億フランにつり上げた。十月にはこれら抵当の内訳を示している。司教館が一五〇〇万リーヴル、女子修道院宿舎が六〇〇〇万、マルタ騎士団領が四億、森林の木材伐採により二億リーヴル、等々である。彼は、「暴君どもは、われわれが彼らを倒すために用いることができる資産の額を知ったら、恐れおののくことだろう」と宣言している。

当然のことながら戦争には金がかかったし紙幣の発行額も増加したので、カンボンはもう一度、一七九三年二月に国有財産の評価を水増しした。亡命したとされる七万人のフランス人のうち三万人がフランスに不動産を残しており、それらは一七九二年九月一日に国に没収された。こうした「祖国の敵」の財産は四八億リーヴルと見積もられた。この額から亡命者が残した負債を差し引かねばならず（国家は貸方と同時に借方も引き継がねばならなかった）、カンボンは純残高を三〇億と見積もった。彼はこれに、売却が延期されていた森林分として一二億リーヴル、王室財産の二億リーヴル、新たにつけ加わった県（モン＝ブラン県、ヴォクルーズ県）の財産三〇〇〇万リーヴルをつけ加えた。何百万リーヴルか切り上げて、カンボンは新たな抵当を、「われわれが解放した諸国民にたいする賠償金は含めずに」四六億リーヴルとはじいたのだった。

亡命者の財産に加えて、大革命は断罪された者たちの財産をつけ足した。金持ちはそれだけで容疑者となった。金品を奪うために彼らをギロチンに送ったのである。断頭台は国庫を満たす道具となった。パリでは、首を斬っては貨幣を作り出す処刑人の壮挙が歌になった。

フランスの偉大なる財務官
ああ崇高なるサンソンよ
財政《フィナンス》においていかばかり
お前はまさる、カンボンに

アシニア紙幣の価値が下落するにつれて、国有化された領地の評価は水増しされていった。カンボンは、「担保は現物であり、貨幣の発行が増加すれば担保の価値もそれに比例して増加する」と記している。この原則を支えとして、国民公会は資産を立て直した。一七九五年春には大胆にもその資産を一五〇億リーヴル、さらには一七〇億リーヴルとし、ベルギーにある財産まで計算に入れれば二〇〇億リーヴルになるとの評価すらしたのである。行く手をさえぎるものは何もなかった。

しかし、土地は銀のようにはっきりした価格を表示するものではない。地所を換金するためには、大革命はそれを売りに出さねばならなかった。一七八九年十二月十九日の布告により、最初の土地が四億リーヴルで売りに出された。一七九〇年六月と七月の布告は国有財産の全面的な譲渡を認めた。それは郡の首邑《しゆゆう》において競売に付され、(畑地、ブドウ畑、牧草地、農家の場合には)売値の一二パーセントを前納せねばならず、残金は一二年年賦で支払うことになっていた。

こうして、大革命は土地の国有化をおこなうや否やそれを私有地化した。誰のためにだろう。聖職者や貴族や金持ちや王家に属していた領地を欲しがり、なおかつ支払いができる者すべてのためである。国有財産はアシニア紙幣発行を正当化する根拠であった。それらはしかるべき期間をあけて売却され、国家がこの紙幣の一部を回収する手段となった。それは同時に、支払い能力を持っている者の手に土地の一五パーセントから二〇パーセントを移すという、異常ともいうべき所有の移転をもたらしたのである。

誰が支払えたのだろう。これにたいするミシュレの回答は、文面は美しいが間違いである。すなわち彼は「ジャコバン派が購入者となり、購入者がジャコバン派になった」と言うのである。実際に購入した者は政治的レッテルには関係なく、あらゆる社会階層におよんでいた。農民、職人、闇市で儲けた農村の旅館主などがいたが、いちばん多かったのはブルジョワである。すなわち法律家、商人、医者、役人などで、彼らはよい土地は質の悪い紙幣にまさることをわきまえていたのである。

この取引は国家に破滅をもたらすようなものではなかった。もともと自分のものではない土地を売っただけのことである。購入した者にとっては著しく有利だった。彼らは競売価格の六分の一か八分の一ぐらいを現金で払うにすぎず、残金は価値の下落したアシニア紙幣で清算したのである。

ドゥエ在住で、もとは旅館のボーイをしていたポーリという人物は、ベルギーの諸県で、二万ヘクタール以上の土地を不正に取引した。王政復古下での彼の地代収入は五〇万フランと言われた。投機家たちはあらゆるチャンスをものにするために「黒服団」を組織した。これにはユダヤ人も加わっており、アルザスの農民などは、聖職者の領地がユダヤ人の手に落ちるのではないかと恐れを抱いたほどで、彼らを落ち着かせるために、購入者は借地人を追い出してはならないとの決定を下さねばならなかった。

貴族や聖職者の中にもこの授かりものに飛びつく者がいた。亡命貴族でさえ、ダミーの購入者を仕立てて土地を手に入れたのである。司教たちは教会財産の購入者を聖務停止にはしなかった。のちにヴァンデー反乱の指導者となるデルベーもその一人だった。マリー＝アントワネットは一七九二年にフェルセンに、国有財産の購入はなかなかいい投資のはずだと書き送っている。ガチネのある所領を一人の執事が購入したが、彼は亡命した主人に名前を貸していたのだった。

恩恵にあずかった者の中には外国人も見られる。ジークムント・ドブルイカ＝シェーンフェルトは、もとはヨーゼフ二世の軍隊の御用商人だったが、ジェリウス・フライ（つまり「自由《フライ》」）と名のって政治的亡命者としてフランスに渡り、国有財産を買い漁った。パリのモンフェルマイユ伯爵の館を九万リーヴルで購入したのをはじめ、シェルの教会と修道院および公園を八万リーヴルで、またシュレーヌのカヴェニャック夫人の家を四万リーヴルで購入している。

フランス人であれ外国人であれ、一〇年か一二年の分割払いで土地を購入した者は、価値の下落したアシニア紙幣で代金を支払うことによって利益を得ることができた。

農民が三斤《ルーヴル》のバターを売り、その金で即座に二二アルパンの土地を購入するのが見られた。アシニア紙幣の下落により、国有財産の売却は「ほとんど贈与」（マルセル・マリオン）に等しいものとなり、国がその費用を負担することになった。

一七九五年五月に国民公会は、アシニア紙幣の回収を促進するために、競売にかけることなく、一七九〇年度の土地の収益の七五倍を三カ月のうちに支払うという契約で国有財産を売却することを決定した。アシニア紙幣は当時、額面価格の約二〇分の一に下落していたので、一七九〇年の収益の四倍弱で国有財産が引き渡されたわけである。売却所には一挙に人があふれた。地所は捨て値で譲渡された。損害が著しかったので、大急ぎでこのどうしようもない布告を取り消し、競売制度を復活させねばならなかった。

総裁政府下で土地証書《マンダ・テリトリアル》が発行され、アシニア紙幣に取って代わったが、この新紙幣を自発的に引き受けたのは、投機家と並んでやはり国有財産の購入者だった。彼らは手持ちの紙幣を急いで現物財に換え、割のいい取引をしようとした。二万リーヴルで手に入れた不動産が、二万五〇〇〇リーヴルですぐに賃貸しされた。ロ＝エ＝ガロンヌ県では、モンタゼにあるキサックの城館が羊一群れの値段で売られた。

バルザックは『ウジェニー・グランデ』の中で、グランデの父親がどうやって財をなしたかを物語っている。「フランス共和国がソミュール地区で聖職者の財産を売却するようになった頃、この樽屋は四〇歳で、裕福な材木商人の娘と結婚したばかりだった。グランデは手持ちの現金と持参金を持って郡へ出かけて行った。そして義父から渡された二〇〇〇リーヴルを残忍な感じの共和主義者に払って、正当かどうかはともかく法にかなったやり方で、地区で最もいいブドウ畑、古い修道院、いくつかの折半小作地などをただ同然で手に入れたのだった。彼は白ブドウ酒を一〇〇〇本か二〇〇〇本、共和国軍に納入し、その見返りは女子修道院に最後まで残されていた素晴らしい牧草地で支払ってもらった。統領政府下で、グランデのおっさんは市長となり、正しく行政をおこない、ますますブドウ酒作りに励んだ。帝政下では彼はグランデ閣下であった。」

このようにして、成り上がり者を取り込みながら、名士階級ができ上がっていった。彼らは特権階級を引き継いだ。土地所有の移転から大きな利益を引き出した人びとだった。ノール県では、一七八九年から一八〇二年のあいだに、聖職者の所有地は二〇パーセントからゼロになった。貴族の所有地は二二パーセントから一二パーセントへ（四五パーセントの減少）、農民の所有地は三〇パーセントから四二パーセントへ（プラス四〇パーセント）、ブルジョワの所有地は一六パーセントから二八パーセントへ（四分の三の増加）となった。これら名士たちのおかげで、長いあいだにわたって所有権にたいする意識が高められた。彼らはこれ以降、所有権の——すなわち再分配されたのちの所有権の——熱心な擁護者になっていくのである。今後は、国有財産の移転を認めないような政治制度は、いかなるものであれ成り立たないのである。十九世紀の投票分布を示した地図がそれを証明している。つまりこのときに所有の移転から利益を受けた者ほど、左翼へ投票しているのである。

収穫率の停滞

所有地は単に持ち主を換えただけではない。耕地面積にも変化があった。当初は国有財産を分割して売却することは、禁止されていた。国家は、現金を手早く回収するために、裕福で支払い能力のある買い手を優先したのである。しかし、売却で得られる現金の総額をふやせるのであれば、地片の分割もありうると考えていた。ついで、国民公会がしだいに民衆の支持をあてにするようになると、地所の細分化が認められた。一七九三年六月には、家長一人当たりにつき一アルパンをあらかじめ割り当てておくことが決められた。サン＝ジュストは、「乞食を廃絶する」ために、すべての貧民に土地が分配されることさえ望んだのである。

破壊されたのは封建制、もしくはその残存物であった。大きな地所と共有地のいくつかは分割された。フランスの土地はこれ以後、長いあいだにわたって、小規模経営の土地となった。この細分化は社会的に有利なもの、より正確に言うなら、政治的に有利なものだと考えることもできる。「共和政府にとっては所有者の数をふやすことが肝要である。なぜならば所有地ほど祖国や法を尊重する精神に結びついているものはないからである」（ロラン、一七九三年一月九日の報告）。

経済面において農地の細分化は有利だったのだろうか。農民が農業経営をおこなう場合には、注意深く配慮しながら集約的耕作ができたから好都合だったと言える。「生産物をふやすには所有者をふやさねばならない」とタレイランやミラボーは説いていた。

一方、土地が極端に分割されると、あちこちで少しずつ農作業をしなければならず、合理的な労働を妨げることにもなった。そのために生産性が上がらなくなる恐れもでてきたのである。

共有地の分割は一七九三年六月に決定されたが、本当に実施されていたら被害甚大だっただろう。ある観察者は「家畜を飼う者から放牧地を奪い取り、家畜を持たない者にくれてやる」ことになっただろう、と記している。

国有財産の売却については、マルセル・マリオンが（とりわけジロンド県とシェール県の古文書を精査して）研究をおこなったが、売却によって国全体の土地所有者の数は四〇〇万から六五〇〇万人にふえている。エーヌ県では二倍になった。必然的に一人当たりの地所の面積は減少した。ドゥエ地区やカンブレ地区では、オルヌ地区と同様、六〇パーセント近くも減少した。

新たな所有者のほとんどが、財政的手段も、生産性を高めるような技術的知識も持ちあわせていなかった。「各人が所有者たることを望み、その結果（日雇い農の）多くは貧困に陥ることになった」（ラ・ロシュフコー＝リアンクールの農業協会における報告。一八二四年）。ジョン＝ディーン・ポールは、一八〇二年にフランスを訪れたイギリス人だが、この事態を次のように説明している。「耕作者は、適切な肥料を施して地力を維持しようとせず、土地を疲弊させたのである」と。

実際、収穫率は低下した。J・C・トゥタンは一七八一年から九〇年までと一八一五年から二四年までの二つの時期を比較しているが（『一七〇〇年から一九五八年にかけてのフランス農業生産』）、穀物の平均収穫量は九カントーから七・五カントーに落ちた。小麦は九カントーから八カントーへ、上質小麦は一一・五カントーから八・二カントーへ、ライ麦は八カントーから六・五カントーへ、大麦は一一カントーから八・四カントーに、それぞれ低下した。燕麦の収穫だけが五カントーから七・三カントーに上昇した。大革命から半世紀たった一八四〇年になってもまだ、小麦の収穫率は播種量（一七八九年の水準）の六倍にすぎず、ライ麦はたったの五倍だった。ジロンド県のブドウ畑はかなりの部分が放置されていた。

何人かの注釈者は、こうした収穫量の一般的低下は、開墾が広まるにつれて質の悪い土地が用いられるようになったためだと述べているが、これについては政治的な要因に説明を求めたほうがいいだろう。

分割によって土地は細分化された。農民は自分の畑を囲い込むために、道の舗装を残らずはぎ取って畑につけ加えた。彼らは所有者になると、財産を維持することよりも境界を広げることに熱中したが、所有地を広げる手段はほとんど持っていなかった。金銭的手段はどうだろう。土地を購入しようにも利率が高いために、資金の借り入れは難しかった。技術的手段はどうだろう。農業協会はアンシャン・レジーム下に広がり、収穫率を上昇させるうえで貢献したのだが、この協会はいったんは姿を消してしまい、統領政府のもとでやっと再建された。種馬飼育場は一七九〇年に廃止され、種馬がいなくなった。しばしばロバが馬に取って代わった。人の手による耕作は簡単な農具に頼っていた。牽引つき犂の代わりに、シャベル、鋤、鍬《くわ》が使われ、収穫物は鎌で刈り取った。長柄鎌は大耕作地帯でしか用いられていなかったが、これも不完全なものだった。なぜならば鋼鉄の質が悪く、しかも穂を揺すりながら作業するので落穂による無駄が生じたのである。

そのうえ、徴兵によって労働力となる人間や動物が動員された。作男が兵隊にとられ、乗用馬や多くの牽引用家畜が徴発されてしまっては、どうやって耕作、播種、収穫をすればよいのだろうか。

さらに一般的なこととして、革命の立法が農民を反革命容疑者もしくは敵とみなしているときに、なぜ耕作したり種をまいたり収穫したりしていられるだろうか。政治的動揺と戦争の二五年間、フランスの農民は多くの事件に右往左往し、生産性を改善するゆとりなどなかったのである。

農民の苦労はまさに一七九二年に、物資の流通が混乱したときから始まった。野盗が出没したり民衆の実力行使があったことから、道路は安全ではなくなった。豊作のときでさえ、農民は穀物を売却するより蓄蔵しておこうとした。政府は買占め人を追及した。トゥルーズ地方、アルトワ、フランドル沿岸部、オワズ県、オルレアン地方で騒動が発生した。亡命貴族に向けて穀物が輸出されたり、外国に売られたりしている、という噂が流れた。戦争を想定して穀物は倉庫にストックされ、市場は空になった。ノワイヨンでは三万人の農民が鋤を持って武装した。あちこちで警鐘が鳴らされた。まともな生産活動ができるような環境ではなかったのである。

一七九三年には、徴発と食糧価格公定が二重の脅威となって、状況を悪化させる。農民は小麦を引き渡さず、粉屋は小麦粉を、パン屋はパンを市場に出さなくなった。売ったとしてもそれはアシニア紙幣ではなく、硬貨と引き換える闇取引だった。この事態に対処すべく、市町村当局や革命委員会は「独占人」を告発し、大衆は略奪で応酬した。国民公会はついに、穀物の調査と価格公定を決定した（一七九三年五月四日）。

こうして農民は必ず収穫を申告し、それらを一七九三年の一月から四月までの平均価格をもとにして県当局が決めた公定価格で売るよう強制された。また、取引は公共市場のみでおこなうものとされた。しかし紙切れと引き換えに小麦を譲り渡すことが何の役に立つだろう。国民公会は攻勢を続け、（一七九三年八月十七日に）新たな収穫物に関する全般的調査を命じ、虚偽の申告をした者は禁固六年の実刑に処し、徴発制度を組織した。多くの農民はこの文言を都合よく解釈した。労働力不足を理由に土地を耕すのをやめたのである。

エベールは『デュシェーヌ親爺』紙上でわめいた（二八九号）。「生産物に比例した量の小麦を共和国に納入しない所有者全員から所有地を取り上げ、その畑はサン＝キュロットのみんなに分割する、と布告しろ、畜生め。」収穫をふやすよい方法ではある……。

最高価格法は、あらゆる商品と同様、すべての食糧に適用された。食糧委員会は、一七九〇年の価格の三分の一だけ水増ししたものをベースにして、上限価格の一覧表を四カ月で作成した。その結果、市場には肉、卵、牛乳、穀物、小麦粉、パンが出まわらなくなった。

テルミドールのクーデタののちに、最高価格法は廃棄されたものの、すべてが正常にもどったわけではなかった。農民もまた多くのフランス人と同じく、アシニア紙幣から逃げまわった。ついで総裁政府下では強盗団が組織されて農村を脅かした。帝政は秩序を回復したが、平和はもたらさなかった。こうした不安定な状況のなかで、ルイ十六世とルイ十八世を隔てる空位期間に農業収穫率が上昇したとしたらそれこそ奇跡であろう。

革新

騒乱の時代を生きる市民たちは――生産者であれ消費者であれ――代替品を使うことで事態の解決をはからざるをえなかったが、それにはいい面もあった。窮迫して初めて、人は生き残る算段をするのである。不幸は革新の酵母となる。

大革命下のフランスは程度の差はあれ飢饉に脅かされており、帝政下のフランスは戦争と封鎖によって多かれ少なかれ海外世界から独立していたので、苦境を切り抜けるために新製品を発明したり、あるいは再発明しなければならなかったのである。

ジャガイモは新しい農産物というわけではなく、アンシャン・レジーム下ですでに見られた。主に家畜の飼料だったが、新しもの好きの名士の皿にも載ったし、「乞食」が食べたりしていた。農民たちは小麦やソバの畑でジャガイモを栽培することを頑強に拒んでいた。しかし事のなりゆき上、欠乏の時期になるとジャガイモは広まる。グリモ・ド・ラ・レニエールはこの塊茎の調理方法を発明した。ジャガイモの作付け面積は一七九〇年の二万ヘクタールから帝政下の三〇万ヘクタールへ、そして一八一五年にはおそらく四〇万ヘクタールへと増加した。生産量は一七八九年以前ははっきりしないが（一〇〇万カントーのオーダー、つまりカントーの単位で七桁台の数字である）、一八〇三年から一二年には年に一五〇〇万カントー、一八一五年以降には二五〇〇万カントーへと増加した。七月王政と第二帝政の時代、ジャガイモの増加は決定的となるが、その発端はこの時代にあった。ジャガイモが増加したことによって食糧問題の基盤は改善されたのだった。

ビートは古くから知られていた作物だが、当時は飼料用ビートが栽培されているだけだった。オリヴィエ・ド・セールはその『農業の舞台』の中でビートに触れている。ヴィルモランが十八世紀にドイツから移入し、フランスの風土に馴化させてからは輪作の一つに組み込まれるようになったが、それでもイギリスの農業理論家アーサー・ヤングのフランス旅行記には、イール＝ド＝フランスで家畜の飼料として、そしてアルザス地方で葉が家畜の夏の飼料に、根が冬の食糧として栽培されているということしか記述されていない。

しかしドイツではすでに――アンティユ諸島のような砂糖供給地を持っていなかったので――さまざまな植物から砂糖を取り出す試みがなされていた。とりわけビート、ムカゴニンジン、およびフダンソウの一種であるポワレが材料となった。一七四七年に化学者のアンドレアス・マルグラフがベルリンの科学アカデミーにおいて、これらの植物から砂糖を取り出す方法を明らかにしたが、この製法によると一リーヴル半のビートから一オンスと四分の一の純粋な砂糖ができる。マルグラフの弟子の一人でベルリン市民のフランソワ・アシャールは、フランス出身であるが、プロシア王の奨励を受けて、一七八六年にシレジアに最初の工場を設立した。そこでは毎日七〇キロのビートが使われた。しかしプロシアには別な問題があって、この事業は失敗した。

アンティユ諸島の砂糖が入ってこなくなると、ナポレオンは、砂糖キビの代わりにビートを使おうということで、これに関する学術的な研究や実際的研究を奨励した。これにたいしてパルマンチエはブドウ糖を製造するよう勧告した。科学アカデミーもまた、ビート製の砂糖には否定的だった。質がおとるし、十分な量が製造できないというのである。皇帝はそうした意見を無視した。一八一一年三月の布告《デクレ》によって、ビートの大量栽培を始めようという者には一〇万アルパンが支給されることになった。同じ布告はまた、研究者にたいして一〇〇万フランの奨励金を出すこと、製造した砂糖については四年間は完全に免税とすることを約束した。

バンジャマン・ドレセールは、恐怖政治の時代に投獄された農学者の息子であるが、一八〇二年にマルグラフとアシャールの砂糖製造法の実用化を試みていた。薬剤師ドユーの協力を得て、彼は砂糖パンを製造し、早速、皇帝に献上した。皇帝は一八一二年一月二日、シャプタルとともにパッシーにできた最初の砂糖工場の開設式に臨んだ。ドレセールの工場ではビートの搾り滓《かす》を原料にしていた。ナポレオンは、感きわまったふりを装い、自らのレジョン・ドヌール十字勲章をはずしてドレセールの胸につけてやった。

こうした刺激策が功を奏するのはまだまだ先のことで、皇帝のイニシアティヴがすぐに実用化に結びつくというわけではなかった。帝政下でのこうした先駆的な試みは何度か失敗を繰り返し、ビートはほとんど利用されないままだった。一八一五年から三〇年にかけて、新生のビート砂糖工業は沈滞した。しかし、時がたつにつれてしだいに活発になり、三世代のうちに砂糖一キロの価格は一五フランから七サンチームに値下がりした。九九パーセントも安くなったのである。

もう一つの革新は、実際には再革新というべきだが、大青栽培《たいせい》である。もともと大青栽培はオ＝ラングドックで盛んだったが、十七世紀になると熱帯産の藍の葉からとれる藍染料との競争にさらされ、衰退したのだった。イギリス海軍に敗れて東インドや西インド産の藍の供給が断たれてしまったので、帝政は南フランス諸県における大青栽培を再開し、染物業者に提供した。これは成功した。

綿についても国内生産を軌道に乗せるべく努力が払われた。昨日まで、綿はアメリカやレパントの寄港地から取り寄せていた。だがマルタ島やシシリー島、プイユ地方でおこなわれたように、フランスでも綿花を馴化できないだろうか。というわけでピレネーとブーシュ＝デュ＝ローヌ県で馴化が試みられたのだが、これは失敗だった。大青にしろ綿花にしろ、イギリスによる海上封鎖の結果必要となったナポレオン主導の試みは、本人の政治生命以上に長続きしなかった。道は少し開かれたが、その先は行き止まりでしかなかったのである。

状況の変化に促され新たな産物や以前に作っていた作物を利用したらどうかという提案がなされたにしても、農業技術の面では不毛だった。輪作は惰性によってしか進まなかった。農具は進歩せず、昔のままの犂が用いられていた。国民の発明の才は、あげて戦争の要求に吸収されていたのである。

生産の停滞

農業の収穫率が低下したことはすでに見た。しかし耕作面積は多少広がった。国土そのものが広がり、国有財産や共有地が分割されたからである。また、少なくとも理論上では、共同放牧権や他村地放牧権が消滅したためである。利用できる統計的データをすべて検討した結果、J・C・トゥタンは耕作地と未耕地の比率は最終的にはほとんど変わらなかったはずだと結論している。「領主財産が売却され、開墾が容易になったとしても、新しく土地を購入した者が農業について無知だったり、革命の騒乱やナポレオン戦争が起こったことでその効果が相殺されたのである。」可耕地には、既耕地のほかに休耕地や人工的な牧草地、一時的な牧草地も含まれるが、これはかなり減退した。一七九〇年には三三〇〇万ヘクタールだったのが、フランス統計年報によれば、一八二一年には二五五〇万ヘクタールである。このうち、上質小麦の作付け面積は増加しており、その分、ライ麦が減った。ブドウの作付け面積はふえた（一五〇万ヘクタールから二一〇万ヘクタールへ）。西部ではソバが、南西部ではトウモロコシの耕作面積が多かった。牧草地と放牧地は、十八世紀に入ってから広がったのだが、一七八九年以降には後退し、一一八〇万ヘクタールだったのが八〇〇万ヘクタール以下になった。農業用地全体を見ると、一七八一年から九〇年には五三四〇万ヘクタールだったのが、一八二一年には五三八〇万ヘクタールで、ともに国土の八〇パーセントを占めていた。建築資材や薪、工業用の木材が大量に伐り出され、大革命下に荒廃してしまった森林は致命的とも思えるほどの状態になった。一七六一年には一五三〇万ヘクタールだったのが、一八三〇年には九六〇万ヘクタールに減っている。

収穫率が低下し、面積もほとんどふえなかったから、生産はいやでも停滞し、混乱期の頂点にあってはかなり低迷したが、二五年後には出発点の水準にもどっていた。言いかえれば、革命と戦争がなかったならば、人口や技術の面で当たり前の進歩が見られたはずのこの四半世紀は、農業にとってはほとんど空白期間に等しいのである。

しかしながら、作物によって結果は異なる。いくつかの部門では点を稼いでいる。タバコは、消費の拡大に応じて、以前よりも栽培されるようになり、生産高は一〇万カントーから一五万カントーに伸びた。羊毛の生産も伸びたが（これまでの三万五〇〇〇トンから約三万八〇〇〇トンに）、これは羊の賃貸が発達したおかげである（二〇〇〇万頭から約二七〇〇万頭に）。肉の生産も増大した。第一に量の点で（四六万トンから約五〇万トンへ）、また、特に価格の点で（二億六〇〇〇万フランから四億七〇〇〇万フランへ）伸びたが、これはキロ当たりの肉の値段が上がったことによる。ブドウとブドウ酒にも進歩が見られた。フランス人は前よりもブドウ酒を飲むようになったのである（一人当たり年一〇〇リットルだったのにたいして、一八一〇年には、シャプタルによれば一二五リットル）。ブドウ酒の製造はふえた（おそらく二五〇〇万ヘクトリットルから三五〇〇万ヘクトリットルへ）。しかし、こうした数字の大部分は議論の余地がある。これらの数字は主として、元老院議員で帝政下で伯爵となったシャプタルと内務大臣モンタリヴェの見積もりにもとづくものであり、二人とも失墜した君主制よりも帝政のほうがすぐれていることを示そうとしていたからである。

これ以外の部門は間違いなく後退した。牝牛の数が減少し、牛乳の生産が落ちたのが、その一例である（一七八九年には牝牛は四〇〇〇万頭、大革命期に大きく落ち込んだのち、一八一五年には一七八九年の水準をやや下まわる頭数だった）。緊急に種馬飼育場を再開して、「農業や輸送に有益な種類の馬を育成する」必要があった。一八一二年には実数で二一七万六〇〇〇頭の馬が数えられた。羊の数は減少した。共同放牧が減り、開墾がおこなわれなくなったためであろう。養蚕も低調だった。アンシャン・レジーム下には、とりわけローヌ渓谷で盛んになっていたのだが、一八一五年以降にならなければ養蚕業は開花しないのである（一七八九年の繭量は六二〇〇トンだが、帝政末期には約五〇〇〇トン）。麻や亜麻の生産高も低下したが、数字であらわすのはいっそう難しい（生産量を価格であらわすと一億フランから五〇〇〇万フランに下落したことになる）。暖房用の雑木材や建築材となる大木も減少した（全体では大革命前には四四〇〇万立法メートルだったが、帝政期には、シャプタルによれば、三五〇〇万立法メートル）。森林は山羊に荒らされ放題で、植林はおこなわれなかった。穀物の生産量も低下した（一七八一―九〇年には一億一三〇〇万カントー、一八〇三―一二年には九四五〇万カントーだったが、一八一五―二四年には一億四〇〇万カントー）。このうち上質小麦は明らかにふえた（四五パーセント増）が、ライ麦（四〇パーセント減）、燕麦（四五パーセント減）、またとりわけ大麦（六三パーセント減）などは程度の差はあれ減少した。収穫率が低下した結果である。

途中の混乱期における上下を除けば、一七八九年から一八一五年にかけての農業生産は、全体としてほとんど変化しなかった。最終的な純生産物は金額に換算すれば増加していたが（野菜と家畜を加えたJ・C・トゥタンの計算によれば、一七八一—九〇年には二四億五五〇〇万フラン、一八〇二—一二年には三二億八〇〇〇万フラン、一八一五—二四年には三六億四三〇〇万フラン）、そのほとんど唯一の原因は物価の上昇にある。

農業生産全体は停滞していたが、地域的な格差がなかったわけではない。ほかよりもさらに条件の悪い州もあった。最もひどかったのがブルターニュとヴァンデーで、ともに内戦でこうむった被害を修復できなかった。農場や折半小作地は焼失し、土地は打ち捨てられたままになった。ロレーヌ、アルザス、フランシュ＝コンテなどの国境地域は相対的な人口減少にみまわれた。コルシカでは、革命の騒乱とイギリス軍による占領ののち、帝政下の行政府がおよび腰ながら綿花とインディゴ栽培を試み、桑の栽培に奨励金を出し、山羊による農作物の被害を防ごうとしたがうまくいかず、トスカナ地方の牝羊を移入した。徒党争いがこうした努力を無に帰した。逆にアルトワとピカルディでは砂糖用ビートが導入され、帝政下には野菜栽培用の耕地や渓谷の沼沢地、高地にある穀物耕作地の改良がなされ、未開墾地や丘陵地では羊の放牧地が改良された。ペルシュとメーヌでは麻の栽培が発達した。

しかし、農業について見れば、十八世紀における農学の発達が期待させたような、また一八一五年以降、七月王政に至るまで、より速いスピードで進展したような飛躍的発展は、どこにも見られなかった。

全体としてマイナスの決算

一七八九年から一八一五年にかけてのフランス農業の展開を評価するというのは、それ以前の動きやそれ以降の動きと比較してみたり、大革命と帝政の混乱がなかったならどうなっていただろうかと仮定してみるだけのことではない。同時代に他の国々、とりわけ海峡の向こう側の、敵にしてライバルであるイギリスで生じていた変化ともつき合わせてみなければならないのである。イギリスは武器を手にして戦っている相手という意味では敵であり、その経済がヨーロッパと世界において支配的な力を持ちつつあったという意味ではライバルなのである。

イギリスはすでに農村文明を犠牲にして都市文明を、農業を犠牲にして工業を優先するという選択をおこなっていた。その結果、フランスでは農民が多数を占める社会のままだったときに、イギリスは農民が少数の社会となり、その農民たちはフランスの農民よりも広い土地を手にすることになった。その結果、イギリスの農業生産性はフランスのそれをしのいでいたのである。

イギリスでは「囲い込み《エンクロージャー》」を成功させ、輪作から休耕期間を排することによって、農業革命を達成していた。フランスの農民が、一年間で一八ボワソーの小麦を四回（計七二ボワソー）収穫するところを、イギリスの農民は二五ボワソーの小麦を三回（計七五ボワソー）収穫していた。しかもその間に、飼料作物を輪作に組み入れ、それが家畜を養い土地を肥やしたのである。

遅れをとったのはフランスの農学だけではなかった。農民も一緒に遅れたのである。J・C・トゥタンは、われわれがここで参照しているデータすべてを収集し、整理したのであるが、以下のような最終判断を下しており、これを認めないわけにはいかないだろう。「大革命と帝政は農業に何をもたらしたのだろうか。特にあげられるのは封建的諸権利と共同放牧・他村地放牧権の廃止、一定の輪作のやり方に従う義務、税のより公正な分配、共有地の分割、等々であった。土地所有者は諸権利の廃止によってより豊かになったにしても、何も変わらなかった。家畜がふえたわけでもなければ人工牧草地がふえたわけでもない。国有財産や共有地など、以前よりも広い土地を耕すようにはなった。しかし、じきに地味が荒廃し、収穫率は減少した。新しく国有財産を手に入れた者は農業経営について無知だった。彼らは土地に飢えており、働く気はあったのだが、農具も肥料もなく、どんな方法で粗放農業を集約農業に転換させればいいのかわからなかった。大多数を占める小農民は、共同放牧・他村地放牧権の廃止から利益を得るどころか、それによって破滅に導かれた。」

奇妙な結論である。大革命は平等の名によっておこなわれたのに、富者を富ませて貧者をより貧しくしたのである。

他の部門でも似たような結果が見られる。

第二章　産業の決算

フランス対イギリス

イギリスの歴史家たちは、農業革命は産業革命に先んじたのか、同時進行したのか、あとからついていったのかを論じている。どの説もそれぞれ一理あるのだが、ただわれわれにとって重要なのは、イギリスが産業革命においてフランスを含む他の諸国に先んじたという点である。

ことは一七六〇年ごろに始まった、というのがT・S・アシュトン教授の説であり、他の大多数の研究者もこれに従っている。イギリスは産業革命に必要な労働力、流動資本、新技術を持っており、最も条件に恵まれていた。労働力は農村から都市へと流出していた。資本はロンドン市場と地方銀行が発達するにつれて増加し、利子率の低下が長期的投資を刺激した。新技術は、それまであまり利用されていなかったエネルギーの飛躍的発達によってもたらされた。それは石炭と蒸気の所産であり、冶金業と織物業を根底から改革することになる。冶金業は高炉の出現で一変し、織物業は紡糸と製織の双方で機械化の時代を迎えていた。

フランスはイギリスのような切り札を持っていなかった。イギリスはまさに「石炭の塊」であり、鉄鉱石も豊富だったが、フランスのほうは新技術の基盤となる燃料や有用な資源に恵まれていなかった。蒸気機関の父であるジェイムズ・ワット、コークス精錬の父であるジョン・ウィルキンソン、飛び杼《ひ》の父であるジョン・ケイ、織機の父であるジェイムズ・ハーグリーヴズとサミュエル・クロンプトンなどのイギリス人技術者にたいして、フランス人技術者の天分が劣っていたというようなことは決してないが、彼らは製品の実用化にあまり熱心に取り組まなかった。モンゴルフィエと彼の気球は天空を征服したが、それは名誉のためでしかなかったのである。

フランス産業の遅れは、しかしながら、決定的なものではなかった。あらゆる階層の人びとが科学技術に熱中していた。百科全書は手工業関係の項目に何千という図版を充てたし、実験物理学の公開講座は大流行《はやり》だった。才人は電気や磁気に夢中になり、貴族もブルジョワも、石炭業（アニッシュ社、アンザン社）や化学製品（ジャヴェル社、サン＝ドニ社）に投資していた。最初に蒸気機関を考えた物理学者ドニ・パパンの国フランスでは、ヴォカンソンからジャピに至るまで、発明家が失業することはなかったのである。

主要部門においてはイギリスが先んじており、フランスは迷うことなくそのあとに従った。海峡の向こう側の発明をコピーすることもあれば、有能な技術者を呼び寄せることもあった。

リヨンのエンジニア、ガブリエル・ジャルは「鉄鉱石を熔解するために溶鉱炉で加工していない石炭を用いているというのは本当か否か、こうした用途のためには石炭を蒸し焼きにしてイギリス人がコークスと呼ぶものにしなければならないのかどうか」を確かめようとイギリスに渡った。彼は魔術的ともいうべき方法を持ち帰り、ロレーヌにあるド・ウェンデル家の高炉でコークスの使い方を試してみた。ド・ウェンデル家ではすでに木炭に換えて石炭を使っていた。最初の実験は一七六九年に成功した。製鉄業の名家の創始者の孫イニャス・ド・ウェンデルは、これを産業レベルでの実用化に向けて改良したいと考えた。彼はウィリアム・ウィルキンソンの協力をとりつけたが、ウィリアムは、イギリスでコークス精錬をみごとに成功させたあのジョン・ウィルキンソンの弟だった。ウィルキンソンは年俸六万リーヴルと月額一〇〇〇リーヴルの手当、そして旅費の支払いを要求した。両者は合意に達した。国王政府の国庫からも資金援助を受け、イニャスとウィリアムは協力し、ロワール川とソーヌ川のあいだに位置する人里離れた石炭産地を選んだ。クルーゾである。彼らはそこに中央溶鉱炉一つと、並はずれた大きさ（高さ一三メートル、直径三メートル）の高炉を二つ建設した。一七八五年十二月十一日午後二時、フランス初のコークス精錬が始まった。

このように、フランス産業は自らの遅れを自覚しており、あまり水をあけられないうちに遅れを取り戻そうとしていたのである。そして実際には、ほとんど追いついていた。パトリック・オブライエンは、十八世紀における（農業と産業の）総生産の伸びは、大革命が勃発するまではフランスのほうが大きかったと見積もっている。鉱業（石炭、鉄）と冶金業、およびセメント、ガラス、煉瓦製造業では明らかにイギリスがまさっており、また強固だったが、フランスは織物業（綿紡績と織布を除く）、建築、皮革工業、農産物の部門ですぐれていた。アルベール・ソブールは（『文明とフランス革命』において）、一七〇〇年から九〇年にかけて、両国の工業生産はほぼ似たようなリズムで伸びていったことを指摘している。イギリスの伸び率は年一・一七パーセントで、フランスでは一パーセント強だった。

両国の経済が展開する背景となっていた制度的枠組みは、一見ひどく異なっていたように見えるが、子細に検討してみれば基本的に異なっていたわけではない。イギリスは規制や規格統制を廃して自由な時代に生き、フランスのほうは親方組合の厳格な締めつけのもとにコルベール的な重商主義の時代を生きていたとはいえ、多くの面で双方のやり方は似通っていたのである。イギリスではかなりの部門に厳しい規律が課せられていたし、フランスでは、既述のとおり、古めかしい同業組合制度にはほころびが生じていた。例外措置によって、いたるところで規制は尻抜けになっており、現実は統制経済の理論とはくいちがっていたのである。

国民一人当たりの所得はイギリスのほうが多く、銀行制度も発達しており、産業は利潤を再投資することで資本を調達していた。またフランスよりも都市化が進み、産業の発展に必要な設備も整っていた。

しかし、両者の競争が完全に不公平だったわけではない。少なくとも、最初からフランスが敗れていたわけではないのである〔原注　フランソワ・クルーゼの大変すぐれた著作『イギリスのフランスに対する優越、十七―二十世紀』（ペラン社、一九八五年）を読むこと。この中でイギリスの優位は十七世紀に生じたこと、十八世紀にはフランスの遅れはむしろ縮められたこと、溝を広げたのは大革命と帝政であること、などが示されている〕。

フランス産業の目ざめ

十八世紀におけるフランスの真の悲劇は人口が多すぎたということである。労働力は過剰で、人件費は安かった。その結果、企業家は機械よりも人間に頼る傾向があった。イギリス人が頼らなければならなかったような機械を発明する必要はなかった。効果があるとは思えなかったのである。フランスの産業は近代化せざるをえないところまで追いつめられていなかったのだ。

しかしながら、こうした刺激剤を欠いてもなおフランスの産業は発達したのである。デフレと権威主義の時代だった十七世紀のあとで、十八世紀は飛躍と生気にあふれた時代のように見える。都市の人口がふえ、建築物がふえた。都市の住民は田舎の人間とは違うスタイルの衣服を着たことから、織物業が活気づいた。需要が伸び、消費が拡大した。これはあらゆる生産にとって有利だった。

緩やかであれ、急速であれ、成長は成長だった。麻・亜麻工業は、低価格の綿との競争にさらされていたので、成長は緩慢だった。羊毛を原料とするラシャ織物も同様だった。ダニエル・リシェによれば（「イギリス革命とフランス革命」、『ウィリアム征服王から共同市場まで』所載）、ラシャやリンネルといった伝統的な製品の生産量は、十八世紀、大革命の前まではふえていた。約六一パーセントの伸びを見せており、綿製品の上昇率はそれよりも高かった。ラングドック（一四三パーセント増）、シャンパーニュ（一二七パーセント増）はノルマンディ（一二パーセント増）以上に健闘していた。

新種の織物業は急速に伸びていたが、その筆頭は綿工業だった。暑い国からやってきたこの繊維は、その当時は「一種の植物性毛糸、白くて紡績に適する」（『商業辞典』一七七〇年）と定義されていた。ルアンはヨーロッパ大陸の都市の中で「あらゆる品質の綿布を最も安価に」最も多く製造することで知られていた。オルレアン公は綿のマニュファクチュアをオルレアンに開設した。トリュデーヌの援助を得て、ジョルジュ・シモネはタラールで最初のモスリン織機を組み立てた。その息子のアドリアンはスイスから綿糸を導入し、手動式織機で織らせている。

インド更紗も新しい産業で、綿工業と同様に盛んになった。これは染色された綿布で、インドが長いあいだ生産を独占していた。インドの染色法の秘訣はロウを塗った糸を染料にひたして、ロウがつかなかった部分全体を染める点にあった。ヨーロッパではまずドイツに、ついでイギリスとスイスに入ってきた。スイスで完成度の高い技術が確立し、この染色布はミュルーズに輸出されるようになった。ミュルーズはインド更紗の一大市場となり、やがて住民は自分たちで染色をしたいと望むようになった。当然のなりゆきである。スイス人労働者を雇って、いくつかのマニュファクチュアが開かれた。最初のは一七四五年だった。じきにミュルーズは染糸だけでは満足せず、紡績と織布もおこなうようになった。ミュルーズの「インド更紗類」の取引額は、一七五八年から八四年までに、七三八パーセントの増加率を示した。

アルザスのこの例は、すぐにモンベリアール地方で模倣された。ジャン＝ピエール・プジョーなる人物が、ドイツとバーゼルで得た知識をもとに、エリモンクールに仕事場を開いた。ヴェルサイユとパリ、すなわち宮廷と都市において、インド更紗は大流行した。マンドランはこれを密輸で持ち込んでいた。フランス政府当局が生産の全面的自由を認めると（一七五九年）、フランスの織物業者はインド更紗の技法を盗み取り、需要に応えようとした。ヴォカンソンは一七四七年に、馬や水車で動く自動織機を組み立てた。この機械はジャカールの織機の前ぶれとなるものだった。ババリアの織物業者の息子であるクリストフ・オーベルカンプは一七五九年、銅版捺染更紗マニュフアクチュアをジュイ＝アン＝ジョザに設立した。ジュイの更紗はじきにヨーロッパ中に知られるようになり、インド更紗の市場を支配した。

勢いにのるもう一つの産業は冶金業だった。フランスの冶金業では長いこと木炭が使われ、森の薪材を浪費してきたのだが、石炭に頼るようになった。一七四四年から八九年のあいだに、フランスの石炭産出は六八一パーセント増加した（アルベール・ソブールによる）。産出高ではイギリスに劣るにしても、成長率はより急速な伸びを見せたのである。アンザン炭坑はだんだん深くなり、坑道は石造りになり、石炭を運ぶカゴは馬が引くウィンチで巻き上げられた。ここの経営は一七五六年に作られた株式会社がおこなっていたが、ブルジョワの株主にまじってセルネ侯、クロワ公、シャロスト公、ショーヌ公などが出資していた。ラ・グラン＝コンブの鉱山はカストリ公が採掘認可を受けていた。

貴族は、長いこと経済活動から遠ざかっていたが、今ではこれにかかわって重要な役割を果たすこともいとわなくなっていた。金融活動の危険に身をさらそうという者もでてきて、当時は大胆だと思われていた活動でも積極的にリスクを引き受けた。製鉄所の所有者になっても貴族罷免にはならなかった。オルセイ伯はフランシュ＝コンテに四つの高炉と三つの製鉄所を所有していた。シャストレ侯はブルゴーニュのエサロワにある高炉と製鉄所の所有者だった。ロレーヌ地方にあるド・ウェンデル家の製鉄所は盛んだった。イニャス・ド・ウェンデルがクルーゾで最初のコークス精錬を試みたことはすでに指摘したとおりである。一七八〇年以前に、イギリス冶金業の秘訣、これに使う機械、そして技術者は英仏海峡を渡っていたのである。フランス冶金業はいい線をいっていた。一七三八年から八五年までに七二パーセントの進展を示したのである。

冶金業の発展とともに、砲兵隊が確立した。それは軍隊である以前に一つの産業だったのである。ピカルディ出身の砲兵監ジャン＝バチスト・グリボーヴァルの作った青銅の大砲は半世紀のあいだヨーロッパの戦場を支配することになる。中空にしないで鋳造され、機械で穴をあけ、穿孔《せんこう》仕上げされるこの大砲は、なめらかな内腔を持ち、照準線と照尺が付いていて、あらゆる部品が交換可能だった。グリボーヴァルの要請により、イニャス・ド・ウェンデルがシャルルヴィル王立武器マニュファクチュア、ついでロワール河口の中洲にあるアンドレ兵器廠に指名された。一七八七年一月一日には、アンドレとル・クルーゾを統合して、王立鋳造マニュファクチュアという名の単一の会社が成立し、一大企業となった。

有力会社や大工場の時代が到来したのである。これによって労働の枠組みは変化した。職人は労働者に席を譲るようになった。アブヴィルではオランダ出身のヴァン・ロベ家が薄地毛織物のマニュファクチュアを経営していた。紡績、織布から仕上げ、縮絨《しゅくじゅう》、染色まで、全工程を包括するものだった。ソム川に近いオケ場末街《フォブール》にあったこの工場は、前庭、仕事場、従業員宿舎を持ち、約二五〇〇人の従業員がいた。そのうち二五〇〇人が機織り職人であり、さらに何千人もの女性が自宅で下請け仕事をしていた。一七八五年に、ナントにあるサゼの織物工場では四〇〇〇人の従業員に賃金を払っていた。ジュイの銅版捺染工場には一〇〇〇人ほどの従業員が雇われていた。ピュイのモスリン製造所、リモージュ近くの絹・綿の布地製造所、ロアンヌにあるアルコックの刃物・金物工場、ニーデルブロンのディートリシュの製鉄所などではいずれも五〇〇人以上の実員を雇っていた。ロシュフォール、ブレスト、トゥーロンなどの造船所でもかなりの数の労働者を雇っていた。こうして産業町もしくは産業場末街《フォブール》が形成されるようになり、都市は単に行政と商業だけの場ではなくなっていったのである。

野心的な企業の一例として、ガラスマニュファクチュアのサン゠ゴバンがあげられる。この王立鏡用ガラスマニュファクチュアはすでに一世紀以上の歴史を持っていた。最初はサン゠タントワーヌ場末街《フォブール》にあったが、地方分散政策によりピカルディの城館に移された。そこでは金属製のテーブルの上に溶けたガラスを流して鏡を作っていた。会社は強固な特権に守られて繁栄したが、労働者はきつい規則に縛られていた。仕事は朝五時から夕方七時までで、食事のための休み時間が三回あった。また予告も補償金もなしに解雇されることがあった。しかし賃金には出来高に応じてボーナスがつき、無料の宿舎、病気手当、疾病年金などが認められていた。社長はモンモランシだった。

もう一つの例はペリエ兄弟である。彼らは一七七八年にパリに水道会社を設立した。このときもまた、アイデアはイギリスに由来する。ロンドンでは、ワットとニューコメンの発明になるポンプがテムズ川の水をあらゆる地区のあらゆる建物に供給していた。イギリスから輸入した同じ様式の蒸気ポンプ二台がセーヌ河岸に設置され、四つの貯水場がシャイヨの丘に設けられた。三二キロメートルにわたって鉄と木材でできた導水路が敷かれ、六つの泉水と七八の蛇口が作られた。この施設は一七八二年七月から実用に供され、やがてもう一台のポンプがグロ＝カユーに補充された。ボーマルシェが会社の広告用パンフレットを書いている。「一年中いつでも絶えることなく、たいへん安価に、安全な水が欲しいだけ手に入る。」ミラボーは水売りを保護するために、会社の信用を傷つけようとした。株式取引所では、この会社の株にたいする投機売買がおこなわれた。産業が生まれたのである。

大革命の入口で

農業と同じく、大革命前夜における産業の状況を明らかにし、長い発展ののちに何年間か困難な時期があったことを確認しておかなければならない。

アンシャン・レジームの末期には、経済の不調が恐慌に転じ、これにたいして制度の側はなす術がなかった。この景気後退は、一つには農業状況の悪化に伴う農村での需要の後退の結果として生じた。またアメリカ独立戦争により、数年にわたって大西洋の向こう側から原料が入ってこなくなったためでもあった。そしてとりわけ、一七八六年に結ばれた英仏通商条約で、イギリス製品がフランスの市場で開放されたためであった。

これらの要因すべてが、ことに織物業にのしかかった。まず農業的要因である。飼料恐慌は羊毛価格の高騰をもたらした。ついでアメリカの要因である。独立戦争のために新世界から綿花が輸入されなくなったことが、価格騰貴につながった。最後がイギリスの要因である。英仏海峡の向こう側の製品に課される関税が削減されたことから、フランスの織物製品は苛酷な競争を強いられることになった。生産者にとって羊毛と綿花はより高価となり、消費者にとって羊毛製品と綿製品はより安価なものになった。織物業は当時、経済の原動力的役割を果たしていたから、フランスの産業はまさに危険地帯にさしかかっていたのである。普通なら、これはただの景気の停滞にすぎないはずだった。飼料恐慌は一時的なものであり、アメリカ独立戦争は終わっていた。しかもフランスの織物業は、長期的にみればイギリスとの競争が刺激になって改善されたのである。しかし政治革命はそれまで待っていなかった。

一七八八年の初めごろから、織物業の問題が失業の形であらわれた。二月二十五日の商工諮問委員会の会合で、（エルネスト・ラブルースの研究によれば）視察官トロザンは徴税請負人や商工視察官たちを前にして、パリに二万人の失業者がいることを認めた。当時、労働者人口が少なかったことを考えれば、かなりの数と言える。

一七八八年の一年間で悲劇は広まっていった。ピカルディの織物業が打撃を受けて、慈善仕事場を組織せねばならなくなった。ノルマンディでは倒産件数がふえ、シャンパーニュでは織機の半分が止まった。リヨン地方では一七八七年の繭の凶作もこたえていた。エルブーフ、ルヴィエ、ルアン、スダン、オルレアン、グルノーブルでも失業がみられた。織物生産は半減し、仕事を失った者の数は優に一〇万人を超えた。

織物業から伝染して、あらゆる産業部門が多かれ少なかれ影響を受けた。賃金と購買力の低下が経済全体に広がったのである。パリの家具工業、エクス＝アン＝プロヴァンスの油と石鹸、ラングルの刃物製品、およびアノネの製紙業やストラスブールの金銀細工、ピュイのレースなどが被害を受けた。一七八九年四月、サン＝タントワーヌ場末街《フオブール》で壁紙を製造していたレヴェイヨンの家に労働者が押し入って放火したのは、賃金削減に抗議するためだった。

こうした図式は、革命の勃発を説明しようとする人びとによって描かれたものである。しかし、これに先立ってフランスの産業が発達していたことを忘れてはならないだろう。健康な人間に起きた事故と寝たきりの病人の状態を混同してはならないのである。恐慌のさなかにあっても、すべてのフランス人が飢えていたわけではない。失業者の多くは道路や運河の建設工事に従事した。危機に陥らなかった産業もあった。サン＝ゴバンとか、ド・ウェンデル家、ヴァン・ロベ家といった企業は倒産しなかったし、パリ郊外では小企業の繁栄がみられた。ソー、ブール＝ラ＝レーヌ、サン＝ドニの陶器マニュファクチュア、ビュク、アルクァイユ、サン＝クルーのインド更紗マニュファクチュア、ブーローニュ、クリシ、ジャンティイ、クラマール、ヴィル＝ダヴレの河岸の砂を用いた漂白業などである。セーヴルの王立製陶マニュファクチュアもうまくいっていた。

二次的な部門、もしくはそうみなされていた部門では、さまざまな分野で積極的に種々の発明が試みられていた。ベルトロは一七八七年に塩素の漂白作用を発見したが、これは織物業に役立った。ディドは木版の印刷機を金属版のそれに換えたらどうかと考えていた。ラ・コンダミンがペルーから持ち帰ったゴムと呼ばれる伸縮性の素材からはさしあたり消しゴムを作ることが考えられた。ベネディクト派修道士のドン・ゴトリは一七八二年に通話管を発明したが、これを使うと八〇〇メートル離れたところと話ができた。ささいなアイデアが大きな変化を生み出すきっかけになったのである。

こんな具合に、大革命の際にフランス産業がどうしようもない状態だったわけではなかった。革命は、その数カ月前から好転していた状況のなかで爆発したのである。

ド・ウェンデル家の試練

「共和国は学者を必要としない。」大革命期の科学に関する決算をした際に言及したこの言葉をもういちど取り上げなければならない。通常、科学と産業は密接に結びついており、製造業者は発明家なしですますことはできない。しかし右の公式が革命家自身によるものだったにせよ、あとから作られたものだったにせよ、大革命当時の時代精神を簡潔にあらわしている。内戦および対外戦争の対処に関心を奪われて、共和国は産業素材の改革はなおざりにしてしまった。また国有財産が売却されたので、資本は産業に投資されるよりもむしろ国に没収され売りに出された不動産や土地の購入に用いられた。

軍需品の生産が優先された。大革命と帝政のもとにあっては、戦闘中の軍隊への武器の供給が最重要課題だった。大砲、鉄砲、弾薬、および軍服である。その結果、冶金業と織物産業には一定の仕事と販路が確保されたが、その製品は民間用でも輸出用でもなかった。戦時にあっては物資が浪費される。技術の進歩のために時間をさいてはいられなかった。鉄砲の撃鉄ネジの改良計画はあっても、日の目を見ることはなかった。当局の統制は強く、技術革新にブレーキをかけた。無駄な実験で時間をつぶしてはいられなかった。戦争とはせっかちなものなのである。

産業が停滞し、発明家たちの出番がなくなったのは、一つには大革命が人びとを処刑したからである。学者も企業の担い手も、革命裁判所長官のあまりにも有名な暴言によって否定されただけではなく、文字どおり、物理的に抹殺されたのである。ラヴォワジエがまさにそうであった。実り多いはずの生涯が処刑台で断ち切られたのである。あるいは自ら命を断つ者もあった。化学者ニコラ・ルブランもその一人である。人造ソーダを発明したルブランは財産を没収され自殺に追い込まれた。ガブリエル・パルトー・ド・ヴェイムランジュ——クルーゾ設立者の一人——は反革命家として追及され、窓から身を投げた。イニャス・ド・ウェンデルもまた首に賞金をかけられて亡命せざるをえなくなり、絶望のあまりワイマールの近くで毒をあおいだ。ゲーテは彼に同行し、励ましたのだが、悲劇的な最期について簡潔なコメントを加えている。「すぐれた組織力と明敏な知性を持つ彼は、無為の状態を紛らわせようとさまざまな計画を立てていた。……祖国から離れたチュリンゲンの静かな森の片隅で、彼は果てしなく続く動乱の犠牲となった。」この動乱はフランスにとって高くついたのである。

ド・ウェンデル家はフランス産業の悲劇を体現している。息子たちは亡命せざるをえなくなり、七十代の未亡人マルグリット・デヤンジュが会社を経営した。彼女は「鉄材流通の停滞」がもたらす問題や、月に一〇〇トンの砲弾を製造せよという陸軍大臣の要求と格闘しなければならなかった。会社にはあらゆるものが不足していた。機械の油も、馬にやる燕麦も、製鉄所の薪材もなかったのである。コークス精錬など、まるで別世界の話だった。風向きが変わるのを待たねばならない。軍旗のもとに召集されたロレーヌ地方の若い農民たちは製鉄所で仕事を続けていられる労働者に妬みの念をつのらせた。ド・ウェンデル家の従業員を保護するにはモーゼル軍に派遣された人民代表の命令が必要だった。「徴発や動員を口実として、有益なものを差し押さえたり労働者を煩わせることは、国民とその利益の名において禁じられる。これは公共善にもとづく措置である。」

デヤンジュ夫人は数百人の労働者を二四時間使って、一日に八五〇個の砲丸と八四発の砲弾、四八〇〇発の銃弾を製造したが、無駄だった。彼女は、その家柄、結婚、亡命した家族がいたこと、そして性格の強さゆえに反革命の容疑をかけられ「すべての事態の責任者」とされる。ついにこの老婦人の頑固さも打ち砕かれた。「女性市民《シトワイエンヌ》ウェンデル」の製鉄所と工場は没収された（一七九三年十二月三十日）。彼女はメッツ、ついでサルグミンに拘留され、テルミドール後かなりたってからやっと解放された。その間に国有化された彼女の会社は無能な管財人の手に落ちた。アシニア紙幣で給料をもらっていた労働者は、仕事を放り出した。彼らは徴用され、持ち場を離れることを禁止され、これを守らなければ死刑とされた。労働者たちは道具を壊して応酬した。

足腰が不自由となり財産を失ったマルグリット・デヤンジュが村にもどる許可を受けたとき、彼女はそこに絶望しか見出さなかった。高炉の火は消え、製鉄所は死んでいた。家は無人で物音もしなかった。この勇敢な夫人は八十二歳で没した。子孫に残したものは何枚かの古着と樅《もみ》の木の家具、そして逆境にあっての粘り強さのお手本だけだった。

製鉄所は競売に付されて、市民グランチルのものとなったが、彼は会社を再生させることはできなかった。一八〇三年初めに事業は倒産した。六月にはメッツの大商人に譲渡されるが、彼はド・ウェンデル家に名義を貸した。こうしてイニャスの息子フランソワ・ド・ウェンデルは遺産を取り戻し、地所を回復し、事業を再開することができた。ナポレオン戦争で注文が増加し、一八〇七年にはウェンデルの会社が弾薬納入業者のトップになった。フランソワはモワユヴルの製鉄所、森林、水車を購入した。彼はエヤンジュ村長、県議会議員を経て、ロレーヌ地方の名士となった。しかし、一八一一年の時点ですら彼の工場にはせいぜい一五〇人の労働者しかおらず、職人的な手法と旧式の装置に頼り、薪と木炭を使っていた。同じときに英仏海峡の向こう側では、九七パーセントまでがコークスによって精錬していたのである。

大革命はこの会社を弱体化させた。帝政はこれを救ったが、単に軍事目的にかなう狭い販路しか保障しなかった。平和的で確実な用途が広がり十九世紀は鉄の世紀となるのだが、そうした販路の開拓は妨げられたのである。一八一六年になってやっと、フランソワ・ド・ウェンデルはイギリスに渡り、冶金業の発達を研究し評価することができたのだった。一八一九年にこの企業は「イギリス式」に仕事をするようになった。一八二三年にコークス式高炉が建設され、コートが一七八四年に特許をとったパッドリングの技術がフランスに導入される。結局、四〇年近くが失われたことになるのである。

プジョー家の誕生

ド・ウェンデル家からプジョー家に目を転じよう。この一家のある分枝は冶金業に家運をかけ、別の分枝は織物業にかけた。いずれも革命の混乱から損害を被ることもあれば利益を得ることもあった。

プジョー家は十五世紀以来、モンベリアール地方を活動の場としてきたが、この地は一七九〇年にフランスに併合された。領主采地は消滅し、郷《カントン》に変わった。政治闘争が繰り広げられているあいだ、プジョー家は「愛国派」に属した。ジャン＝ピエール・プジョーは、六人の身元の確かな市民とともに、サン＝ティポリト郡の行政官に任命された。彼は、ブラモンのモンターニュ派協会に加盟していた。息子のジャン＝フレデリックと一緒に製粉用の水車を使って鋼を鋳造する小さな企業を始めることにした彼は、グラン川にかかるスー＝クラテの水門を改造し、土手を高く築いた。大陸封鎖が実施され、急いで仕事を進めなければならなくなった。

時計産業を刷新したフレデリック・ジャピの婿と協働して、プジョー家は四つのはね落としハンマー、鋼線を引き伸ばすボビン、圧延機、研磨機を設置した。「スタイエルマルク鋼にならった鋼、イギリス製品に似たのこぎり用の圧延鋼、バネや磨かれたシリンダー鋼に用いられる鋼」を製造するのが目的だった。鋳鉄や錬鉄はドゥブやオ＝ランから、木炭と石炭はロンシャンやシャンパネから取り寄せた。

会社はすでに活動を始めていたが、ジャン＝フレデリックはパートナーたちを代表して、知事の同意をとりつけようとした。一八一一年七月十日付の申請書には皇帝宛の冗長な決まり文句を付け加えることも忘れなかった。「至高なる首長が国民精神に向かって呼びかけた訴えによって目ざめ、またその貪欲な敵が不可思議にもあまりにも長期にわたって導き入れた貿易上の従属からこの国を抜け出させるためにすべてのフランス人が技芸の道を歩むよう、かの尊厳なる主権者が人びとを奮い立たせようとした熱意に打たれて」、彼は「われわれの国に欠けている必需品を製造すべく、水車を工場に変える」計画を立てた。粉屋が冶金業に宗旨替えしたというわけである。

一八一二年、スー＝クラテにおける鋼鉄製造の功績にたいして第一等金勲章が付与された。しかし経営は困難だった。一八一四年の敵の侵入で、製造は一時中断した。

プジョー家は王政復古の体制の中でやっと、のこぎりやバネの製造に好都合な条件を見出し、やがてペチコートの張り骨、自転車、そして自動車の分野へと進出していくのである。

プジョー家のもう一つの分枝は織物業にのりだした。ジャック・プジョーとシャルル・プジョーは、イギリスがこの部門でどれほど進んでいるかを認識していた。彼らは、長いこと農民が紡ぎ車で紡いできた糸を機械で製造したいという野心を抱いていた。その糸から、モンベリアールの人びとがヴェルクリュール、フュテンヌ、コトンヌ、グリゼット、ドロゲなどと呼んでいる丈夫な布地が織られ、閨房のカーテンや羽布団、作業衣などの製品が作られたのである。さらに、彼らの関心は糸や布地よりそれを製造する機械に向けられた。

機械は存在した。イギリスの大工が、自分の娘の名をとってジェニーと名づけた紡績機である。改良され、実用化されたこの発明はベルギーに渡った。これを輸出した者は死刑に処すとの法律をもってイギリスが禁じていたにもかかわらず、である。マンチェスターからゲントに渡ったこの機械は、ついでパリに出現した。ジャック・プジョーは、アンギアン公処刑の数日後に、首都に赴き、工芸保管所の紡績実習室に入学を許された。このおのぼりさんの若者はあらゆるものに興味を示し、紡績機械について手ほどきを受ける。こうして彼は紡績機の教材として使われていたモデルをもとに、二一六本のスピンドルのついたミュールジェニーを製造できると確信した。ジャックは父親に宛てて「私はミュールジェニーを作っている機械技師のところでもっぱら仕事をしています。紡績をやる者は多いのですが、われわれのところより成功が確実だとうけあえる者はそう多くはいない、と言っても自惚《うぬぼ》れにはならないと思います。われわれの地方はあらゆる点からみて、この種の事業に向いています。なぜなら労働力が安価で、機械工が大勢いるからです」と書き送っている（一八〇四年七月二十七日）。

ジャック・プジョーとシャルル・プジョーはエリモンクールに紡績工場を設立し、そこに初期の型のジェニー紡績機を設置した。アミアンの和約を祝してイギリス人ファーガスンが紡績機の組み立てに協力した。素晴らしい工場だった。縦五〇メートル、横一〇メートルで四階建てだった。ル・グランが紡績作業室の装置を作動させる動輪を動かした。織布は手作業だった。染色もおこなわれた。皇帝は兵士たちに軍服を支給しなければならなかったが、大陸封鎖でイギリスの綿製品が入ってこなくなっていたのである。

しかし封鎖は一時的なものにすぎない。プジョーの将来は繊維産業にはなかった。ただ、彼らはこの事業をやっていく中で機械類に接し、なおかつ産業がいかに政治に左右されるか、またイギリスに追いつくためにフランスはどれほどの遅れをカバーしなければならないかを学んだのである。

パリ、もろい成功

ド・ウェンデル家とプジョー家の事例はいずれも、四半世紀におよぶ試練のあいだに、フランスの産業がなんとかかんとか時代の要求に適応しつつ変化してきた様子を示すものである。政治革命は、ときには技術の進歩をうながすことがないわけではなかったが、全体としては技術革命の進展を妨げた。生産者は国際競争の必要に応じて企業を近代化するゆとりもなければ、その手段もなかった。しかしまた、戦争と封鎖という事態に立ち至ったことから、平時にはみられなかったイニシアティヴが発揮されることにもなった。

長期化する戦争のおかげでイギリスとの競争が一時的になくなったという例外的状況から最も利益を得たのはパリとパリの周辺地域だった。本来パリは産業の中心となるのにふさわしい都市ではなかった。燃料や原材料や労働力が高かったのである。しかしながら、首都には財政と商業という有力な切り札があったし、大革命とナポレオンによる中央集権化が有利に働いた。資本はよそより豊富だったし、中央権力が存在し、その注文も入ってきた。

総裁政府の頃から博覧会が流行した。最新の産業の成果を紹介し、消費者であるやじ馬の注意を引くのが目的だった。シャン＝ド＝マルスで、ついでルーヴルの中庭やアンヴァリッドの広場で、パリの財宝が披露された。ジャコブの家具、ドルフュスの織物、ブレゲの時計、ディドの書籍、コンテの鉛筆、ボウェンの綿糸、トミールのブロンズ像、ジャクマールとベナールの壁紙などである。物見高く、驚嘆をあらわすのが好きなパリっ子たちは、博覧会に出かけていって物不足の日々を忘れようとした。

実は、パリが自慢する産業の多くはアンシャン・レジームから受け継いだものだった。シャイヨのサヴォヌリ絨毯、ゴブランのタピスリ、セーヴルの陶器などである。また、オーベルカンプがやっているジュイの織物（シリンダーを用いてプリントしていたが、二色のみだった）もそうだったし、サン＝タントワーヌ場末街《フオブール》の花形である家具、マレ地区とサン＝トノレ街の金銀細工もそうだった。皇帝の宮廷がヴェルサイユの宮廷を引き継ぎ、奢侈品産業に刺激を与えたのだった。

織物業でも、パリは先をいっていた。インド更紗だけではない。サン＝ドニ場末街《フオブール》とサント＝アポリーヌ街では絹織物が盛んで、ガーゼ、リボン、靴下、飾り紐、テュル織、レースなどのマニュファクチュアが集中していた。シャロンヌ、ラ・ロケット、シャラントン地区や、左岸のサン＝ジャック街、サン＝ヴィクトール街では、綿糸工場が点在していた。帝政初期には一〇軒ほどだったが、一八〇八年には三〇軒ほどになり、一八一三年には約五〇軒になった。正確にいうとセーヌ県には五二軒あり、そのうち四四軒がパリにあった。全部で一五万のスピンドルがあって、七四四台のミュールジェニーがこれを動かしていた。年に七五〇トンの綿糸が紡がれ、子供を含む五〇〇〇人の男女が雇われていた。織布やメリヤス製造まで含めれば一万一〇〇〇人の従業員がいた。大部分の企業では人力に頼るか、紡績機に回転装置をつけて馬にひかせていたが、一軒の紡績工場は水力を使っており、二軒の工場で蒸気を用いていた。パリは間違いなく、綿工業の中心地だったのである。

最も大きな企業の一つにフランソワ・リシャールの会社があった。彼はノルマンディの借地農の息子で、最初は中央市場で買った織物を転売していた。大革命中はハンカチの投機をし、総裁政府下では禁輸品だったイギリス産織物の密輸をおこなった。一七九六年には、ラシャ製造業者の息子でアランソン出身のルノワールと組んで、サルト県の亡命貴族の財産を闇取引し、その金でシャロンヌ街にあった元修道院を手に入れた。そしてそこでリネンと綿の綾織りを生産したのである。

オトァイユでは、スダンのラシャ製造業者の息子であるルイ・テルノーが、封鎖のために入ってこなくなったインド産と同じくらい美しいカシミア織を生産した。

織物業が機械化されたことから、綿業や羊毛業で使う機械の製造も端緒を開いた。テルノーはムフタール街に起毛機を作る小さなマニュファクチュアを開いている。シャロンヌ街ではフランソワ・リシャールが、パートナーの死後、社名をリシャール＝ルノワールと変えて、自社用の機械を製造していた。パリの産業は、単純な機械製造から冶金業にのりだした。シャイヨにあるペリエ兄弟の仕事場には鋳造所があり、鉄や銅を鋳造して鍋や釜などを作っていた。ヴェルサイユではブテのマニュファクチュアが、ベリ産の鉄を用いて、皇帝が近衛兵に配る装飾用の武器を作っていた。

パリ地域の化学工業は多様化していた。ジャヴェルの小村では、かつてアルトワ伯が出資してマニュファクチュアを建てたが、ジャヴェル水（洗濯剤）の生産が盛んだった。グルネルには国営の火薬製造所が作られた。シャプタルは酸、塩素酸ナトリウム、および塩化鉛を作る敷地面積六ヘクタールの工場をテルヌに設立した。マレ地区には染色工場がふえたが、多くは職人的規模だった。グロ・カユーでは、すでに見たように、フィリップ・ルボンが最初のガス工場を建てた。

ジャン・テュラールは（『パリ史』の「統領政府と帝政」において）、こうしたパリの産業の描写に加えて企業の規模も載せている。一八〇〇年には一〇〇〇社ほどの企業が約六万人の労働者を雇っていた。一〇〇人以上の従業員を抱える企業は二四社だけだった。一八〇七年にはリシャール＝ルノワール社が一〇七一名のパリ市民に職を与えており、ロビラールの会社（タバコ製造）は四五〇名を雇っていた。メリヤス製造、テュル織、ガーゼ製造企業のうち何社かには一〇〇人前後の従業員がいた。ある壁紙製造会社では四〇〇名の従業員が働いていた。一八〇五年に、ジュイのオーベルカンプの会社は一三〇〇名を雇っていた。うち一七五名が染色工、一九〇名が紡績工、五七〇名が刷毛工だった。

警察の調べによると、一八一一年にパリには九万二〇〇〇人の労働者がいたが、このなかには建築、衣料、食糧、印刷などに携わる職人、フランス中央部出身の石工、北部から来た石切り工、サヴォワの煙突掃除なども含まれている。これに中央市場の人足、港の荷役人夫、針仕事に携わる多くの女性労働力を加えるとして、ジャン・テュラールは首都の労働者実数を一三万人とみている。さらに職人・産業部門に依拠していたパリ市民の数は三五万人にのぼり、これはパリの人口の過半数におよぶ。

こうした役割を担うことが本来の姿ではなく、行政と商業を主たる使命とする都市にしては、この数はかなり多い。その結果、パリ経済は、大革命と帝政が導いた方向づけにおいてはもろいものとなった。パリの成功は、財政危機やフランスの産業を孤立させた封鎖のおかげで続いたのである。

恐慌は何回も生じた。一八〇一年は食糧恐慌だった。一八〇六年は交易商人連合、すなわち軍需商人ウヴラールに陰であやつられていた投機業者の団体が瓦解したことから生じた。このときには車体製造業者、馬具師、皮なめし屋、紡績業者、ついで宝石細工師、金属工、インド更紗の捺染工の生活が脅かされた。すべてのマニュファクチュアがしだいに不景気の影に脅えるようになった。

より深刻だったのは一八一〇年から一二年にかけての恐慌で、植民地産食品とブランデーにたいする投機から始まった。破産申告がふえるとともに恐慌は長びき、ライ麦、大麦、小麦粉、パンの価格が高騰し、事態は深刻化したが、ロシアからの退却とマレが企てたナポレオン失脚の陰謀がこれに追い討ちをかけた。株式取引所の相場が下がり、一〇軒ほどの企業が倒産した。首都では労働者の三人に一人が失業した。

パリ産業が繁栄したのは、戦争と封鎖によってイギリスとの競争が排除されていたからであり、講和が結ばれ封鎖が解除されると、不自然な中央集中化に多くを依存していた活動はたちまち打撃を受けた。

十九世紀になると、パリは別な形の中央集中化のおかげで、産業上の使命を取り戻すことになる。すなわち鉄道網の集中化である。

織物業の幸福と不幸

各県レベルでみた大革命期の産業の浮沈というテーマは、シャプタルの要請にもとづいて統領政府の県知事が作った『統計的覚書』の中で扱われている。イギリスに亡命したジュネーヴ人フランシス・ディヴェルノワは、この資料に手を加えて一八〇二年に独自の『覚書』を公表した。これはかなり悪意に満ちたもので、フランスの貧困化を指摘するのが目的であり、彼が以前出したパンフレット、『大革命と戦争がフランス国民にもたらした損失』（一七九九年）を補強するものだった。フランソワ・クルーゼは、帝政末期まで延長して分析を加え、『イギリスのフランスにたいする優越、十七―二十世紀』という著作の中でその成果を明らかにしている。

織物業は、産業活動の中でも群を抜いて重要な部門だったが、初めのうちは低迷しており、一七九四年の生産は革命前の三分の二に落ち込んでいた。だが、イギリス産の撚り糸の輸入が禁止されてから発展し、これに従事する労働者は八〇万（一七八一年から九〇年、J・C・トゥタンによる）から約一〇五万人（一八〇三年から一二年の一〇年間）にふえている。しかし帝政末期に発生した恐慌ののちに、この数は減少した。

最もうまくいっていた、あるいはいちばん打撃が少なかったのは綿工業で、それはイギリス産綿製品とインド更紗が禁輸されたおかげだった。新しいモードが消費を刺激し、稼動しているスピンドルの数は一〇〇万に達した（イギリスでは五〇〇万だった）。そして粗綿生産は一七八九年から一八一〇年のあいだに三倍になった（イギリスでは四倍だった）。リール、ルーベ、トゥルコワン、ミュルーズ、ルアンが、生産の中心地となり、少なくとも一八一一年の恐慌まではその地位を保っていたが、このときの恐慌で手ひどい打撃を受けた。

牛馬や水の落差を利用して動かす機械を使った紡績は家内工業の紡ぎ車と競合していたが、織布は依然として家の中での手作業が圧倒的だった。進歩が見られるのは王政復古下である。大部分の地方では、織物生産は職人的だった。

例外は規則を際立たせる。当時、国内で最大の企業はリシャール＝ルノワール社だった。一八〇八年には一万人の労働者を雇用しており（そのうち約一〇〇〇名が、すでに見たように、パリで働いていた）、一八一二年には一万五〇〇〇名を抱えていた。ノルマンディ（アランソンとレグル）、ピカルディ（サン＝マルタン＝ド＝セーズとシャンティイ）に紡績所と織布所を持ち、全国に三九の工場があった。このほか、マンシュ県のクタンスとサン＝ロのあいだの一七の自治体にはとりわけ多くの在宅職人がいた。同社はナポリ王国で綿花の栽培も始めた。しかし、リシャール＝ルノワールが発展し富を築くことができたのは、ひとえに一八〇六年のイギリス産綿製品禁輸のおかげであり、一八一四年に封鎖が解除されるとたちまち没落してしまった。ナポリでの綿花栽培とフランス国内の作業場がいずれも破産したのである。

羊毛産業はさらに厳しい状況に追い込まれた。羊が減り原料価格が上昇した。フランスは羊毛を輸入しなければならず、羊毛製品の輸出は危機に陥った。ディヴェルノワは、「マンドの有名なサージ織工場」の活動は間違いなく革命前の五分の三に縮小されたと言っている。スダンのラシャ工場では、一七八八年には一〇〇〇台ほどの織機があったのに、一八〇三年には六〇〇台だった。ルーヴィエでは四三〇台から二〇〇台に、ルマンでは二七四台が一〇〇台ほどになった。粗布や薄いベールの大口消費者だった修道会が廃止され、スペイン、ポルトガル、イタリア向けの販売が停止されたのが、手ひどい打撃となったのである。ランスの羊毛マニュファクチュアは、大革命前には年に一〇万巻き生産していたのに、一万五〇〇〇巻き以下となった。ノール県ではなんとか持ちこたえていたが、ソンム県では壊滅的で、アブヴィルにおけるカシミアとラティネ織の労働者実数と取引高は一〇分の一に落ちた。帝政下に梳毛、紡績および仕上げの機械が導入されて羊毛工業は持ちなおしたが、これをうまく利用したのは、国内の産業の中心地よりヴェルヴィエやアーヘンだった。

麻や亜麻の織物産業は、綿との競争、海外販路の喪失、奢侈品消費の縮小、船舶用帆布の注文の減少によって打撃を受けた。ヴァランシエンヌやカンブレの薄リネン《バチスト》やガーゼ、ローン織、またルデアック、ヴィトレ、ラヴァル、マイエンヌ、シャトー＝ゴンチエの麻織物は危機に陥った。ポン＝オドメールの製造所は、大革命前に一万人を雇っていたのだが、消滅した。西部地方の麻産業は試練から立ち直ることができなかった。帝政下での巻き返しは力を欠いていた。一八一〇年になってもラヴァルにおける生産量は一七八九年の半分にすぎなかった。

絹織物業は、伝統的にフランス経済の誇りだったのだが、相前後して試練のときを迎えた。ローヌ県知事は『統計的覚書』の中で織機台数を七〇〇〇としている。大革命前は九三〇〇台だから、四分の一の減少である。この『覚書』によれば、絹の飾り紐の取引高は一〇〇〇万フランから二〇〇〇万フランとなり、刺繍業者は六〇〇〇人から六〇〇人になった。帝政期に絹織物業は再生したが、帝政末期には織機数は半分になった。

紋織布を作っているリヨンの小職人ジョゼフ＝マリー＝ジャカールが希望をもたらした。彼はヴォカンソンの未使用の織機を手に入れ、縦糸を自由に引き上げて杼口《ひぐち》を作ったり針を選ぶことができる紋紙を備え付けた。ジャカールの織機は、人手をわずらわせることなく同じ模様を無限に繰り返し織ることができた。リヨンはジャカールの織機を採用した。しかし、この発明にたいしてジャカールが受け取ったのは貧弱な銅メダル一個とわずかな年金だけであり、織物工たちは人手を機械に換えたことで彼を赦そうとはしなかった。ジャカールの機械があれば労働者一人で六人分の仕事ができたからである。労働委員の諮問会議は公開の場でジャカールの織機を破壊した。帝政末期、最初の機械を作ってから八年後になってやっと、ジャカールは織物工たちを納得させ、彼の発明を受け入れさせることができたのだった。

産業化の苦心

他の産業も問題を抱えているという点では織物業にまさるとも劣らなかった。サン＝ゴバンのマニュファクチュアが破局と停滞の中で遭遇したような困難な状況がそれを示している。悪状況は八月四日の晩に特権が廃止されたときから始まった。会社の独占権が巻き添えをくったのである。追い討ちをかけるように亡命貴族の財産が没収された。理事のうち三人が没収にあった（アンヌ・ド・モンモランシ、アベ・ブロシャール・ド・シャンピニ、ジョクール子爵夫人）。一瞬にして、資本の二四パーセントが国有化されたのである。

ガラスのような奢侈品産業にとって、革命期の諸事件は明らかに不利に働いた。ノルマンディのトゥルラヴィルの工場は、注文がこなくなり、閉鎖された。厚板ガラスからガラス細工に切り替えたが、失敗を重ねただけだった。いくつかの仕事場が祖国防衛のためということで硝石工場に変えられた。サン＝ゴバンでは労働者のデモを武力で鎮圧せねばならなかった。ある理事は、九月の虐殺のとき、理事会に出席するのに死体を飛び越していかねばならなかったと言って嘆いている（ジャン・ショフェル『サン＝ゴバン』）。会計係のゲランはギロチンにかけられた。

それにもかかわらず、会社は生きのび、帝政下には活動を再開する。スペインからの輸入ソーダに頼らなくてもすむように、一八〇六年にはシャルルフォンテーヌの古いガラス細工工場を買い取ってソーダ工場を設立した。一八一二年にはゲイ＝リュサック（彼はのちに同社の理事、ついで経営者になっている）の勧告にもとづいて、サン＝ゴバンのすぐ近く、オワズ河畔のショニに、さらに大きなソーダ工場を開設した。化学産業がはっきりと緒についたのである。その間、ケーニッヒスベルクでナポレオンが署名した布告《デクレ》により、オワズ川に取水所、ダム、水車を設置することが認可された。水力利用の始まりを告げる合図であった。

モンプリエ近くのラ・パイユにシャプタルが設立した大きな化学工場で製造されていたのは、ソーダと明礬《みょうばん》、それに硫酸である。化学産業は全国で若干の発展が見られた。雇用人数は大革命前の一万四〇〇〇人から帝政下では一万五〇〇〇人にふえている。

冶金業は、ド・ウェンデル家の例が示すように、革命の騒乱の中で辛酸をなめたが、軍需品から利益を得た。統領政府期までは、結果にばらつきがあった。ドーフィネ地方やコート＝ドール県、バ＝ラン県、アンドル県、ユゥル県では後退しており、オルヌ県、オート＝ソーヌ県、ドゥブ県では発展していた。帝政下で、製鉄所主は鉄製品や鋳造品を生産して、拡大する戦争の要求に応えねばならなかった。製鉄所には圧延機が設置された。しかし、多くの小企業はつぶれていき、投資は消極的になった。一八〇三年から一二年の期間に、金属業全体では一二万八〇〇〇人を雇用していた。一七八一年から九〇年には一一万二〇〇〇人で、一四パーセント増加している。

一八〇三年から一二年のあいだに、産業にかかわる労働人口は全部で一八八万五〇〇〇人となった（J・C・トゥタンによる）。一七八一年から九〇年のあいだと比べると約三〇万人ふえている。このうち織物業の労働者が一〇四万七〇〇〇人、化学産業が一万五〇〇〇人、金属工業が一二万八〇〇〇人である。さらに建築労働者が二一万八〇〇〇人、食糧品産業が二〇万二〇〇〇人、木材業が一五万六〇〇〇人、鉱山・採石業が一〇万二〇〇〇人、製紙業が一万二〇〇〇人だった。食糧品産業と製紙業だけは実員数が減少していた。

この数字には女性と子供も含まれている。彼らはしばしば低賃金で不安定な条件で働いていた。アルベール・ソブールはアルデンヌ県の製釘業の事例を引用している。そこでは十歳の子供たちが雇われており、朝三時から夜九時まで働かされていたのだった。

衰退した産業もあった。ストラスブールのタバコマニュファクチュアは以前は六〇〇〇人を雇っていたが、今では二〇〇〇人だった。帽子製造業は、ウサギの毛皮が値上がりしたことで痛手を受け、皮なめし業はラテン・アメリカ原産の皮を入手できなくなった。

パリの隆盛と若干の地方の衰退、またいくつかの部門の進歩や危機を考慮に入れ、全国規模でみると、産業の成長にたいする評価は相矛盾したものになる。出発点（一七八九年は不況の年だった）と到着点（一八一〇年か一八一二年か一八一五年か）をどこにとるかによって、フランス産業にたいする最終的判断も好意的になったり、そうでなかったりするのである。

J・マルチェフスキ教授の研究（『フランスにテイク・オフはあったか』）によれば、

フランス経済が最悪だった年は一七九六年だった。したがって経済発展を示すグラフは、経済学者がUカーヴと呼ぶ形を描くのである。一七九六年以降、とりわけ統領政府期に産業生産は回復する——ときには恐慌があったが。一七八一—九〇年から一八〇三—一二年にかけての産業の年間成長率は一・九五パーセントだった。一七九六年から一八一二年まではおそらく三パーセントである。特に綿業（五・一パーセント）、ビール醸造業（四・七パーセント）、石炭採掘業（五・七パーセント）は成長率の高い分野だった。企業主はエネルギー源を木炭から石炭に切り替えたがらなかったにもかかわらず、石炭採掘業は進展した。フランス経済の「物的生産」（商品のみでサーヴィスを含めない）において、産業の占める比率は大革命前の四二・六パーセントから一八一五年には四五・二パーセントとなり、農業の割合は五七・四パーセントから五四・八パーセントとなった。

しかしいずれにせよ当時の産業は、原価が上昇しすぎたこと（原料と賃金の高騰）、労働力の不足（戦争による動員）、および資本の不足（農業のほうが収益率が高く、より安全だったので、そちらに吸収された）に悩まされていた。

フランソワ・クルーゼ（前掲書）によれば、産業生産は一八〇〇年には一七八九年以前のせいぜい六〇パーセント程度にすぎず、一八〇〇年から一〇年にかけての成長は、大革命中にこうむった損失を取り戻した程度にすぎない。近代化した部門も経済の中ではごくわずかだった。ピエール・ガクソットによれば、生産が一七八九年の水準にもどるのは、やっと一八〇九年になってからのことだった。二〇年が無に帰したのである。

得をした者

本当に二〇年が無に帰したのだろうか。皆が皆、この年月を無駄にしたわけではない。イギリスは大いに伸びていた。

フランスと違って、すべてが戦争に吸い取られたわけではなかった。海上での戦いと、ナポレオン戦争の末期にポルトガルとスペイン、ついでベルギーに出兵した以外、イギリスは戦場に姿をあらわさなかった。イタリアでも、ドイツでもオーストリアやポーランド、ロシアでも、イギリスは同盟国に代理戦争をさせていたのである。

それに、フランスのように封鎖の被害をこうむることはなかった。制海権を握っていたので、遠隔地との交渉は続けられたし、ヨーロッパ大陸に商品販路を確保していた。

戦争のために犠牲を払う必要もなく、販路が確保されていたイギリスでは、産業は順調に発展していた。一七六〇年から始まった技術革命は、一七八九年から一八一五年にかけて加速されたのである。

イギリスの産業が戦争から損害をこうむったとするなら、それは戦争が利子率を上昇させたという程度のことである。それでも一七九三年まで、それにアミアンの和約による休戦のあいだは利子率はとても低かった（そして投資を刺激していた）のである。

イギリスにおいて、この四半世紀の真の事件といえば、蒸気機関が普及して、人間や牛馬の力、水力や風力がエネルギー源からはずされたことだった。バーミンガムのボウルトン・アンド・ワット社が供給する「力が二倍の」機械は五〇馬力の出力があり、初期の型は製粉業で使われた。一七九〇年に蒸気とミュールジェニーが合体して木綿紡績に用いられるようになった。蒸気機関はさらに、揚水ポンプや排水ポンプ、製粉機や製油機、貨幣鋳造機、印刷機、ビール搾り機、製材所、鋳造所、製鉄所で動力として使われた。一八〇一年ごろ、イギリスでは五〇〇〇台の「火力ポンプ」が産業用に使われていた。フランスには五〇〇台もなかった。一〇分の一である（ピエール・ルソーの『技術史』による数値。アラン・ペルフィットはその著書『フランス病』の中で、一八一〇年のイギリスの「火力ポンプ」台数を五〇〇〇台としているが、フランスについてはわずか二〇〇台としている）。一八一五年になると、この差はさらに開いていた。

フランスが戦争の道を華々しく進んでいるとき、イギリスでは発明精神が花開いていた。特許委員会の台帳によれば、イギリスで年間に与えられる特許の数は、一七六〇年以前には一二件を超すことはめったになかったが、一七八三年には六四件に達し、一七九二年には八五件、一八〇二年になると一〇七件にまではね上がり、そのままの状態がしばらく続いた（T・S・アシュトン『産業革命』）。イギリスの機械の生産率は、フランスの道具の生産率の四倍から五倍にのぼった（ジャン・テュラール『ナポレオン』）。

ロンドンにおける機械化された仕事場の増加、ランカシャーやヨークシャーでの紡績の機械化、一七九五年にバーミンガムのソーホー製鉄所が創設されたこと、『タイムズ』紙を一時間に一一〇〇部印刷できる印刷機が一八一四年に設置されたこと。これらはイギリスの活力を示している。産業成長率は、W・G・ホフマンによれば一八〇一年から一〇年の一〇年間には二三パーセント近く、そして次の一〇年間は三九パーセント近かったのである。

当時、得をしていたのはイギリスだけではなかった。ドイツでは、封鎖のおかげで、ババリアやフランケン地方に砂糖製造業が起こった。ビートが食用に栽培されていたのである。ザクセンでは、それまでイギリスが独占していた精巧品の製造が始まった。精密ガラスや光学機器である。

ベルギーの産業は、イギリス以上に、この時期の混乱をバネにして発達した。教会財産が国有化され、売却されたが、それらを購入したのはフランスのように農民や職人や投機家ではなく、もとの特権層である貴族やブルジョワだった。彼らだけが必要な資本を持っており、工場設備を整え、近代化をはかる産業家たちに資本を提供することができたのである。通行税や関税が取り除かれた広範な大陸市場が開放され、顧客はめざましく拡大した。フランス人にもライン人にもオランダ人にも自由にものを売ることができたのである。豊かな労働力、研ぎすまされた鋭敏な企業精神、一新された装置が揃っていたベルギーは、大ナポレオン帝国の中で最も栄える地域となった。八九の高炉を持つ冶金業（フランスは向こう半世紀、これほど多くの高炉は持たなかった）。一八〇七年から坑道排水の汲み上げポンプに用いられ、より深いところにある石炭を掘ることを可能にした蒸気機関。巨大な紡績工場――その中の一つ、ゲントの工場は一万人以上の従業員を雇用していた。一八〇〇年から一〇年までのあいだに年六パーセントの割で増大するヴェルヴィエのラシャ製造業。多くの特許で守られた化学産業。これらは大陸産業の前衛だった。「一七九五年にはフランスがベルギーを併合したのではなく、経済的に搾取するためにベルギーがフランスを吸収したのだと言えよう」（アドリアン・ド・メーウス『ベルギー史』）。ベルギーは一八一五年以降も産業の優位を保ちつづけた。

国際競争の面で地歩を失ったのは、まさにフランスだった。いくつかの産業部門が進歩したのは、戦争と封鎖がもたらした人為的な条件内でのことだった。一八一五年に再び平和が訪れると、別の人為的政策、すなわち保護主義が必要となった。これはその後一五〇年近くも続き、第五共和制下、三番目のナポレオンとも言えるド・ゴールのもとでヨーロッパ共同市場が開かれるようになってやっと、自由主義の端緒が見られるのである。臆病な保護主義をとらなければフランス産業は破滅していただろうが、この保護主義はまさに大革命と帝政の遺産であった。

第三章　商業上の決算

一七八九年以前、国内取引の発達

大革命と帝政は、いかなる時点においても、フランスを交換経済から引き離そうと本気で考えたことはなかった。新体制の社会も、アンシャン・レジームと同じく、売買し、貿易することを（制限が加えられているとはいえ）運命づけられていたのであり、その点はすべての文明国に共通するものだった。プラトンやトマス・モア、カンパネラ風の集産主義を樹立するなど問題外だった。バブーフだけが、一時的に、しかも民衆にアピールすることなく、集産主義の夢を描いたぐらいのものである。フランスは商業国家にとどまるつもりでいたのである。

一七八九年まで商業制度はうまく機能していた。アルベール・マチエはロベスピエール主義のチャンピオンであるが、「大革命が勃発したのは疲弊した国においてではなく、逆に繁栄している国においてであった」と認めている。国内商業も国際貿易も発展のまっただなかにあった。しかしながらそれらが進展する過程にはさまざまな障害があった。人びとの生活面での障害としては、フランスでは農業が支配的で、流通に頼るというよりも自給自足的であり、冒険よりも安楽を求めたことがあげられる。貨幣に関する障害としては、支払い手段が相対的に不足しており、信用貨幣が欠如していたことがある。法的な側面では、自発性を妨げるような同業組合の拘束が存続し、貴族を小売商業から遠ざける伝統や、国土を細分する地方割拠主義と国内関税が存続していたことが障害となった。こうした足枷《あしかせ》を考慮するなら、大革命以前の商業の発達は立派なものだったし、華々しかったのである。

国内商業に関する全体的な統計はないが、大きな年市の繁栄がめやすとなるだろう。一七八八年、すなわちエルネスト・ラブルースが商業面で不況とみなしている年に、ボケールの年市は四一〇〇万リーヴルの取引高を達成していた。この年市の名声は中世にさかのぼるが、毎年七月に開かれる市にはローヌ川流域の織物商人が大勢集まってきた。リヨンはヨーロッパ第一の絹市場だった。オルレアンとルアンは羊毛相場を決定していた。しかし年市そのものはもはや大規模な商取引を独占してはいなかった。フランスはカレンダーを無視して、いつでもどこでも商売するようになっていたのである。

交易が拡大し、盛んになったのは、疑いもなく輸送の改善によるところが大きかった。古い地域経済は相互に接触することによって崩壊した。閉鎖的な世界が開かれた世界に変身したのである。技術の進歩によって便利になった交通手段を利用して、熱に浮かされたように富が流通した。

まず道路網の整備が範を示した。ローマ時代以降、道路網がこれほど広がり、これほどよく整備されたことはなかった。これは、二六年ものあいだ土木局長官の地位にあったダニエル・トリュデーヌの業績である。古くからある土道やいたんだ街道は四万キロにわたって修復され、拡張され、砂利が入れられ、沿道には木が植えられ堀が作られた。そして一里《リュー》ごとに白百合の紋のついた花崗岩の高い里程標が立てられて、基点となったパリのノートル＝ダム大聖堂前庭からの距離を示していた。土木業界は国王から独自の職業規制を受けていた。土木学校に入らなければ土木業は営めず、学校には入学試験があった。修学期間は三年だった。徴税区《ジェネラリテ》ごとに一人の技師がいて、副技師がこれを補佐していた。四人の総査察官がおり、トップには監督官＝長官がいた。

フランス王国の道路を見て、外国人は感嘆の声をあげている。旅行家のアーサー・ヤングは、それらが「信じられないほどすごい」と驚いた。リモージュからブリヴに至る道は、テュルゴの監督のもとに整備されたものであるが、ヤングは「世界で最も美しい道だ。完璧に作られ、完璧に維持されている。まるで庭園の小道のように、ごみもなければ砂も石もデコボコもない……」と賞賛している。

公共事業視察官のピエール・トレザゲは、切り石の基礎の上に砕石を厚く重ねて中央を高くする舗装法を発明した。これだと効果的に排水ができるし、維持しやすかった。ヨーロッパ中がフランスの道路技術に学んだのである。

こうした文字どおりの車道を利用して、新たな公共馬車輸送が始まった。王立運輸会社の「テュルゴ型《テュルゴティン》」乗合馬車は四人がけか六人がけ、もしくは八人がけの軽馬車が使われ、宿駅は多く、駆け足で一日に一〇〇キロ進んだ。パリからルアン、アミアン、ランス、オルレアンまでは一日で行くことができた。以前なら二日か三日かかっていたのである。配送にかかる所要時間はパリからシェルブールまでが三日、リヨンやボルドーまでは六日だった。

旅行ばかりでなく交易も活発におこなわれるようになった。通行税や関税は各地方の自由と表裏一体をなすものと考えられていた。たとえばブルターニュからプロヴァンスまで商品を輸送する場合には、通過する地方ごとに合計八回の申告をし、そのたびに検査を受け、税を払うことになる。しかしこうした不便さは当たり前のことと受け取られていた。

水路が改善され、川船生活者による重量物の輸送が容易になった。オルヌ、エスコー、ピカルディ、ブルゴーニュ、中央《サントル》の運河が開削され、あるいはその計画が立てられ、ローヌ川とライン川が結ばれた。一七八四年七月二十四日、国王の代理としてコンデ大公が最後の三つの運河の主水門に礎石を置いた。より速く、かつ安い簡易輸送が約束されたのである。

対外貿易の拡大

対外貿易については数字がすべてを物語っている。ルイ十五世が即位した頃（一七一五年）、輸出高は五〇〇〇万リーヴル前後だったが、大革命前夜には四億五〇〇〇万リーヴル強になっていた。七〇年間で九倍になったのである。同じ期間に輸入は四〇〇〇万リーヴルから二億四〇〇〇万リーヴルとなった。六倍である。フランスの対外貿易額は、摂政制の頃（一七一五―二三年）にはイギリスの半分だったが、一七八九年には追いついていた。フランスは常に黒字だった（一七七〇年から八〇年の一〇年間のうちの四年間は除く）。商業活動がこれほど活気にあふれ、これほどの富が蓄積されたことは、かつてなかったことである。

ネッケルは植民地（サン＝ドマング島、ヴァァン島）との輸出入を除く貿易収支の概略を述べているが、輸入は二億三〇〇〇万リーヴル――うち、原料が七〇〇〇万、ダイヤモンドと貴金属が二〇〇〇万、工業製品が四〇〇〇万、食料品が四〇〇〇万、タバコが一〇〇〇万で、残りは木材、植物、マスト、極東の商品――と見積もっていた。逆に輸出は三億リーヴルと評価した。うち一億五〇〇〇万が工業製品、七〇〇〇万から七五〇〇万が西インド諸島の食料品（再輸出）、三五〇〇万から四〇〇〇万がブドウ酒、ブランデー、その他の蒸留酒、二二〇〇万が小麦、バター、塩、サフラン、皮革、木材、一八〇〇万が東洋物産の再輸出（中国の茶や織物や米、コーヒー、こしょうなど）だった。輸出超過額は七〇〇〇万リーヴルである。先進国にふさわしく、製品は輸入より輸出が多く、原料は輸出より輸入が多かった。また、アメリカ植民地と諸外国、極東とヨーロッパの中継貿易から利益を得ていた。フランスはスペインにたいする第一の輸出国であり、また、カディスを積み出し港として、スペイン領の全アメリカ植民地に最も多く輸出していた。

貿易についてさらに詳しく見てみよう。フランスはどんな産業製品を輸出していたのだろう。ネッケルは長々と答えている。ラシャ、麻織物、絹製品、装身具、時計、鋼をはじめとする金属製品、石鹼、鏡、家具……。また、どのような商品を輸入していただろうか。綿花、羊毛、麻、さまざまな染料用薬剤などである。フランドル、オランダ、スイスからは麻織物が、ジェノワからはモスリンとビロードが、ドイツとイギリスからは金物が輸入された。

自国の植民地とは驚くべき規模の通商が展開した。黒人奴隷を売買する商人が富を手に入れたが、彼らは三角貿易（アフリカに向けては日用雑貨、アフリカからアメリカへは「黒檀《こくたん》」〔すなわち黒人奴隷のこと〕を運び、帰途は砂糖キビや粗糖が積み荷となる）のチャンピオンだった。一七一五年から八〇年までに、アンティユ諸島との取引は、輸出で五倍、輸入で一〇倍になった。地方総監のポワヴルは、フランス島とブルボン島にチョウジとニクズクの栽培を導入し、オランダ人の香料貿易独占を切り崩した。パリは、カナダを失ったことも、ビーバーの毛皮が入ってこなくなったこともぜんぜん惜しいと思わなかったのである。

強力で近代的な海軍が貿易を保護していた。軍艦の数はイギリスのほうが間違いなく多かったが、トン数ではフランスが三倍もまさっていた。船の多くは六〇〇トン前後あり、一日に二〇海里を航行できた。一七八三年にサン＝マロの艤装業者でバンジャマン・デュボワなる者が、ボルドー－ニューヨーク間に初めて定期郵便帆船航路を開いた。ルイ十六世の政府はデュボワの会社を支援し、補助金を与え、スピード化をはかるための奨励金を出すことに同意した。

港町は他を圧する繁栄を誇示した。海軍提督ジャン・バールの故郷ダンケルクは、北ヨーロッパから木材、ブランデー、干魚を輸入していた。ル・アーヴルは「大西洋の港」で、砂糖、綿花、コーヒー、タバコ、外国木材の集散地となっていた。シェルブールでは、一七七六年に、深さ二〇メートルの海中に敷設された防波堤ができた。防波堤の基礎となる九〇の円錐形土台の一つを投下する際にはルイ十六世がじきじきに出席した。サン＝マロは城壁と「サン＝マロ船団《マルイニエール》」を有しており、私掠船による外国との戦いでは優位にあった。ブレストは主に「王立艦隊《ロワイヤル》」が用いる港であり、ロリアンはインド会社の本拠地だった。港湾都市の中でも特に繁栄し、海上貿易がもたらす富を享受していた三つの都市がある。ナント、ボルドー、マルセイユである。

ナントは十八世紀初頭にはフランス王国第一の港だった。遠洋航路の船は一三三〇隻を数えた。ボルドーは六四〇隻、マルセイユは四六〇隻だった。ルイ十五世のもとでナントは海上貿易の中心地となった。この町の艤装業者は年に三万人の黒人をサン＝ドマングに送っていた。しかし最も確実に利益をあげたのは西インド諸島からの植民地産食糧品と、アフリカで奴隷の代金として払う金物や日用雑貨、布地やガラス細工だった。一七八八年に港に出入りした艦船は二三一隻で、総トン数はおよそ八万三〇〇〇トンにのぼった。大商人はこの取引によって富を蓄え、ロワール川の堤や中洲に優雅な邸宅を構えた。「北のヴェネツィア」ナントは、人口がふえ、美しい町になった。ここの医学部は、海軍当局の要請を受けて、香料の貿易船や私掠船に乗り組む「船内外科医」を養成していた。唯一の不安材料は、ロワール川がしだいに砂で埋まってゆくことだった。

ボルドーは港湾活動でナントから首位の座を奪うことになる。一七一五年から八九年までに、取引額は九〇〇〇万リーヴルから一五〇〇〇万リーヴル（すなわちフランス王国の海上貿易総額の四分の一）にふえ、人口は三倍になった。ポルトガルのユダヤ人、オランダ人、北欧系の貿易商たちが入ってきたためである。一七八八年に港に出入りした艦船は四九五隻を数え、総トン数は一四万七〇〇〇トンだった。絶頂期のボルドーは西インド諸島の植民地産食糧品の貿易に加えて、イギリス、オランダ、バルト諸国、および新生アメリカ合衆国との貿易をおこなっていた。砂糖の中心地であるとともに、ブドウ酒の中心地でもあった。一七五〇年以降、貿易から生じる富は、有力な貴族である高等法院判事たちの富を上回った。貿易商たちの繁栄は、ボルドーの都市化や、周辺の別邸および城館にあらわれている。ボルドーの大劇場やアカデミーを見ると、成金たちが文化を軽視していなかったことがわかる。

マルセイユは急速に発展し、ライバルとの差をつめた。一七八八年には二七四の艦船が出入港し、総トン数は七万トンだった。船団数ではナントを上回って二位となり、総トン数はル・アーヴルよりも上で三位だった。レパント貿易（絨毯、絹、モスリン、模様つき布地、うるし、皮革、米、キプロス島のブドウ酒……）が中心だったが、アンティユ貿易（コーヒー、サフラン、砂糖、バニラ、タバコ、香料……）の割合も増加していた。マルセイユでは黒人貿易はあまりおこなわれていなかった。輸出品の多くは地方の物産で、プロヴァンス地方のブドウ酒、ブランデー、オリーヴ油、石鹸、ろうそく、絹製品、陶器などである。マルセイユの交易商人は東インド貿易を得意としていた。モカからベンガルまで、バソラからフィリピンまで、ブルボン島からマラバールまで、広東《カントン》からフランス島まで、東洋の全域から、米、しょうが、コーヒー、綿織物、アヘン、藍、こしょう、チョウジなどを集めてくるのだった。マルセイユは国際港となり、地中海のみならず、カリブ海から東シナ海まで、世界中に活動範囲を広げていたのである。旧港の岸壁には綿布の反物や油の大樽、亀の甲羅、カカオの袋、マドラスのハンカチ、コロマンデルの綿モスリン《オルガンディ》などが陸揚げされた。さまざまなにおいに満ち色彩が氾濫し、ルピー、ピアストル、ゼッキーノといった貨幣をやりとりする商人たちのざわめきが聞こえた。

大革命前夜には、フランスのすべての港が交易記録を伸ばし、自らの発展に酔っていたのである。じきにこうした欣喜が嘘のように思われる事態に立ち至るのだが。

国内商業の困惑

大革命が勃発した。国内商業も国際貿易も、すべてが数年のうちに崩壊した。しかしながら、すぐに破綻をきたしたわけではなかった。最初のうちは、大恐怖が地方を動揺させ、亡命によって有産階級の消費が減退したので取引が混乱したものの、逆に、国内関税の廃止（一七九〇年十一月二日）や同職組合の廃止（一七九一年二月十六日）によって自由競争の道が開かれ、商業活動に幸いした。入市税が完全に排除され（一七九一年五月一日）、これまでの商業活動で欠けていた便宜がはかられるものと思われた。

それでも、一七八九年七月にはボケールの年市に早くも衰弱の兆しが見えた。それは同月二十二日、ちょうど、パリの諸事件が伝わってきた頃から始まった。エルネスト・ラブルースによれば、持ち寄られた商品の三分の一は売れずじまいだったのである。没落の最初の兆しだった。

バルナーヴは、将来の第一次産業、第二次産業、第三次産業という区別をみごとに予想して、「マニュファクチュアと商業の確立が、当然、農業のあとを継ぐはずである」と主張していたのだが、無駄だった。革命の強硬派は商人を白眼視した。サン＝ジュストにとっては「職人からなる国民は真の意味での国民ではなく商人と浮浪者の寄せ集めにすぎない」。重農主義者の弟子たちの目から見れば農民だけが――もしくはスパルタのように戦士が――役に立つ人間なのであった。

道路網は間もなく放置された。共和国には、それを維持する暇も金もなかったのである。たとえばノルマンディでは、一七八五年にバルロワからスリジの森を横切る道路の建設が始まったが、これが開通するとバイユーの商業が打撃を受けるかもしれないとの口実で、一七八九年には放棄された。一七九四年にボルドーからブライに向かうラ・トゥール・デュ・パン夫人は街道の状態を見て驚いている。「街道は、当時のフランスのすべての道と同様、破壊の極みにあった。」ミシュレの父がランからパリに行ったときには、三日で三〇里《リユー》をこなすのがかなりきつく、道端で二回野宿した。轍の跡が深く、ぬかるみが広がり、橋は落ちていた。こうした荒廃の根本原因は怠慢にあるのだが、戦争のせいで道路の悪化に拍車がかかった地方もある。ライン川流域、プロヴァンス、ヴァンデーなどである。統領政府期まで道路網はひどい有様だった。西部や南部では野盗が出没し、各地の連絡は不安定な状態に置かれた。リヨンの配送業の事例は、悲劇的な状況における一つの華々しいエピソードにすぎなかったのである。

帝政下で土木行政が再建され、道路工夫団が常設されたので、道路は再び通行可能となった。しかし、アンシャン・レジーム下と同じくらい「素晴らしい」道路網を整備するには、まだまだやらねばならないことがたくさんあった。ナポレオンが関心を持ったのは、自分の部隊のために軍用道路を確保することだった。道路網は戦略的重要性を持ったのである。ドイツ、オランダ、スイスへ通じる道が整備され、支道が作られた。パリとボルドーをつなぐ道がスペイン方面へ延長された。イタリアに通じるモン＝スニ経由の道ができ、パリからトリノへの所要時間は四四時間短縮された。これらの幹線道路にはすべて（一八一一年に）番号がつけられ、等級が定められた。二一九の国道と一一六五の県道である。ここにも体系の精神が適用されたのである。

一八〇七年ごろから普及した新方式に従って、馬や馬車は右側通行が義務づけられたが、これはそれ以前の慣習ともイギリスの慣習とも逆であった。皇帝の軍隊はこの交通規則をヨーロッパ大陸のほぼ全域に導入したのである。

配送業は、大革命の難儀な日々のなかで混乱していたが、一七九八年に国有化されることになり、一八〇六年には帝国配送会社となった。ナポレオンの関心は、またしても軍事的なものだった。「公共の繁栄は乗合馬車の売り上げではかられる」と皇帝は言った。さらに言えば、国力は郵便業務が定期的にそして迅速におこなわれているかどうかではかられる、と考えていたのである。一八一五年にパリには一〇〇の郵便ポストがあり、年に三〇万の手紙や小包が配達されていた。郵便馬車は五頭立てで、駆け足で進み、平均時速は一〇キロだった。

君主制下では経済の要求に応えて水路網の整備が進んでいたが、帝政下では顧みられなかった。大革命下に放置された運河は、帝政下でも粗略に扱われた。イギリスでは水路網が発達していたところだというのに、戦略的重要性に欠けるとの理由から、フランスの運河は荒れるにまかされた。唯一、評価できるのはルイ十五世下に着工し、一八一〇年に開通したサン＝カンタン運河で、セーヌ川をノール県やベルギーの炭田地帯と結んだ。パリのウルク運河やサン＝ドニ運河が作られたのは、水運用というよりは、失業者を救済し給水所へ水を分配するためだった。

通行税や入市税は消滅したが、商人はなお試練を免れなかった。大革命は彼らに好意的ではなかった。憲法制定議会では、六〇〇人を超す第三身分議員のうち商人は六〇人程度であり、そのうちの四人が小商店主だった。立法議会では、商人は四〇人弱だった。国民公会ではさらに少なかった。新聞は完全に政治問題だけを扱い、経済情報は無視されていた。パリでは、商業にたいする不信を決定づけるかのように、商人総代《プレヴォ・デ・マルシャン》を市長《メール》に代えた。価格公定人、立入り検査人、監査人、密告人がはばをきかせ、断頭台にのぼる商人の数は貴族よりも多かった。彼らを処刑するために、革命裁判所は「商人的振舞い《ネゴシアンティズム》」という罪名まで発明したのである。ダントンの友人オスランは、「申告もせず、販売もしないで食糧、商品、その他売買されるべき品を店に蓄えた者」は買占め人とみなすべきだと要求した。『デュシェーヌ親爺』紙を発行するビラ書きのエベールは、食料品屋と旅籠屋をごちゃ混ぜにして非難している。「俺はニンジン売りも大商人も容赦しねえ。と言うのも、小売店にも大商店にも悪意が見られるからだ、畜生め。」アルベール・ソブールは、パリのサン＝キュロットがこうしたリーダーたちの呼びかけに応じたことを明らかにしている。ある水運びは、交易商人の略奪を呼びかけた。ある床屋は、毎日二〇〇人の商人をギロチンにかけろと要求した。ある洗濯屋は、聖体の祝日の日に街路に商人の首を敷きつめるようにと声高に叫んだ。

　テルミドールのクーデタ後も、「商業の唯一の基盤」となる自由は十分回復されなかった。総裁政府下で、自由はすぐに無政府状態に変質した。政治上の恐怖政治に引き続いて徴税上の恐怖政治がおこなわれ、商人が犠牲になった。漠然とした不安のなかで、野盗の被害が広がり、年市や週市は不定期となり、人が集まらなくなった。

ナポレオンは革命の言辞を弄することはなかったし、商業の恩恵を称め賛えはしたが、商人にたいしてそれほど好意を持っていたわけではなかった。彼にとって、御用商人や密売人は「国家にとって危険」な「ユダヤ人や高利貸し」の類でしかなかった。彼は商人たちを無位無冠の者として扱った。「私は決して彼らの誰にも名誉を与えようと思わなかった。あらゆる特権的支配制度のなかで、商人が特権を持つことは最もひどいものだと思われる。」「金持ちの交易商人は、多くの場合、物を高く売りつけたり、くすねたりして金を蓄えたのだ」と彼はラス・カーズに語っている。ナポレオンは、個人の商業活動は、それ自体が目的というよりも金儲けや何かの手段であり、まともな活動というよりは博打的な行為だと考えていたのだった。

それでもナポレオンは、統領のときも皇帝になってからも、経済に役立つ手段をとらなかったわけではない。商業会議所や商業取引所を再建し、商業総会議所を創設したり、商法を公布した。しかし彼は、株式会社を設立する場合は国家が詳細に審査し、その認可が必要だとした。しかも認可はいつでも取り消すことができた。というのも、彼は企業の規模が拡大することに不信感を抱いていたのである。彼はパン屋と肉屋に規制を課し、国家の専売制を開始し（タバコの専売）、通行税を復活させた（ライン川、およびセーヌ川の橋について）。また入市税を復活させたうえに増税し、営業税をかけることで商人たちに打撃を与える財政制度を確立した。

小売商人はふえていった。しかし彼らが用意する最初の資本は、家賃の前払い、設備費、税などで消えてしまった。本屋や手芸材料商は危機に陥った。不景気と恐慌があいつぎ、倒産によって商業制度全体が揺さぶられることもあった。ある観察者は、倒産する者が実は裕福で、債権者のほうが没落してしまう例が多すぎると記している。実直さよりも投機や密輸、不正行為にふさわしい時勢だったのである。

封鎖

時代は国内商業よりも国際貿易にとっていっそう厳しかった。革命の嵐が吹き始めた最初の二年間だけは、人びとはいくらか幻想を抱くことができた。関税ラインが国境線まで広げられる一方、為替危機によって輸出が刺激された（フランスのリーヴルは、一七八九年に、イギリスのスターリング・ポンドにたいしてやや下落した）。産業製品の輸入が減り、穀物の輸入が増加した。西インド諸島への道が途絶されるまで、植民地貿易は活発におこなわれた。ルイ十六世が海軍に関心を持っていたことは周知の事実で、彼がいることで海上貿易の不安はやわらげられたのである。

しかも憲法制定議会は「人権」など無視して、有色人種の奴隷制を合法化し、西インド諸島の繁栄維持をはかった。「国民議会は、植民地であることの特殊事情と両立しがたいような法律をその地に適用する意図は持たない。議会は、フランスと植民地のあいだの貿易については、直接的であれ間接的であれ、いかなる部分も変革する意図を持たず、入植者とその所有権を国の保護のもとに置き、彼らにたいする蜂起をそそのかす者は誰であれ、国にたいする犯罪者であると宣言する」(一七九〇年三月八日の布告《デクレ》)。これはつまり、入植者と実業家の利益のためには革命の偉大な諸原則を忘れるということだったが、商業活動の利益にはかなっていたのである。

議会が保護主義に傾いたときからすべてがおかしくなった。イギリス産綿製品の侵入という脅威にたいして何らかの手を打つべきではないだろうか。一七九一年の関税率は、依然として一七八六年の英仏条約を尊重していたが、それでも麻糸と亜麻糸の輸入を禁止し、ラシャ、毛織物、モスリン、染色布については高関税を課している。一七九二年三月の関税率はさらに保護主義的になる。二一品目を禁輸品とし、製造業産品については五パーセントから一五パーセントの関税を課した。輸出にも関税や禁止措置がとられた。通商の自由と一七八九年以前の圧倒的な活気は終わりを告げたのである。

戦争によって、すべてがひっくり返った。イギリス軍が西インド諸島を占領し、フランスは砂糖の植民地と最良の海外貿易を同時に失った。国民公会は奴隷制を廃止したが、実効はなかった（一七九四年二月四日）。第一統領が奴隷制と黒人貿易をともに復活させたが（一八〇二年五月十七日）、これも無駄なことだった。イギリスが制海権を握っていたのである。

「フランスは大砲と銃剣をもって通商条約の命運を左右する権利を手に入れた」とバレールは宣言した。すなわち条約を破って保護主義に向かう権利、ということである。八〇年間侵略を受けなかったフランスは、突如として自己のエネルギーを紛争のために――それが防衛のためであれ攻撃のためであれ――ふり向けざるをえなくなり、平時の仕事はなおざりにされ、戒厳令下で、すなわち閉鎖経済のもとで生きることを余儀なくされたのだった。

最初にフランスが、自分から進んで国境を閉じた。一七九三年三月には、敵国の製品はすべて輸入禁止となった。一七九三年八月には、ジャック・ルーとファーブル・デグランチーヌの要請で、食糧品と、国内で不可決と判断された生活必需品の輸出が禁止された。同時に、財産を敵国に投資したり融資する者はすべて「祖国への反逆者」と宣告されることになった。さらに慎重を期して、国家が輸入を独占し、徴発したブドウ酒、ラシャ、絹製品は自らの手で輸出した。

交戦国は戦場で戦うばかりではなかった。経済的な締めつけという武器も用いられたのである。すなわち敵国の補給を妨害し、可能ならばその貿易を遮断して降伏に追い込もうというのである。こうした攻撃手段はすでに七年戦争やアメリカ独立戦争の際に使われていた。イギリスとフランスは国境を接していなかったから、この種の締めつけは両国が用いうる手段のなかでも特に有効なものと考えられていた。

イギリス首相ピットが経済戦争を開始した。フランス商品の輸出と軍需産業用の原材料や民間人向けの穀物の輸入を阻止するため、イギリス艦隊が警戒にあたった。一七九三年六月には、イギリスはフランスのすべての港を封鎖し、これを突破しようとする船にたいしては、中立国船であろうとも、臨検と没収をおこなうと宣言した。英国海軍《ロイヤル・ネイヴィ》を前にしたとき、フランス海軍には艦隊も、参謀本部も、かつてのよく訓練された乗組員もないに等しかった。

フランスは自分にできるやり方で反撃した。ときには私掠船がイギリス艦隊を苦しめた。輸送船団を組んで懸命に封鎖に挑戦したり、沿岸輸送で封鎖の網の目をくぐったり、スイス経由の陸上貿易のうち引き続き通行可能なルートを利用した。通商事務局が設置されて、外国での買い付けや秘密輸送の組織にあたった。大陸の同盟諸国のあいだには一種の関税連合が作られた。イギリスの（大西洋からバルト海までの）海上独占にたいして、パリはフランス商品のヨーロッパ独占（スペインからオランダまで、およびナポリ王国）で対抗したのである。フランスの港が衰退した結果、ヨーロッパ大陸の中立港に一時的に富がもたらされた。バルセロナ、リスボン、トリエステ、ハンブルク、コペンハーゲンなどである。

アミアンの和約が結ばれてから一四カ月中断していた仏英間の対決が再開されると、ナポレオンは今度はイギリス国民ではなくその財政を弱体化させようとした。イギリス王国から貿易販路を奪って輸出を涸渇させれば、イギリスの国庫を空にすることができるだろう。このフランスの経済封鎖にたいし、イギリスは通貨封鎖で応じた。「大陸制度」は一八〇六年のベルリン勅令によって体裁を整えた。ナポレオンはこの中でイギリスとの通商をすべて禁止し、どこにおいてであれイギリス商品はすべて差し押さえるよう命じた。フランスのみならずドイツ、オランダ、デンマーク、イタリア、スペインからもイギリス製品が締め出された。この措置によって、対抗封鎖すべき範囲は必然的に拡大した。ナポレオンはハンザ諸都市を占領し、新領地をフランス帝国の関税圏に編入し、大陸をきっちり封鎖するためにボナパルト家の人びとを各地の支配者に任じ、この政策をよりよく統制するためにフランスの県をふやし、ロシアを参加させるために遠征をおこなわねばならなくなった。ミラノ勅令やフォンテーヌブロー勅令からサン＝クルー勅令に至るまでの、ときには大陸制度を強化し、ときには緩和させた流動的な変化を、ここでは追わない。この仮借ない経済戦争においては、税関吏が大軍隊の近衛兵士なみに戦いに駆り出され、侵略軍の前にまず密輸人が動員されたのだった。相戦う両国はともに息もたえだえだった。

イギリスは何度も危殆に瀕した。たとえば一八〇一年以前に何百隻かの商船を失って輸出が落ち込み、産業が動揺したとき。一八〇八年と一一年に再び輸出が落ち込んだとき。スウェーデンが大陸封鎖に参加し、アメリカ人がイギリスの要求にうんざりして港を閉鎖したときなどである。このときの輸出は戦争前の五分の一にまで落ち込み、スターリング・ポンドは金属貨幣にたいし二九パーセントも下落したのである。

ナポレオン期のフランスについて言えば、その超人的な企てを成功させることはできなかった。どうやって何千キロにもおよぶ海岸を封鎖し、中立国にたいしてその利益に反するような政策に加わることを強制し、密輸をしようと待ちかまえているフランス人を統制できるだろう。フランスが大陸の盟主である以上に、イギリスは海洋の盟主だった。ナポレオンが築いた障壁には割れ目が多すぎた。中立国はナポレオンの目をごまかし、同盟国は離脱し、密輸が横行した。

密輸

トラファルガーの海戦以来海の支配者となったイギリス海軍は、フランスの海岸を封鎖した。ナポレオンはこれに対抗し、ヨーロッパ大陸の港を封鎖してイギリス商品を締め出そうとした。両国のこの禁輸措置をくぐり抜けるべく、密輸が組織された。

まず最初に中立国が、戦争当事国の押しつける強制から逃れようとした。パリは、イギリスに近づこうとする船舶は積み荷もろとも没収すると通告した。ロンドンは中立国船にたいして、イギリスに寄港し一定の権利金を払って、認可状を受け取るよう厳命した。中立国船は、一通はフランス用、もう一通はイギリス用の二つの文書を携えて航行することで事をすませた。

こうした争いにおいては、優位に立つ切り札はイギリスが握っていた。新旧の同盟国が提供する海軍基地を持っていたのである。いちばん早くからあったのはポルトガルの基地で、ついでスペイン、トルコの基地が加わった。イギリスは航路の通過点をおさえていたのである。ノルウェーのエーア海峡をおさえることによってバルト海への道が開かれていた。また、ジブラルタルに基地を持つことで地中海西部に至る道が開かれ、東地中海の要所、マルタ島をおさえていた。しかるべき所に商品貯蔵庫を設けた（ホルスタイン、シシリア、バレアレス諸島など。大陸に近い沿岸諸島が好まれた。北海のヘリゴランド島、英仏海峡のジャージー島とショージー島、大西洋のフアット島、ヘディック島、グレナン島、地中海のヒエレス諸島、イオニア諸島やアドリア海のダルマチア諸島などである）。これらを順々にたどって、イギリス製品はヨーロッパに入っていった。テサロニケからウィーンへ、ゲーテボルクやダンツィヒからライプツィヒへ、という具合である。大成功だった。イギリス産綿製品の輸出は、一七九〇年の一〇〇〇万リーヴルから一八一五年には二三〇〇万リーヴルに増加している。

フランス国内においてすら密輸の共犯者にはこと欠かなかった。漁師たちは夜になると、あらかじめ打ち合わせておいた地点まで行き、商品がつまった網を引き上げた。税関吏は熱心に取り締まらなかった。差し押さえた場合、押収品の半分は彼のものになり、三分の一は関税所長に、六分の一が国庫に収められた。それでも固定給の少ない税関吏は、密輸を撲滅してドル箱の源を絶やすようなことはしたがらなかった。彼らは密輸人と組んで大きな荷物には目をつぶり、体裁をとりつくろうためだけに差し押さえをしたのである。

税関吏ばかりでなく役人や公使までが密輸に手を貸していた。大胆な連中は二重の密輸をやった。イギリス商品をヨーロッパ大陸に持ち込み、硬貨をイギリスに輸出したのである。彼らは適当に袖の下をつかませながら、マンチェスターの布地を持ち込み、ザクセンやスイスの製品と交換した。

封鎖はいたるところでこじあけられた。インド更紗とモスリンはアントワープを経由し、ゲントをめざして入ってきた。フランスの絹製品はダンケルクを通過してロンドンへ入っていった。ヨーロッパ大陸には植民地産の食糧品が恐ろしく欠乏していたが、壁のあらゆる割れ目から、とりわけライン川から入ってきていた。

クリストフ・オーベルカンプは、ジュイでインド更紗の染色をしていたマニュファクチュア主であるが、他の多くの人びとと同様、策を練って封鎖を切り抜けねばならなかった。遠回りし、複雑な経路をたどってイギリスやインドに赴き、織物を手に入れた。ときにはハンブルグやエムデンを経由し、ときにはカレーやルアンを経由した。のちになると、ピカルディ、ボージョレやパリ地域で作られるフランス製織物に切り替えたものの、アメリカやポルトガルにも納入業者を求めた。封鎖は高くついたのである。

ナポレオン一世の補佐官であるはずの国王たち、すなわちオランダのルイやスウェーデンのベルナドットは、密輸人を助けるようなことはしないまでも目をつぶっていた。ルイ王は、封鎖を厳格に適用すると破産してしまう臣下たちのためを思ったのである。税関吏を殺害したかどで死刑を宣告された密輸人たちを、彼は恩赦にした。長兄（ナポレオン）は怒った。しかし皇帝自身、兵士に物資を供給しなければならないときは、イギリス製品を用いていたのである。彼は税関で押収した商品を金と引き換えに放出した。ついには、鉄、麻、木材、キニーネなど、役に立つ産物を持ってくるという条件で、イギリスとの通商を許可する認可状を売るに至った。帝室一家は「外交官用ケース」を積んだ公用馬車を仕立てて、ありとあらゆる禁輸の装飾品をテュイルリ官殿まで届けさせた。皇妃やオルタンス王妃のサロンには、イギリス製のショールやレース、刺繡などが山積みにされており、まるでアラビアの市場のようだった。

封鎖と対抗封鎖が経済を変質させたことはすでに指摘した。なくなった品物にかえて、新旧の代用品を用いるようになった。コーヒーの代わりにチコリ、藍の代わりにパステル、エンジムシの代わりにアカネ、砂糖キビの代わりにビートの砂糖という具合である。ナポリとマラガでは綿花の馴化が試みられた。フランスは自国で綿紡績や染色を試みた。デンマークとスイスでは羊毛業が発達した。市場の担い手もかわった。ドイツ市場はザクセン地方人が、イタリア市場はフランス人が手に入れ、スイス連邦に注意を払いつつ新市場の保持に気を配った。

ヨーロッパ大陸における産業ではベルギーが優位に立った。フランスの小麦がベルギーに供給されていたとはいえ、リエージュの高炉、ゲントの紡績、ヴェルヴィエの梳毛機、印刷、プレス機などを豊富な熟練労働力が助け、冶金業と織物業市場におけるベルギーの優位を支えていた。

公式のものであれ密輸に使われるものであれ、新たな商業経路の発達は、大陸内部に位置する地域に繁栄をもたらした。国内ではストラスブールやリヨンであり、外国ではバーゼル、フランクフルト、ハイデルベルク、ケルンなどである。これら大陸内部の都市の繁栄の対極にあるのが帝国沿岸部で、そこでは港湾都市の凋落が見られたのである。

いかなる分野であれ、港湾都市ほどひどく大革命と帝政の代償を払ったものはなかった。港の絶頂期は一七八九年以前にあり、その後の没落は決定的に深刻で長期にわたるものだった。

港の抹殺

フランスの諸港は、西インド諸島との接触を失ったことから第一の存在理由を失った。諸港はかなりの程度、三角貿易で繁栄していた。それはフランスからアフリカへ（マニュファクチュア製品）、アフリカからアメリカへ（奴隷にする黒人）、アメリカからフランスへ（砂糖をはじめとする植民地産物）とおこなわれた。アメリカ航路の寄港地がなくなると、よくできたこのシステムは無に帰した。三角貿易に出資し、船団を艤装し、乗組員を整えていたフランスの諸港は、麻痺状態に陥り、繁栄の極みから一挙に転落したのである。昨日までは儲けの多い活動のまっただなかにあったのが、今では閑暇の眠りに沈むことになった。この「通商における苦難」の病に効く治療法は、短い和平期間か、あるいは三角貿易に代わるような貿易形態を見出す以外にはなかった。しかしそうした解決手段も、失われた交易に比べれば取るに足りないものでしかなかった。三角貿易で蓄えた資本はパリに投下され、中央集中にいっそう拍車をかけることになった。

大西洋岸の大きな港はアンティユ諸島との交易が遅滞したり停止したことで大きな

打撃を受けた。ルイジアナがなくなり、サン＝ドマング島がなくなって、ナントは活動停止状態に陥った。カリエに組織された恐怖政治やヴァンデーの反乱による戦いが重なり、ナントが生き残れるかどうかも危なくなった。沿岸部はイギリス海軍から間近に監視されていたので、ナポレオンは封鎖の裏をかくため、エルドル川、イザク川、ヴィレンヌ川、ウスト川、ブラヴェ川、オルヌ川を利用してナントとブレストを結ぶ内陸水路の建設を考えた。この運河は規模の小さなものであるが、七月王政下になってやっと、完成した。帝政が終わってから二七年がたっていた。

ボルドーも似たりよったりだった。このジロンド県の港は、一八〇七年までアメリカ合衆国やデンマークとの関係維持に努めていた。ボルドーにとって致命的だったのは、アメリカが通商禁止を布告したことである。一八〇七年には一二一隻のアメリカ艦船が入港していたのに、翌一八〇八年には八隻だけだった。後背地すべてが影響を受けた。造船所、海軍の大砲鋳造所、帆のマニュファクチュア、および蒸留業、ガラス製造業、タバコ製造業、かつてはアンティユ諸島向けに生産していた製粉業、ラテン・アメリカから皮の供給を受けていた皮なめし業などである。一七八九年にはボルドー地域に四〇の砂糖精製工場があったが、二〇年後に残っていたのは八つだけだった。タンナンのロープ製造マニュファクチュアは、大革命前は七〇〇人の労働者を雇っていたが、一八〇一年には二〇〇人しか残っておらず、一八一〇年には閉鎖された。

認可状が封鎖の厳しさをやわらげたので、港はかろうじて窒息死を免れたのである。私掠船を艤装したり沿岸の砲台に守られながら、シャラント県やブルターニュに向けて沿岸を航海することぐらいが、多少とも航海に出る口実となった。しかし、ボルドーがさびれたことは人口の減少にあらわれている。一七八九年には一一万の住人がいたが、六万人になった。アメリカ公使は、「街路には草が生え、港には二隻の漁業用スクーナー船と三、四隻の空船が見えるだけである」と記している。まさにボルドーは崩壊したのである。

ラ・ロッシェルもまた、私掠船の活動にもかかわらず、さびれていった。シャラント＝アンフェリユール県議会は、共和暦十二年の会期に、植民地の崩壊と戦争の継続がもたらした「莫大な損害」を指摘している。「すべての商事会社にこれほどの失望が広がったことはかつてなかった。多くの者たちが破産している」(ジャン・テュラールが『ナポレオン』中に引用)。一八〇四年から一〇年までにラ・ロッシェルの港には北ヨーロッパからの六〇隻の船舶と、二〇隻のアメリカ船しか入港しなかった。この地の最大の商社であるガルシェ兄弟社は膨大な負債を抱えて倒産した。

ロッシュフォール周辺は沼地となり、港は使用不能になった。英仏海峡に面した諸港は、イギリス艦隊の厳重な監視を受けて、衰退した。サン＝マロでは交易は滅んだ。ル・アーヴルでは船が港内で老朽化していった。

地中海でも恐慌状態は似たりよったりだった。トゥーロンには船が見あたらなくなった。マルセイユには長距離定期便の船はほとんど入港しなくなった。四年間のあいだに三三〇隻から九隻に減ったのである。イギリスはアブキール湾でフランス艦隊を壊滅させ、ペリム島を占領し、ペルシアと通商条約を結び、インドではマイソールの一部を併合し、ハイダラバッド藩邦主にたいする保護権を確立して、オリエント貿易の支配権を固めた。マルセイユはその影響をまともにかぶったのだった。一七九四年以降、この町の交易は、沿岸貿易に限定されてしまう。工業製品は海外市場を販路としていたが、一八一三年の生産額は一七八九年の水準の四分の一に落ちていた。

アドルフ・チエールはマルセイユで生まれ育ったが、岸壁に係留された三〇〇隻の商船が、二五年間「場所を変えることなく朽ちていった」光景を忘れられなかった。「カンビエール広場と呼ばれているところからサン＝ジャン要塞まで何列にも並んで動かない船が目に浮かぶ。帝政末期の何年間かのあいだ、私はそれらが一隻として動くのを見たことがない。」めったにないことだが、それでもときには奇跡的に敵の拿捕《だほ》を免れた船が小麦や砂糖を積んで入港することがあった。あるいはオスマントルコの旗を掲げたギリシア船が危険を承知のうえで、マルタ島で積んだイギリス産綿製品をマルセイユまで運んでくることもあった。だがそうした商品が押収されると、それらは町の広場で燃やされた。「飢えて死にそうな人びとが、彼らを生かすことができる財宝が数時間ですっかり焼けてしまうのを眺めていた」（チエール）。イギリス艦は大胆にも、要塞の第一ブイのところまで来て、船舶を拿捕するようなことまでした。平和が訪れてもなおマルセイユは、独立したサン＝ドマング島や新しい支配者イギリスがモーリス島と名づけたフランス島との交渉を再開できなかった。スエズ運河が開かれるまでの、その後の半世紀のあいだ、この町は衰退を余儀なくされたのである。

しかしながら、ナポレオンはこうした不運に無関心だったわけではない。だが、彼はフランスの港よりもアントワープ、オスタンド、ジェノヴァ（岸壁と豪華なドックが作られた）などの諸港を整備したのである。皇帝は、自分の艦隊を再建すべく、最善を尽くして造船業への刺激策をとった。彼はダンケルク、ブーローニュ、ル・アーヴル、シェルブール、サン＝マロ、ブレスト、ロリアン、ロッシュフォールでフリゲート艦の建造を急がせた。船が一隻進水すると、すぐに次の船をドックで作らせた。カレーとダンケルクの防波堤を延長するよう命じ、シェルブールでは大防波堤に砲台を据えつけさせた。しかしこうした努力は、商港と商船隊を対象としたものというよりは、軍港と艦隊のためのものだった。これが生気をなくした体に生命力を吹き込む方法といえるだろうか。

海上貿易の崩壊は数字に示されている。遠洋航海船は、一七八九年には二〇〇〇隻あり、統領政府のときにも一五〇〇隻にのぼったが、一八一二年には一七九隻を数えるだけだった。ほとんど私掠船しか残っていなかったが、これも軍艦の援助がなければ護衛付きの船団にたいして歯が立たなかった。海上貿易はゼロに向かっていたのである。

イギリスの勝利

フランスが失ったものをイギリスが手に入れた。イギリスは、何にもまして商業面において、大革命と帝政から多大な利益を得たのである。この国はおそらく、この大きな転換期の初期の頃から、自分にたいして開かれた好機を自覚していたのだろう。フランス君主制がアメリカの解放を助けたことに恨みを抱いていたイギリスは、国王が反抗を受け権限を削られるのを見て悪い気はしなかった。バスチーユ攻略後、フォックスは「これは世界史上最も重要で、最も幸福な事件だ」と述べている。「聖ジョージ軍団」は、買収しやすい革命家にひそかに資金援助する機会を逃さなかった。ついでイギリスは、フランスにたいする公然たる戦いに踏み切った。フランスのベルギー占領を、イギリスへの挑戦と受け取ったのである。ロンドンは、自らの肝煎りで結ばれた大陸の同盟が野心に燃えたフランスに打ち勝つまでは、攻撃の手をゆるめなかった。

イギリスの勝利は初めから圧倒的だったわけではない。戦いは長いあいだ決着がつかずにいた。イギリスの輸出は、一七九三年から一八〇二年まではほとんどとぎれることなく増加していたが、一八〇三年に戦争が再開すると後退しはじめ、一八〇八年まで停滞した。一八〇九年と一〇年には上昇しているが、パリがオランダを併合し、合衆国がイギリスと不和になると、再び落ち込んだ。このときには商品が海外に出ぬままイギリス国内に蓄積されたのである。リヴァプールを出た船舶は引き返さざるをえなくなり、植民地産品はロンドンの倉庫に山積みされた。しかし一八一二年にロシアが参加を拒否したことで大陸封鎖が崩れると、輸出が再開された。

イギリスの貿易収支が赤字になる年もあったが、海外での収益や保険収益のおかげで、国際収支は黒字のままだった。

それに、イギリスの輸出品は全部が全部イギリス製品というわけではなかった。その多くはヨーロッパやアメリカに向けた海外産物の再輸出であり、イギリスは中継点として物資の集散地となっているにすぎなかったのである。一七九〇年には外国産の商品が輸出の二六パーセントを占めていた。一八〇〇年には四四パーセントになり、一八一四年にもなお三六パーセントを占めていた（T・S・アシュトン『産業革命』）。

この飛躍的発展は、イギリス海運業の役割が拡大したことを示している。失われた船舶は総トン数の二〇分の一にすぎず、新造船によって十分に補うことができた。イギリス船旗をつけた船舶の数は一八〇五年には二万二〇〇〇隻だったが一八一〇年には二万四〇〇〇隻にふえた。その総トン数は一八一五年には世界中の商船全体の一二分の一一を占めていたのである。海上保険の保険率低下は、封鎖の失敗を物語ってい る。大革命下のそれは二五パーセントだったが、一八〇六年には一二パーセント、一八一〇年には六パーセントに下がった。これはイギリスが制海権を確立したことの証拠である。

イギリスの海上支配は世界の大動脈ともいうべき航路上の要衝を征服することによって強化された。イギリスは、フランス、デンマーク、オランダ領アンティユ諸島、ギアナ、マデール、セネガルのゴレーとサン＝ルイ、オランダから奪った喜望峰などを占領し、大西洋を征服した。南アメリカのスペインやポルトガルの基地がイギリスにたいして開放されたこともある。リオデジャネイロ、モンテヴィデオ、ブエノスアイレス向けのイギリスの輸出は、一八〇五年の八〇〇万リーヴルから一八一〇年の二〇〇〇万リーヴルにふえた。二・五倍の増加率である。

地中海でも同じ政策にもとづいて、イギリスは基地の基盤をかため、かつその数を増した。西部ではジブラルタル、シシリア、マルタ島、ついでバレアレス諸島、東地中海ではイオニア諸島（コルフ島を除く）とダルマチア諸島である。イギリスの貿易はトルコに確立した。地中海諸国にたいするイギリスの輸出は、一八〇五年の四〇〇万リーヴルから一八一一年の一六〇〇万リーヴルにふえた。四倍の増加率である。

北海ではヘルゴラント島とエーテボリの基地を確保し、インド洋では、インドに入植することで、短期的な利益と長期にわたる豊かな見通しのいずれをも保証してくれる侵入手段および補給手段を確立したのだった。ロンドンは、最初はフランスを支配するために、ついで世界を支配するために活動した。アムステルダムもバルセロナも、一度失ってしまった繁栄を取り戻すことはできなかったのである。

イギリスは世界の主要ルートの統轄権を手に入れると同時に、国内の交通網を改善したが、それは国内商業に大きな利益をもたらし、大革命と戦争の犠牲になったフランスの交通網を見下す結果となった。すぐれたフランス人技術者のうちの何人かは英仏海峡の向こう側に亡命して、その地にノウハウをもたらした。ノルマンディのマルク・ブリュネルは自国から逃げ出さねばならなかったが、そのブリュネルがテムズ川の下に最初のトンネルを掘ることになるのである。イギリスの道路舗装や金属製の橋の技術は、大陸では想像もできないほどの進歩をとげた。ルイ十八世は王政復古の直後に、旅行者や貨物であふれた自国のぼろの乗合馬車をイギリスの公共馬車網と比べたとき、恐ろしさに震えたと白状したものである。イギリスの乗合馬車は時速一六キロで、ロンドンとブライトンを四時間半で結び、ロンドンとエディンバラ間は四二時間しかかからなかった。ブリテン島には三〇〇〇もの配送経路があり、一五万頭の馬を用いて比類ない輸送網を展開していた。

イギリスは、文化の決算の技術のところでも述べたように、レールと機関車を組み合わせることで決定的なリードを奪った。ジョージ・スティーヴンソンの最初の「列車」は「ブラッシャー」という名前がつけられたが、一八一五年、ワーテルローの戦いからちょうど五週間後に走った。ほぼ一世紀のあいだ、イギリスは鉄道における優位を保つのである。

このようにして、陸上輸送であれ海上貿易であれ、大革命と帝政は商業の部門でイギリスの勝利とフランスの斜陽化を決定づけたのである。フランスの商業が一七八九年の水準にもどるのは一八二五年以降のことであり、そのときでも、世界貿易に占めるフランスの比率は、大革命前に占めていたパーセンテージからはほど遠く、その数字にもどることは二度とないのである。絶対値でみると、三五年が失われ、世界レベルでの相対値でみると、後退は取り返しのつかないものだった。

第四章　財政の決算

貨幣の犠牲

一七二六年から八九年まで、すなわち三分の二世紀近くのあいだ、フランスは聖王ルイ（ルイ九世）の時代にすらみられなかったほど安定した通貨の恩恵に浴した。紙幣を濫発したジョン・ローのシステムが引き起こした混乱状態を経験し、信用貨幣の危険な側面を知っていたフランス人は、純銀四・五〇グラムに相当すると定められたリーブル・トゥルノワがもたらす安全性を十全に評価していた。唯一の変動はルイ十六世治下に金価格が銀の価格にたいして上昇したため、一リーヴルに含まれる金の量を三一〇ミリグラムから二九〇ミリグラムにしたことだったが、これは単なる技術的修正であって、貨幣そのものの信用を落とすものではなかった。

リーヴル・トゥルノワは契約の際に使われる計算単位にすぎなかった。実際の支払いに用いられる貨幣は、ルイ金貨、エキュ銀貨、スー銅貨、リアール銅貨とそれらの倍数もしくは約数貨幣だった。紙幣にはわずかな役割しかなかった。一七七六年にテュルゴの主導で創設された割引銀行は、パリだけに流通する何種類かの紙幣を発行したが、それですら多少の不安を引き起こした。一七八九年の流通貨幣量は二二億八〇〇〇万リーヴル弱だった。内訳をみると、貨幣が二二億リーヴル、紙幣が八〇〇〇万リーヴルである。経済が発展し、より多くの支払い手段を必要としていたときにこれだけの量では不十分だった。

三部会が国民議会になると、財政問題が、憂慮すべきものとしてにわかに浮上してきた。塩倉庫が略奪され、入市税事務所が焼き打ちにあい、課税台帳が破棄され、問題はますます悪化した。資本も流出した。フランス人亡命者の資本や、ロンドン、ジェノヴァ、アムステルダムなどに資金を移送していた外国銀行の資本である。税収は途絶え、赤字が拡大した。割引銀行が発行する新券に頼るだけでは、じきに足りなくなった。しかし、議会は教会財産を国有化しさえすればすぐに百万長者になれるものと信じていた。これほどの財産をただで自由にできるのは全く棚からぼた餅である。どうしてこの土地財産を紙幣の担保にしないでいられようか。こうして、一アルパンの土地を意味する「記号」であるアシニア紙幣という考えが生まれた。一七八九年十二月に、国有地の売却を担当し、四億フランの紙幣を発行するために特別銀行が作られた。

アシニア紙幣は合法的な通貨となった。何人かの憲法制定議会議員は「この忌むべき紙幣」に反対したが、大多数の議員は紙幣の長所を賞賛した。「アシニア紙幣の価値を疑うのは大革命を疑うことだ。それは犯罪だ」とミラボーは絶叫したものである。

増大する国庫の赤字や「商業上の必要」から、ついで戦費を賄うために、紙幣が繰り返し発行され、発券額の上限はつぎつぎに更新された。一七九〇年九月には一二億リーヴルに達し、一七九二年七月には二〇億、一七九三年二月には三一億になった。そして発券の便宜をはかるということから、一七九三年五月にはついに上限という概念そのものが放棄された。一七九四年のテルミドールのクーデタ後、発券のリズムは早くなった。一七九五年には、月額七億リーヴルから三〇億リーヴルとなり、総裁政府下には五〇億リーヴルに達した。一七九六年初頭に、この異常な事態に終止符が打たれた時点で流通していたアシニア紙幣の総額は、公称で三九〇億リーヴルにのぼっていたのである。全体では四五〇億リーヴル以上のアシニア紙幣が作られた。ローのシステムのときの一五倍であり、大革命は七年間で、通貨の量を二〇倍にしたのだった。

さらに、私的に発行された紙幣をこれに加えねばならない。県や市町村、交易商人、カフェの店主などが勝手気ままに発行したものである。愛国紙幣、自治体券、緊急通貨、援用通貨、必要通貨といった名前がつけられた六ドニエから二五リーヴルまでの（色やサイズの異なる）紙幣が、蓄財にまわされたり外国に持ち出された硬貨の代用として発行された。パリで八九種類、フランス全体では五八〇〇種類の紙幣が出まわっていた。議会は最終的にこの種の紙幣を禁止したが、これ以外にも監獄をはじめ、ベルギー、ドイツ、スイス、イタリア、イギリスで作られた偽アシニア紙幣があった。当時はまだ「インフレーション」という経済用語はなかったが、このときの現象はまさにインフレであり、インフレに伴うあらゆる結果を引き起こした。

最も早く、そしてはっきりとあらわれた結果は、だぶついた紙幣の価値の下落と、それと対をなす物価の高騰である。アシニア紙幣の価値は、一七九一年の半ばには、同額の硬貨にたいして一五パーセント下落していたが、一七九二年七月には四〇パーセント、一七九三年七月には六四パーセントも下落した。国外市場についていえば、ロンドン、ハンブルグ、バーゼルでフランスの為替は急落した。国内のフランス人は対処の仕方をわきまえていた。「エキュはエキュだが、アシニア紙幣は落とし紙だ」と茶化したものである。パン、砂糖、コーヒー、ろうそく、石鹼は、あっという間に値段が二倍になった。農民は穀物の出荷を嫌がり、商人は物を売りたがらなくなった。

物価上昇を押さえる措置として価格の公定制が設定された。その結果、「最高価格」以上で物を売った者は死刑とされ、販売を拒否する者にたいしては、買占め罪が適用された。最高価格法と抑圧的政策に対抗して闇市が生まれた。

通貨に関する恐怖政治は、あらゆる自由を軽んじるものだった。株式会社は解散させられ、株式取引所は閉鎖され、新聞に為替レートを載せることは禁じられ、正貨の売却が禁止され、アシニア紙幣を拒否する者は死刑と定められ、金銀の押収が命じられた。テルミドールのクーデタ後、国民公会はこうした措置をとったことを後悔してやり方を変えたが、結局はインフレーションを再燃させただけだった。

額面一〇〇〇リーヴルのアシニア紙幣は、一七九四年七月には硬貨三四〇リーヴルの価値を持っていたが、一七九五年一月には二一〇リーヴルに下がり、七月には四〇リーヴル、一七九六年一月には五リーヴル、同年七月には二リーヴル、八月には一〇スーとなった。一七九六年六月五日には、ルイ金貨がアシニア紙幣一万七九五〇リーヴルで取引された。警察の報告書には、アシニア紙幣に関して巷間ささやかれていた噂が書きとめられている。「セーヴルを過ぎると、アシニア紙幣一枚ではコップ一杯の水すらもらえない。」報告書には、さらに次のような事例が記載されている。ある女は二人の子供を養えないので殺してしまった（一七九五年三月三十日）。土地所有者や年金生活者がゴミの山のなかで食べものを探していた（一七九五年六月十日）。女たちが「王様がいてくれなくちゃ。今のままじゃ無駄死にだ」と言っていた（一七九五年十一月十五日）。通行人が「王たちのもとでは、皆、ちゃんと生きていた。今の政府のもとでは死ぬ者ばかりだ」と呟いていた（一七九五年十二月七日）。マドレーヌ大通りの貼り紙がやじ馬を面白がらせた。曰く「共和国売ります。格安。正貨にて。」

一七九六年二月十九日、午前九時、もとのヴァンドーム広場であるピック広場において、強制公債で集められた八億九〇〇〇万リーヴルのアシニア紙幣と印刷用原板がおごそかに燃やされ、国庫破産が公認された。しかし二五〇億リーヴルのアシニア紙幣がまだ流通していた。総裁政府がこの紙幣の印刷を停止したのは、単に名称を変えて再開するためにほかならなかったのである。アシニア紙幣三〇にたいして一の割合で土地証書が発行された。二五〇億リーヴルのアシニア紙幣が残存していたのであるから、その三〇分の一として八億三三〇〇万リーヴル分の証書を作り出さねばならないことになる。そしてほどなく、総裁政府は二四億リーヴルの土地証書の印刷を命じた。硬貨による取引が再び禁止され、証書の受け取り拒否が禁じられた。

アシニア紙幣と証書の交換はうまくいかなかった。紙切れと紙切れを取り換えるのに何のメリットがあるだろう。額面が一〇〇〇リーヴルの証書の実際の価値は、一七九六年四月には一六〇リーヴルに、五月には一二〇リーヴル、六月には八〇リーヴル、七月には五〇リーヴル、十一月には三〇リーヴル以下、一七九七年二月にはついに一〇リーヴルとなった。嬉々として証書を受け取ったのは、競売で国有財産を手に入れた者だけだった。投機家も進んでこれに手を出したが、考えもなしに手を出した市民はいよいよ貧しくなった。共和国軍は敵地でなければ生活が成り立たず、病院は閉鎖され、強盗が横行した。パン一斤《リーヴル》は一五〇リーヴル、砂糖一斤《リーヴル》は一六〇〇リーヴルした。パリのある判事は法廷のない日は石工をやった。学士院《アンスティテュ》のメンバーだった植物学者のアダンソンは、一足で一万五〇〇〇リーヴルも二万リーヴルもする靴を買う金がないのでアカデミーに行けないといって嘆いている。

「新富裕層が形成された。しかし、それよりもずっと多くの新貧困層も形成されたのである」（マルセル・マリオン）。ディエップ郡での証言がある。「われわれはこれ以上は耐えられない。同邦市民の無残な姿がわれわれの心を引き裂く。」カーン郡では「人びとの表情はどれも、飢えのために暗くなっている」との証言がある。

こうした現実の前に、総裁政府は降参した。支払いは硬貨でも紙幣でもどちらでもいいことになった（一七九六年七月二十三日）。土地証書は額面の一〇〇分の一で公立銀行に引き取られることが決まった。九九パーセントの切り下げというわけだが、これにアシニア紙幣を証書に換える際の三〇分の一という引き換え率を加えねばならない。紙幣を信用した市民は、結局のところ、三〇〇〇だったものが一に減るという率で損害をこうむったのである。

新しい通貨

このものすごい破産は、ほとんど気づかれずにすんでしまった。みじめな結果に終わった革命紙幣はそれほど人びとに無視されていたということである。議会の決定を待つまでもなく、平均的フランス人は硬貨を隠し場所から取り出して使うようになった。アンシャン・レジームから引き継いだルイ、エキュ、スーなどの単位が復活した。

しかしながら、大革命中には何種類かの硬貨も作られたのである。ルイ金貨は、当初は「フランス人の王、ルイ十六世」の像が刻まれていたが、ついで翼のある精霊の姿になった。エキュ銀貨は、一七九三年には雄鶏（ラテン語でガルス。ガリアに発音が似ているところから、のちにフランスのシンボルとなる）のデザインが見られる。貨幣用の金属は教会や小修道院から没収したものや、ある程度自発的に供託されたもの、あるいは被征服都市から徴収したものを使っていた。しかし、悪貨は良貨を駆逐するものであるから、このときに作られた硬貨はすべて流通から消えていった。青銅と銅の貨幣だけはつり銭用として残ったが、これらの硬貨は別の施設に転用された教会の鐘を溶かして作ったのである。

大革命は改革と革新への欲求に満ちているというのに、君主制の遺物である古いリーヴル・トゥルノワを守っていられるだろうか。度量衡の制度全体を作り直したように、貨幣制度を作り直さずにいられるだろうか。大革命はメートルを定義し、メートルをもとにしてグラムを「一メートルの一〇〇分の一の長さの立方に等しい純水の重さ」と定義した。今度はグラムから通貨単位が作られる番である。

国民公会議員はメートル法と十進法にもとづいた通貨を考え出した。「通貨の基本単位は、銀であれ金であれ、一グラーヴ（キログラムの当初の言い方）の一〇〇分の一である。」銀貨も金貨も、硬貨は一〇グラムで、九割ちょうどの純分を持つことになる。銀貨はレピュブリケンヌ、金貨はフランと呼ばれる。

レピュブリケンヌ（＝共和国女性）の名の由来はすぐわかる。フランのほうは説明を要するだろう。最初のフランは一三六〇年、ジャン善良王の時代に鋳造され、その後、シャルル五世、シャルル七世、アンリ三世、アンリ四世のもとで発行されている。その時代の硬貨はすべて消滅した。しかしフランという語は民衆《ルボン》の言葉の中に、リーヴルと同じ意味を持つ語として残っており、モリエールの登場人物の台詞のなかにも出てくる。革命家たちにとってこの語は、覆された体制の公用語ではないという利点があった。

一七九三年十月七日に国民公会で採決にかけられた法文は、レピュブリケンヌとフランを創出し、かつ十進法を用いようというものだったが、金と銀の比率は十進法ではかれないし、九グラムの金を含む一フランは九グラムの銀を含むレピュブリケンヌ貨でいくらに相当するのかわからない、という点を忘れていた。予告された貨幣は日の目を見なかった。

一七九五年四月七日に議会は「通貨単位は、今日用いられているリーヴルに変えて、フランの名称を用いるものとする」と規定して、リーヴルの名を変更するにとどまり、フランについては定義しなかったが、一七九五年八月十五日になって、一フラン銀貨（＝一〇〇サンチーム）を純度九割ちょうどで五グラムと定義して、問題を解決した。これはリーヴル・トゥルノワの定義とほぼ正確に一致した。後者は一七二六年にマルリの勅令によって銀四・五〇五一六グラムに等しいと定められていたのである。これ以後、リーヴルとフランはニュアンスに多少の差はあっても同義語となり、年金は単位のみをリーヴルからフランに変えて、「修正も減額もなしに」支払われる（一七九九年五月六日の法令）ことになった。

過去に由来するものはすべて投げ捨てるのをよしとしていた時代に、なぜフランがリーヴルをついだのだろう。それは、革命家たちが革新に飽きてしまい、ついには事物を一掃することを断念したからだった。また、過去のものを保持するほうが新しいものに転換するよりメリットが大きかったからでもある。

もっとも、紙幣がもたらした苦痛を経験したあとだけに、フランが実質的に適用されるのは統領政府を待たねばならなかった。通貨法は、一八〇三年三月二十八日に採択され、四月七日（ジェルミナル十七日）に公布されたが、この法律によって一七九五年に採択された重量および銀の含有量、そしてフランという呼称が確定した。「純銀含有率一〇分の九の銀貨五グラムが通貨単位となり、フランの名称を保持する。」ジェルミナルの議会では二〇フランと四〇フラン金貨を作ることも決まった。ともに純金含有率一〇分の九で、重量も明示された。すなわち、一〇〇〇分の九〇〇の純金含有率の金一キログラムから一五五枚の二〇フラン金貨をとる、というのである。言いかえれば、金貨一枚は六・四五一六グラムで、五・八〇六四グラムの純金を含んでいることになる。これはのちの「ナポレオン金貨」の定義にもなった。

こうしてフランは、新生アメリカのドルと同じように、銀と金の二つの本位貨幣を持つことになった。両金属のあいだの価値比率は一五・五と定められた（合衆国では一五）。統領政府はすぐに金貨と銀貨を鋳造した。ジェルミナル硬貨である。硬貨の表には「第一統領ボナパルト」の文字が刻まれていた。この称号はじきに「皇帝ナポレオン」となる。「皇帝ナポレオン」の銘は一八〇八年まで、無邪気にも、裏に刻まれた「フランス共和国」の銘と同居していた。統領政府と帝政の一五年間に五億二八〇〇万フランの金貨と八億八八〇〇万フランの銀貨が鋳造された。これによって通貨量は大幅に増加し、経済活動をするうえでは有利になった。

しかしながら、昔の二四リーヴルのルイ金貨、六リーヴルのエキュ銀貨、二四スーの銅貨も依然として流通していた。その流通価値は、一八一〇年に、それぞれ二三・五五フラン、五・八〇フラン、一フランだった。それらは一八二九年まで通貨として通用し、一八三四年まで流通の猶予期間が設けられた。五サンチームを一スー、五フランを一〇〇スーと呼んだり、持参金を年金何千リーヴルと評価するといった習慣が長いこと残存した。フランス人はなかなか言葉遣いを変えようとしなかったし、革命にとっては人びとの習慣を断ち切るより首を斬るほうが簡単だったのである。

フランス銀行

アシニア紙幣と証書が廃止されると、支払い手段としては硬貨しか残っておらず、それは二六億フラン弱しかなかった。これでは、いくら経済が沈滞していたといっても、その必要に十分応えることはできない。インフレーションをもたらさないという条件で、信用通貨の発行が求められた。

オランダは二世紀近く前から発券銀行を持っており、イギリスにも一世紀前から銀行があった。フランスでは、割引銀行は恐怖政治下に消滅した。誰も国の発行する紙幣は欲しがらなかった。だが銀行券なら歓迎である。大革命の紙幣にたいする不信があまりに強かったので、ジョン・ローの苦い思い出は消えてしまった。

一七九六年に、銀行券の発行と商業手形の割引を業務とする新しい銀行が店開きした。ヴィクトワール広場のマシアック館に事務所を構える当座勘定銀行《ケース・デ・コント・クーラン》である。一七九七年には商業割引銀行《ケース・デスコント・デュ・コメルス》も開かれた。双方とも国家から保護や干渉を受けない会社で、その発行券を受け取ろうが拒否しようが自由だった。

第一統領ナポレオンは、国庫の言いなりになる付属施設として独自の銀行を持ちたいという欲求と、国立銀行の創設は認めないという世論も考慮しなければならないという気持ちのあいだで揺れていた。したがってボナパルトは、独自の銀行を創設するにあたってはイニシアティヴをとったが、ほかの人間が自発的に準備したかのように体裁を整えたのである。ブリュメール十八日のクーデタの直後に、かつて割引銀行の運営で真価を発揮した六人のパリの銀行家が、ある私立銀行の定款作りに取りかかった。この銀行はフランス銀行という名で、統領の希望にかなうものだった。文書が整い、認可が得られると、彼らは当座勘定銀行を合併し、引き続きヴィクトワール広場のマシアック館に腰を据えた。資本金三〇〇〇万フラン、理事一五人で、五〇〇〇フランと一〇〇〇フラン紙幣を発行した。この紙幣は通貨として流通するが、強制通用力も法定通用力も持たなかった。

フランス銀行はまだ多くの銀行のなかの一つにすぎなかった。一八〇二年春には、パリで六つの会社が割引や発券をおこなっていたのである。それらが発行する紙幣の流通総額は七〇〇〇万フランに満たなかったが、そのうち四五〇〇万フランがフランス銀行のものだった。しかしボナパルトには、統一化、集中化に向かう性向があったので、銀行を一本化する方針がとられた。一八〇三年四月十四日、ジェルミナルのフラン貨幣を創設するという法律が公布されてから一週間後、アミアンの和約が破れる九日前に出された法律は、間もなく再開する紛争に必要な財政的武器をフランスにもたらした。すなわち、他の「法人」の発行券の回収が命じられ、フランス銀行だけに発券の特権が与えられたのである。まるで八月四日の晩などなかったかのような、正真正銘の特権だった。

フランス銀行はマシアック館とヴィクトワール広場を出て、すぐそばのヴリリエール館に移った。フランソワ・マンサールによって建てられ、ロベール・ド・コットがトゥルーズ伯のために手を加えた豪華な館だった。十七世紀のギャラリーの豪華な様式にのっとったドレーの間《ギャラリー》は、銀行の繁栄をあらわし、君主制の豪奢を思い出させるために作られたかのようだった。

フランス銀行は帝政後も生き残り、その後二世紀続いている。革命の混乱がもたらした大きな成果の一つと考えられる。しかし多くの面で不完全なところがあり、当初は銀行としてうまく機能するかどうかわからなかった。

まず、フランス銀行の発券特権はパリでしか通用しないということがあった。一八〇八年の布告《デクレ》では、諸県に割引業務をおこなう支店を創設することが認められたが、これらの支店は、王政復古下には、完全に県の発券銀行となってしまい、それが一八四八年まで続くのである。

そしてまた同行が不完全で先行きが不安だったのは、私立銀行だということが明確にされないまま創設されたことによる。国庫は当初の三万株のうち五〇〇〇株を引き受け、一般収税官のもとに入る債券を割り引かせ、しだいに多くの前貸金を請求するようになった。一八〇六年に初めて偶発的な支障をきたしたとき、皇帝はこの銀行が「株主のものであるだけでなく、国家のものでもある。なぜなら国家が貨幣鋳造特権を与えているからだ」と宣言した。すでに国有化の方向に向かっていたのである。それ以後、理事のうち三人は一般収税官、すなわち役人から選ばれることになった。フランス銀行には、総裁職が設置されたが、有力な地位だということで皇帝が任命することになった。「私は自分がかかわることすべての主人でなければならない。とりわけフランス銀行に関しては」と、ナポレオンは明言した。通貨の独裁制を示す言葉である。

帝政下の戦争のあいだ、フランス銀行は不完全で、しかも脆弱だった。トラファルガー沖の海戦でフランスが敗れた翌日には、銀行券を正貨に換えようと群衆が殺到した。警察が作った番小屋は壊された。兌換《だかん》を制限し、窓口の職員に硬貨を一枚一枚数えて時間をかせぐよう厳命しなければならなかった。危機一髪というところでアウステルリッツの勝利があり、急場をしのぐことができた。しかし、その裏では再び問題が生じていた。銀行の貴金属保有量が減ってきたのである。一八一二年には八二〇〇万フラン分あったのが、一八一三年には二八〇〇万、一八一四年三月には九〇〇万となり、同月末には二〇〇万フランになっていた。対照的に、流通量はふくれあがる傾向にあった。再び銀行券兌換の間隔をあけなければならなくなった。幸い、王政復古によってジャック・ラフィットが総裁職に就任し、百日天下のあいだもワーテルローの敗北後もその地位に留まった。これでフランス銀行とフランは救われたのである。

公共支出

アンシャン・レジームは安定した通貨を残しはしたものの、公共財政はきわめて悪化した状態が続いていた。そもそも三部会が召集され大革命が勃発したのもそのためだった。一七八九年に歳入は四億七五〇〇万リーヴルだったのに、歳出は六億リーヴルあった。アメリカ独立戦争の費用も払わねばならなかったのだが、この戦争には二〇億リーヴルかかった。借入金に関する業務とその償還で予算の半分以上を費消した。それ以外に軍事支出（とりわけ海軍の）が二七パーセント、民事支出が二三パーセント（一六パーセントが年金で、その多くは軍人恩給だった。七パーセントが王の召使の費用だった）あった。悪習にはこと欠かず、種々のすぐれた財政改革案も「既得権」という壁にぶつかったのである。

大革命は問題を解決するどころか、逆に深刻化させた。歳入は税の不払いや徴税官の怠慢から減少し、支出は増加した。集権国家は、地方自治体や所有権を奪われた聖職者が負担できなくなった支出分までカバーしなければならず、病院を維持し、失業者を救済し、公教育を実施し、小麦を買い付けなければならなかった。じきに予算という概念自体が意味を失った。国家は、国有財産を売却しアシニア紙幣を発行しながらその日暮らしをするようになり、軍は軍で占領した国から経費を搾り取った。

総裁政府下に経常支出（共和暦五年の見込みでは四億五〇〇〇万フラン）と特別支出（五億五〇〇〇万フラン）を区別してみたものの、財政に秩序を回復することにはならなかった。せいぜいのところ、赤字がいかにひどいかを認めただけだった。悲劇の深刻さは、窮地に陥った総裁《ディレクトゥール》たちが、同じ共和暦五年フリメール二十五日（一七九六年十二月十五日）に、立法府にあてた声明にあらわれている。「すべての業務部門が未決状態にある（わかりやすく言い直せば、国庫は空っぽだということである）。軍人への俸給は遅滞している（もう払わない）。祖国を防衛する者たちは、裸になってしまうのではないかという恐怖にとりつかれている（軍服を買う金がない）。病院には医療器具や燃料、薬品が不足している。慈善施設も同様で、そこしか頼るところがない貧民や不具者を追い出しているのである。国の債権者や、軍需物資を毎日納入している企業家たちは、受け取るべき額のうちのほんの一部しか手にしていない。道路は穴だらけとなり、交通は遮断されている。官吏たちは給料を受け取っていない。共和国のいたるところで、判事や行政官たちが、自分や家族の生活を貧窮に陥れるか、陰謀に身を売る恥をしのぶかという恐るべき選択を迫られているのである。」等々。

総裁政府が倒れ、統領政府がその跡を襲ったとき、国庫には一六万七〇〇〇フランあった。その直前に政府が銀行に泣きついて得た前借金の残りである。当座の支出に対処するため、新大蔵大臣のマルタン・ゴダン――彼は元国王政府の二十分の一税を担当していた――は、木材伐採の競売の手形を利用した。一方、ボナパルトは総裁政府の乱脈ぶりを慨嘆している。「なんという連中だ！　なんという政府だ！　奴らの財政制度ほど嘆かわしいものがほかにあるだろうか！」彼は軍人の給料がどうなっているのか質問した。「われわれは給料を払っていません。――しかし食糧の状態は？――われわれは食糧を送ってはいません。――しかし衣服の状態は？――われわれは兵に衣類を送っていません……」（アンドレ・カステロ『ボナパルト』に引用）。

ブリュメール十九日の晩に、「このクーデタを軍隊や大都市に通知する手紙を送る金」すら国庫にはなかった。食糧も給料もないので、兵士たちは持ち場を放棄していた。利国は二年間というもの、金利生活者や年金生活者に何の支払いもしていなかった。利率は四二パーセントに達した。

統領政府のもとで秩序を回復するというのは、ナポレオンを賛美する者たちが描くほど簡単なことではなかった。知力と腕力はもちろんのこと、世論と銀行家の協力も必要だった。世論は一致していなかったし、銀行家は当初、新政府の企てが成功するかどうか疑っていた。ただ、少なくともこのコルシカ人は、乱雑なことが嫌いな点では抜きんでていた。それゆえ再び公共事業の管理・監督が行き届くことになったのである。

彼は注意深い会計士であり、その点では母のレティツィア自慢の息子だったので、出費を厳しく限度内に押さえようとした。彼はジョゼフィーヌの浪費癖に恐れをなして、モリアンに「一月以降は、負債がないことを示す経理係の証明書がないかぎり、皇妃からの請求に応じてはならぬ」と書き送った。クラーク将軍にたいしては、パリ総督ジュノの出費を引き締めるよう厳命した。「余の意向は、公邸費も馬糧手当も軽騎兵大将の手当も師団長手当も（ジュノはこれらの肩書きや職務を兼任していた）払ってはならぬ、ということである。一八〇八年一月一日以降、ジュノにはこれほど多額の俸給は支払われない旨、本人に知らせるように。一四万四〇〇〇フランの事務費についていえば、それは軍司令官にしか認められないものであり、その額は六〇〇〇フランとすべきだ、というのが余の意向である」（一八〇七年九月三十日）。自身の帝室費に関しては、ナポレオンは買うものをかなり節約し、テュイルリ宮殿の地下室に正貨でへそくりを溜めこんだ。

しかしそのナポレオンもときには、自身の栄光のためとあれば、豪勢な出費も厭わなかったのである。戴冠式には五一五万一五七四フランかかった（ルイ十六世の戴冠式にかかった額の六倍である）。皇帝のマント一着だけで一万五〇〇〇フランした。これは紫色のビロードで金の縁どりがしてあり、蜜蜂があしらってあった（サン＝トマ・デュ・ルーヴル街のピコの請求書による）。

吝嗇と豪勢さを組み合わせた統領と皇帝の予算をみると、健全財政に向けて絶えざる努力がなされたことが示されている。共和暦九年からゴダンは予算の上限を六億フランとし、同年の予算は四億一五〇〇万に引き締められた（実際の支出額は五億四五〇〇万に達したが）。一時的な平和が達成された共和暦十年には、予算は五億フランで収支が均衡した（諸県の付加税と徴税費用を加えると六億二五〇〇万フラン）。そのうち二億一〇〇〇万フランは依然として戦費に充てられ、一億五〇〇〇万が海軍、九〇〇〇万が借入金と年金業務の予算だった。一七八九年のフランスにはこれほどの財政的なゆとりはなかった。しかしこのゆとりは、のちに見るように、年金生活者を零落させた破産という事態から生じたものであり、そのおかげで負担の軽くなった国家は救われたのである。

戦争が再開されると、公共財政のみごとに健全な状態には終止符が打たれた。そのうえ、新たな出費に直面することになった。政教条約が結ばれた結果、聖職者の出費を払うことになり、さらにのちには、皇帝君主制の確立に伴って、帝室費が創設されたのである。徴税費も含めると、予算は共和暦十一年には七億二〇〇〇万フランとなり、共和暦十二年には八億フランに達した。会計年度は共和暦に従って、九月から九月までだった。一八〇六年にはグレゴリオ暦にもどったことから会計年度と暦の年度が重複し、歳出は一五カ月で九億フランとなった。一二カ月だと、歳出は一八〇七年が七億七八〇〇万リーヴル、一八〇八年には八億フラン強となり、一八〇九年には八億九〇〇〇万フランに達した。しかし戦争は採算がとれるものである。軍隊は「特別国庫」、つまりオーストリアやプロイセンの金で生活したのである。

帝国の拡張と敵対関係の継続は、必然的に予算を膨張させることになる。一八一一年には、徴税費を含めると、一〇億フランの大台を超えた。しかし、重い借入金を抱えたオランダを除く併合諸国からは、かかった費用以上のものが入ってきた。そして、封鎖の際に押収した食糧を売却して得た「関税の特別果実」があったおかげで国庫は難局を切り抜けることができたのである。

ロシア遠征の費用を捻出し、同盟諸国の財政に配慮しなければならないというのに、戦場がしだいにフランスに接近してきて、すべてが変わってしまった。一八一二年の予算は、一一億五〇〇〇万フランと見積もられたが、三七〇〇万フランの赤字が出ることは明らかだった。一八一三年の予算は、出費が一一億七〇〇〇万フランで、赤字が一億四〇〇〇万フランと予想された。窮地に陥った国庫は弥縫策に頼らざるをえなくなった。一八一四年には混乱状態が拡大し、ルイ男爵が王政復古に向けて未払い金リストを作ったときには、彼はそれが一三億フラン以上にのぼり、そのうち七億六〇〇〇万は今すぐ支払わねばならないものである、とした。これが冒険の最終的なツケだったのである。

この一三億という額を採用することにしよう。内務大臣のモンテスキウは、未払い金は一六億四〇〇〇万にのぼるとみており、大蔵省でルイ男爵のあとを継いだルイ・コルヴェットは五億フランか六億フラン程度と考えているのだが。一八一四年の欠損に、百日天下に要した費用をつけ加えねばならない。ルイ男爵は数字をごまかすような人物ではない。彼は正直に、信頼を求める国家は「自分の愚行も含めて、すべてを支払わねばならない」と告白している。愚行をごまかしてはならないのである。

税

支出の対極に収入がある。まず財政収入である。アンシャン・レジームは、税金に関して何度も改革の意思を表明していたが、執拗な反対にあって改革をはばまれた。裁判所、とりわけパリの高等法院がこれに反対し、改革に関する文書の登録を拒否した。州三部会も同じく反対の意思を表明した。聖職者も反対していた。聖職者は、国家に無償貢納金《ドン・グラチュイ》を納めていたが、これはたてまえ上、あくまで自発的な貢納であって、強制的なものではなかった。そしてその納入額は聖職者集会で議論して決めていた。他方、本来の税については彼らは免税特権を持っていたのである。

封建制に由来する税は、最も不人気だったが、最も耐えがたいというわけではなかった。羊の牧草税、牝牛の放牧税、山羊の飼育税、豚にドングリを食べさせる際の養豚税、馬や耕作用牡牛の角税、収穫物にかけられるシャンパール（物納年貢）、ろうそくや蜂蜜の蜜蜂税、釣った魚にたいする漁税、ブドウ酒にたいするブドウ酒税《ヴィナージュ》や貯蔵庫税などは、大革命の頃になるとたいして残っていなかった。消費税もたいしたことはなかった。小麦の販売にたいするビシュナージュ、肉の販売にたいするカルナラージュ、木材の販売にたいするスゴラージュ、採毛用の羊の販売にたいするムトナージュなどである。だが、これらの税は古語のリストの中にしか見られなかったといってもよいのである。

教会の十分の一税は、反対に完全に生きている税であった。聖書の伝統から引き継がれた税であるが、実際には厳密に収穫の十分の一というわけではなく、もともとの語源から十分の一税と呼ばれていた。両手の指のうちの一本ということである。当時、一〇パーセントの税というのは取るに足りない負担ではなかった。教会の牧者の生活と貧民救済に充てられる税であったが、たいして収穫があがらなかった時代の農民層に課せられていたのである。

王国全体のレベルでは、間接税は国家が徴収するのではなく、徴税を請け負った私企業によっていた。この「徴税請負制」は塩税《ガベル》（塩にかかる）、エード（とりわけ飲み物にかかる)、取引税《トレト》(すなわち関税)を担当していた。混乱したり、袖の下がなかったわけではないが、だいたいはしっかりしていた。

直接税のほうはタイユと古い人頭税《キャピタシオン》が含まれていた。その割り当ては適切ではなかったが、何度か改革が試みられては失敗に終わっていた。改革は十八世紀の初めから一二回ほど試みられた。一二回目の試案は皮肉屋のカロンヌが考えたもので、すべての免税特権を廃止し、タイユのあとを受けた二十分の一税の代わりに、身分を問わずすべての土地所有者に「土地単一税」を課し、これを徴収するというものだった。しかし貴族、高等法院判事、聖職者はいずれも大土地所有者であり、一致してこの計画に反対した。ルイ十六世は、悲劇的なほど弱気な人物だったので、反対の声を無視してまでことを運ぶ気力はなかった。またしても改革は挫折したのである。

三部会が召集された。財政問題解決の使命を帯び、税を認可する権限を持っていた。だが実際には、陳情書が示すように、三部会はむしろ税を拒否するために集まっていた。そして、大革命が待ちかまえていたのである。アンシャン・レジームの税制にケリをつけるために、大革命は間接税の枠組みや入市税のための城壁、管理事務所などを打ち壊し、教会の十分の一税と封建的諸税を廃止した。

塩税は一七八九年九月に撤廃された。塩の強制購入制は、塩の密売人に科せられていた刑罰もろとも廃止された。塩は一律に一斤《リーヴル》が六スーで売られることになった。

これは昨日まで重税を課せられていた州にとっては負担軽減となったが、製塩地方や、塩税が軽かった自由州にとっては耐えがたい措置と受け止められた。民衆は憤慨した。なぜ嫌われている税を維持するにも等しい結果となったのか理解できなかったのである。塩の密売がより大胆になり、より一般化したので、塩の販売からあがる収入がゼロになったほどだった。

これと並行して、議会は直接税を作り直す作業を始めた。改革の意思を最もよくあらわしているのが、税《アンポ》という語を負担金《コントリビュシオン》という語に換えたことである。額のうえでは土地負担金が最も重要で、土地からあがる収入に課せられた。動産負担金は住宅の家賃に、営業負担金は小商店、店、仕事場の家賃に課せられた。この三部作に加えて、総裁政府は窓門負担金をつけ足した。外側から見える窓や門に課せられるので、家宅に押し入ることなく課税できた。こうした租税体系は、重農主義者から受け継がれた思想にもとづくもので、意図自体は善意から発していたが、過去の不平等を別な形の不公正さで置き換えようとするものだった。登録台帳と印紙を利用しながら、この制度は一世紀以上も続いた。

国民公会は美しい道徳性を発揮して、宝くじを廃止した。それは「結局はよりひどい不幸を招くというのに、民衆に希望を抱かせることで現実のみじめな状態に目をつぶらせようと専制が発明した災禍」（共和暦二年ブリュメール二十五日）なのである。

総裁政府はこの税を復活させずにはおかなかった。宝くじは自発的に納められる唯一の税であり、人間の信じやすさにたいする課税なのである。

統領政府と帝政は、大革命が達成した税制上の業績を完成させ、また修正した。「もし政府が順調に運営されることを望むなら、私は一つの方法しか思いつかない。土地負担金や動産負担金を減らし、各種の間接税を導入することだ」とボナパルトは公言している。常に新しい用語を使おうとしたから、間接税は「合同税《ドロワ・レユニ》」の名で復活した（一八〇四年）。昔は塩税《ガベル》一つだったが、塩には何種類もの税《タクス》が課されることになった。アンシャン・レジームの行政機関が再建され、しばしば同じ吏員が徴税を担当した。以前の土地台帳が課税台帳になった。

ナポレオンは借入金よりも税を好んだ。「私は私の人民の利益をはからねばならず、被課税者の不平などで妨げられはしない。私は子孫たちのために生きているのであり、フランスには多額の税収が必要だ。だから多額の税が定められることになるのである。」

しかし、彼は計算に手を焼くこともあった。「ナポレオンは、財源を得るためにつぎつぎと新しい数字を組み合わせた。彼の誤りは、とりわけ、一つの収入を平気で二つの支出項目に入れてしまうことにあった。彼は部隊を動かすように数字を操作できると思っており、しばしば同じ予算を二回も三回も別の用途のために割りふった。彼は同じお金を何度も繰り返し使えると思っていつものんきに構えており、その幻想を醒ますには、少々辛抱が必要であった」(モリアンのモメワール)。

負担金の体系が堅固に作り上げられたとしても、戦費を賄うには足りなかっただろう。どこに別の収入源を求めればいいのだろうか。被征服国である。カルノーは共和暦六年ジェルミナル十一日に原則をまとめあげ、絶対に必要なものとして提出した。「敵の負担において生きるか、さもなければ滅亡するかである。……守勢にまわるということはわれわれの名誉を傷つけ、われわれを殺すのである。」かつての戦争は略奪や戦利品によって元をとったが、新しい戦争はそうした制度をも近代化する。つまり昔ながらの単純なやり方の代わりに、徴発を実施し、敵に賠償金を請求するのである。ジュネーヴ市民フランシス・ディヴェルノワは（一七九九年に）総裁政府は「外から略奪してこなければ、内では持ちこたえられない」と断言している。ボナパルトも、この同じ総裁政府に向かって、遠征中の彼の軍隊がなぜ「かくもわずか」な費用しかかからないかを説明しつつ、その点を確認している。「一、徴発によって長期にわたり生活費を賄った。二、モデナ、パルム、フェラーラ、ボローニャでは食糧を現物で入手した。三、ヴェネツィア共和国はわれわれに多くの食糧を提供したし、いまだにそうしている。最後に、われわれはしばしば敵の貯蔵庫に頼って生活している。」敵の補給物資を奪い取ることは、ナポレオンの戦略における基本的要素の一つだった。財政問題を解決するためには、戦争によって戦争を賄わなければならない、というものである。戦争によって現物だけでなく、貨幣も入手しなければならない。帝政下の会計はイタリアからの援助金や、それ以上にオーストリアやプロシアからの援助金を当てにしていた。しかし貧しい国からは少ししか取れない。スペインやロシアからは何が得られるだろう。末期に至って、併合した諸県から撤退せねばならなくなったとき、フランスの国庫は県を失うと同時に大切な財政収入を失ったのである。封鎖が崩壊したときには、関税と認可状の売却収入がなくなった。ナポレオン戦争は、勝っているあいだは高くつかなかったが、負けがこんでくると恐ろしいほどの赤字になったのである。

納税者にとっては、一七八九年以来、名目負担額は増大した。当初は四億七五〇〇万リーヴルだったが、一八一〇年には八億七二〇〇万となった。しかしその三分の一は併合した領土から入ってきた。フランス人の負担額は約五億七二〇〇万リーヴルの税金ということになり（ガブリエル・アルダン『税の歴史』）、増加率は二〇パーセント弱である。一八一〇年以降、帝政が守勢にまわると、国民の税負担は重くなっていくのである。

借入金

国庫においては、大革命下にも帝政末期にも、歳入は歳出と釣り合っていなかった。

その差額をカバーするためには、アシニア紙幣の発行を除外して考えれば、借入金に頼らざるをえなかった。

誰かれかまわず借りられるわけではない。国家に多少なりとも信用がなければ、貸し手を見つけることはできないのである。強制公債を発行するなら話は別だが、これは税の一変種である。

しかしすでに大革命前夜に、とりわけアメリカ独立戦争の費用もあって、国庫は重い負債を抱えていた。ネッケルは一七八四年に、この負債の年利負担を二億七〇〇〇万リーヴル（一億二六〇〇万が永久負債、八一〇〇万が一代年金）と見積もっている。永久負債については元金は利子の二〇倍、一代負債については利子の一一倍として計算するなら（この数字はネッケルが個人的に提唱していることだが、彼自身、こうした計算は無駄であり、こうした研究は「どうでもよい」としている）、年利の元金は約三四億リーヴルになる。＊エルネスト・ラブルースは一七八八年の年利負担額として、さらに大きな数字をあげている。三億一八〇〇万リーヴルだというのである。この金額は、すでに指摘したように、年間の歳出の半額に相当する。ブリエンヌは同じ一七八八年に国庫が極度に逼迫していることを認めている。彼は元金の償還を一年延期した。そして年金の額が五〇〇リーヴル以下の者にたいしては全額支払いを保証したが、それ以上の額の場合は六〇パーセントを現金で、四〇パーセントは年利五パーセントの紙幣で支払う、とした。ブリエンヌのあとを継いで財政総監に指名されたネッケルは、この提案のうち、元金償還の延期というほうしか実行しなかった。

　言うまでもなく、三部会の召集は財政危機を解決するどころか、逆に悪化させる結果となった。ネッケルは一七八九年八月に三〇〇〇万リーヴルの公債を発行するよう要求した。議会は拍手喝采してこれを採択し、愛国心の発露から申込み者はふえるだろうという幻想のもとに、利率を四・五パーセントに下げた。公債は失敗した。ネッケルは借入金にしか活路を見出せず、二度目には八〇〇〇万リーヴルの公債発行を提案した。それもまた失敗した。資金は国庫に流入するどころか、逆に国外へ流出したのである。ミラボーは演壇で破産の危惧を述べた。「破産が諸君を滅ぼすだろう。諸君と、諸君の名誉と、諸君の財産とを。それなのに諸君は議論に明け暮れているのだ！」（一七八九年九月二十二日と二十四日）。彼の雄弁さをもってしても国家の信用は回復しなかった。弥縫策が残されていた。第一の手段が紙幣であり、次が強制公債である。

　国庫を満たすと同時に金持ちを罰するために強制公債の技術がぜひとも必要になったのは、一七九三年のことだった。マラは、「食料品屋のだんな」と「金持ちのだんな」を革命の敵として告発し、全員を反革命容疑者として逮捕し、サン＝キュロットの地位に落として「尻を隠すものを奴らに残さないようにする」ことを主張した〔サン＝キュロットはもともと貴族や金持ちがはく半ズボン（キュロット）を持たない者という意味。マラはここで、サン＝キュロット（＝民衆）の地位に落とせ、という文をキュロットを脱がせろという意味にひっかけている〕。ショーメットがマラの尻馬に乗った。カンボンは、あふれ出たアシニア紙幣を再び流通

＊当時の「年金《ラント》」には、公債にたいする利子（これも原語はラント。ただし、当時の公債は、現在の公債よりはむしろ「養老年金保険」の掛け金に近い）の場合もあれば、一定の功績にたいして政府・国王から一定額の年金受領を認められた場合などもあってさまざまであり、受領期間も当人一代限りの場合と子孫にまでおよぶ永続的な場合がある。いずれの場合にも年金額の二〇倍の元金があらかじめ当人から政府当局に貸与されていると想定し、その利子《ラント》が、（年利五パーセントで）年金《ラント》として与えられているとみなされた。したがって、毎年の年金支払い額の二〇倍が元金＝政府の負債額と想定されるのである。言いかえれば、毎年の年金額の二〇倍を一時に支払えば、それ以降の年金は打ち切ることが可能となる。なお、ネッケルは一代限りの年金については、利子分のほかに元金も一部ずつ償還して、当人が死んで年金が終了する時点で元利双方の支払いが完了するとみなして、元金を年金の一一倍と想定したのであろう。いずれにせよ、こうした想定自体がフィクションであるから、「どうでもよい」というのである。本文中で「利子」と「年金」、「元金」と「負債」が混用されているかに見えるのは、以上の理由による。見る角度によって用語が変わるのであり、特に「元金」＝「負債」は計算上のフィクションなのである。――訳者

させるために、一〇億リーヴルの公債案を提出した。自治体が作成した収入調査にしたがって、年収一万フランまでは一〇パーセント、それ以上は一〇〇パーセントを徴収しようというのである。喜んで応じた者には、五パーセントの利子つきの「共和主義資格証」が渡され、言うことをきかない金持ちには利子のつかない証書が渡されるのである。

恐怖政治が功を奏し、公債はどうにかこうにか申込み者がついた。この操作に伴って借入金は新たな手直しが必要となり、カンボンが「一体化し、共和主義化し」たがったことは確かである。一体化するというのは、公債には古いものもあれば新しいものもあり、起源や性質もまちまちで期日もバラバラだったからである。つまり期限前支払いもあれば割り当てもあり、国王による年金、議会州による年金、一代負債などさまざまだった。共和主義化するというのは、借入金台帳を作って、すべての国庫債権者の契約を、一律に利率五パーセントの永久年金に切り替えて登録しようというものである。こうして専制から引き継いだ借入金と大革命のそれを一つにしてしまおうというのだった。「このようにすれば、資本家は、債務者である共和国の存続を望むだろう。なぜならば共和国がなくなれば自分の資本もなくなってしまうからだ」とカンボンは述べた。秩序立てるということには、要するに、元金の返済を全廃し（なぜなら年金は永続的なのだから）、市民を革命の大義に結びつけるというメリットがあったのである。

借入金台帳には、その開始時点で、一億七五〇〇万リーヴル弱が毎年の支給額として登録された。この額はアンシャン・レジーム末期の調査による借入金の利子分よりずっと少なかった。しかしここには外国人や亡命貴族の債権者にたいする支払い分や、一〇億ほどの新たな公債は含まれていないのである。またおそらく、預金者のなかには自分たちの古い証書を書き改めるのをためらう者もあっただろう。彼らが共和国の永続性に疑問を抱いていたということもあるし、金持ちが反革命容疑者として課税されているときだけに、こうした操作は自分たちを「金持ち」と認めさせる罠ではないかと感じたためでもある。

新たな年金受領者の待遇も、それほどうらやましいものではなかった。巨額年金受領者（一〇〇〇リーヴル以上の元金の所持者）だけが正貨で支払いを受けた。少額の者はアシニア紙幣か、さらには国有財産の引換券しか受け取れず、無一物になることもあった。

しかし大革命は金に困っており、借り入れをやめることはできなかった。一七九五年に総裁政府は、土地や家屋を特別抵当とする借用書を発行した。この新たな強制公債の収益は十分なものではなかった。アシニア紙幣をやめ、土地証書にも見切りをつけねばならなかった。弥縫策を重ねたあげく、総裁政府はあきらめて破産と呼ぶべきものを受け入れたのである。年金のうち正貨で支払われたのは四分の一にすぎず、残りは国有財産の引換券で精算された。借入金の年間返済額は今や二億五八〇〇万にのぼり、予算の半分以上を占めていた。今後はその三分の一の八六〇〇万フランしか支払わないことが決められた。年金を土地財産や亡命貴族の没収財産で支払うのをやめた結果、国庫借入金の未払い金は四〇〇〇万フランにまで縮小された。

この三分の一の支払いは三分の一整理公債という名がつけられ、永久年金として台帳に記載された。残額については年金の二〇倍にあたる元金を、国有財産の割り当てが受けられる債券で償還すると約束して、あたかも預金が保証されるかのように装った。実際にはこの引換券は流通過程で額面の六分の一に下落したのである。破産は隠しきれなかった。

アシニア紙幣を持っている者は破産し、年金の受領者は損をした。しかし、こうした代償を払うことで、大革命の負債は消し去られたのである。借入金からほぼ解放されて、ゼロないしはそれに近い状態から再出発することができた。フランス人は被害をこうむったが、フランスは整理をすませたのである。私人の家計だったら間違ったやり方だが、公共財政の場合なら上手な取引とされる。突然に、まるで魔法の杖でもひと振りしたかのように、負債の重荷が軽くなった。オランダの三分の一、イギリスの一〇分の一になったのである。

こうした操作は、統領政府と帝政の財政政策を容易にした。共和暦十年に第一統領は、国庫借入金は年利の払いが五〇〇〇万フランを超えてはならない、という原則を定めた。実際、一八〇〇年から一四年まで、借入金による年間負担額は四〇〇〇万フランから六三〇〇万フランにふえたにすぎないのである。さらに増加分二三〇〇万のうち六〇〇万はフランスに統合された諸国の借入金の利子であり、一〇〇〇万は瀕死の状態にあった末期の総裁政府が後任者に残した未払い金や言語道断な借入金を引き継いだことから生じた利子である。六三〇〇万のなかには、一代年金や聖職者手当、民事手当は含まれていない。

元金でいえば、フランス統計年鑑によると、一八一五年の永久および期限付き借入金総額は一二億七二〇〇万フランだった。一七八九年以前の借入金額である三四億と比べてみよう。実に三分の二が削減されたのである。

帝政が公債をわずかしか発行せずにすんだのは、月並みな術策のおかげだった。納入業者には年金で支払い、一八一三年には国のために財産を売るよう自治体に強制したのである。また、軍はこれまで以上に占領地の物資で生活すべしということになった。それでも、このコルシカ人には節約のセンスがあり、管理するという点ではいい感覚を持っていたことを認めねばならない。彼はおおっぴらに公債に頼るのは弱みをさらすことだと思っていたのである。

最後に、彼はとりわけフランスの預金者は彼を信用する気にはなれないことを知っていた。彼が発行する公債に申し込む者はそれほどいないだろう。フランス人は自分たちの金を出すよりは血を流すほうがましだと考えたのである。そしてまた彼らは三分の二の返済停止措置を忘れようとはしなかった。

資本主義の爆発

フランス革命が真にその痕跡を残したのは、財政面である。アンシャン・レジームを理論的に特徴づける血の優越性にたいして、金の優越性が取って代わったのである。原則として特権を持っていた貴族《ノーブル》に代わって、ブルジョワジーが台頭した。貴族のあとに名士《ノターブル》がきたのである。マラ自身が問うている。「貴族のアリストクラシーを倒してみたところで、金持ちのアリストクラシーがそれに代わるのだったら、われわれには何の得るところがあるのだろう」と。

このときに資本主義が到来したということではない。市場経済の枠のなかで、資本主義は古い社会と共存していたのである。しかしその頃はまだ資本家が優越的な地位を占めてはいなかった。サミュエル・ベルナールやジョン・ローでさえ、既成の規範に従い、貴族に叙任されて制度のなかに入り込まなければ、名誉を得ることはできなかった。そしていずれにせよ、国王が金持ちの群れの上位に存在していた。

言うなれば、資本主義が、爆発したかのように一挙に拡大したのである。二次的な役割から主要な位置へと移ったのだ。今後はいかなる権威も資本主義と同等の力を持つことはないだろう。生まれにもとづく権利は、財産にもとづく権利の前では何者でもなかった。爆発というのは、銀行家や投機家が出世したということである。混乱の時代には、銀行家はすべて、必然的に投機家である。しかし投機家がすべて銀行家というわけではない。

大革命前には私設の銀行家が数多くいて、影響力を持つ者もあった。しかし一七八九年に財政総監をしていたネッケルを除けば、彼らは決して高い地位を占めてはいなかった。その多くはプロテスタントで、セヴェンヌ地方やスイスの出身であり、銀行家の家系を作っていた。ジュネーヴ人のイザーク・マレは一七一一年にパリで開業した。スイスのヴォー州出身のドレセール家は一七三五年にリヨンに、ヌーシャテルのペルゴは一七八一年にパリに居を構えた。ジュネーヴ人ビデルマンとクラヴィエールは、一七八二年に、チューリッヒ出身のオティンゲルは一七八三年に、首都にあらわれた。カルヴァン派のトロンシャンはリヨン、ついでパリで活動したが、金を扱う人間を軽蔑しなかったヴォルテールのお気に入りの銀行家だった。

大革命はあっさりと金のあるブルジョワを格上げしたから、彼らはすかさずマルセイユやリヨン、ボルドー、ナントの市当局を動かすようになった。「これからボルドーを統治するのは金持ちである」(ジャン・ジョレス『フランス革命の社会主義的歴史』)。そのボルドーは「百万長者の一〇倍」の金持ち、セージュを市長に選んだ。ナントの公安委員会を牛耳っていたのは裕福な交易商人たちであり、大部分はフリーメーソンに加盟していたが、なかでも特に富裕な商人といえばビュテイエ(父)だった。

恐怖政治が株式会社を解散させ、取引所を閉鎖し、徴税請負人をギロチンに送るまでは、あらゆる種類の実業家には何の心配もなかった。恐怖政治の時代になると彼らは目立たないように、こっそりと陰で仕事をするようになった。しかしそれ以外のときには自分の思いどおりに活動し、自由に財産を作ることができた。事態は彼らにとって都合がよかった。投機や利殖の機会は無数にあった。アシニア紙幣や為替、国有財産、植民地産物、軍への納入品などにたいする投機である。しだいに彼らが舞台のお膳立てをしていることが明らかになっていく。

ルイ・ベルジュロンによれば(『総裁政府から帝政にかけての銀行家、交易商人とマニュファクチュア経営者』博士論文、パリ、一九七四年)、一八〇八年にパリの多額納税者一五〇人のうち圧倒的に多かったのは金を扱う者——銀行家、為替業者、御用商人、大交易商人——であった。ペリエ家、マレ家、ドレセール家、ウォルム家などである。シャプタルの収入は四〇万フランで、最も裕福な人物の一人と考えられていた。

何人かの生涯は典型的である。ジャン・フレデリック・ペルゴのそれは、アンシャン・レジーム下には洗練された晩餐会を開くことで知られた如才のない銀行家が、いかに革命の試練を乗り越え、そのさなかにうまく立ち回ったかを示している。彼はバスチーユ攻略に関与し、「自由のアマゾン」と呼ばれたテロワーニュ・メリクールを養い、ピック・セクションに献金した。その一方でアムステルダム、ロンドン、ハンブルグで為替操作をおこない、財産をイギリスに移していた。カンボンから敬意を払われ、フーキエ＝タンヴィルやロベスピエールからも信頼を得て、公安委員会の御用銀行家となった。テルミドール九日のクーデタ後、彼は自分の銀行に若い事務員を迎えた。名前をジャック・ラフィットといった。ショセ＝ダンタンにある邸宅には総裁政府下の主だった人物が出入りした。マルモンもその一人だった。彼はボナパルトの副官で、敵から奪った軍旗をパリに持ってくる。この未来の元帥、ラギューーズ公爵たるマルモンに、ペルゴは娘のオルタンスをめあわせる。彼はまた、パリの主だった銀行家とともに、ブリュメール十八日のクーデタに資金を提供した。当然ながら彼は統領政府下に元老院議員となり、またフランス銀行の理事になって、同行の中央委員会と理事会を主宰した。自分の銀行をラフィットにゆだねて一八〇八年に死ぬと、その遺骸はおごそかにパンテオンに葬られた。この輝かしい「履歴書」には資本主義のある種の型が大革命と帝政の社会でどのような幸運をつかんだかが示されている。

他の銀行家たちも同じ時代に繁栄した。グルフューエは一七八九年に舞台に登場する。エチエンヌ・クラヴィエールは、ミラボーが証券取引の投機をする際には助言者となり、第一次ジロンド派内閣の大蔵大臣に任命された。レカミエ、ドワイヨン、バリヨンは総裁政府下に活動を始めた。フール＝オペナイム家は一八〇六年にパリに居を構えたが、それに倣ってイザーク・チュレも一八一〇年にオランダからやって来た。モラン＝ポンスが一八〇二年に、サン＝トリヴが一八〇六年にリヨンに居を定めたし、ヴァラン＝ベルニエは一八一二年にバル＝ル＝デュクにやって来た。いくつかの事件が銀行発展の節目になっている。一七九六年から九七年の恐慌で年金制度が崩壊し、利率が五〇パーセント近くまで上がったとき。和平が破れた一八〇三年の危機。信用貸しが制限された一八一〇年の危機などである。それでも、すばしっこい者はうまく立ち回ることができた。

ドレセール家はカルヴァン派であったが、新しい体制から古い体制《アンシャン・レジーム》以上の利益を引き出し、金融家というのはいかなる体制からであろうと利益を引き出すものだ、ということを証明している。エチエンヌ・ドレセールは大革命のあいだは資産を外国に移し、アシニア紙幣と国有財産に投機をした。一七九二年に投獄されたものの、二年後に釈放されると農業機械を輸入し、メリノ種の羊を導入し、インド洋の島々と通商した。息子のバンジャマンは二十九歳でフランス銀行の最年少の理事となった。彼は、モスリンの密売にかかわるとともに、すでに見たように、ビートから砂糖をとる実験に出資した。皇帝は彼を男爵にした。バンジャマンは人類愛を持った人間、先見の明と節約の友として人びとの記憶に残る。

それより波瀾に富んではいたものの教訓的でないのが、市民ガブリエル＝ジュリアン・ウヴラールの生涯で、それもまた別の意味で典型的である。ウヴラールはバス＝ブルターニュの製紙業者の息子で、紙の独占、砂糖、コーヒー、綿の投機から始めた。ナントではあの恐るべきカリエと協働した。パリではロベスピエールと会食したこともある。バラスは彼に、海軍への食糧納入を委託した。アシニア紙幣がピック広場、すなわちもとのヴァンドーム広場で燃やされると知って、彼はこの紙幣を安値で買い集めた。そして、紙幣の廃止が宣告されて相場が上がるやこれを転売して大儲けした。こうして、ヴィトリ、マルリ、サン＝ブリス、リュシアンヌ、ジョンシェール、プルイリ、アゼの城と七〇〇〇ヘクタールにのぼる森林を持つ城主が誕生したのである。フランシには三人の大臣を居住者として迎えた。その一人がタレイランである。彼は豪勢な宴会を催し、タルマのもとにひんぱんに通い、タリアン夫人やスタール夫人を招き、ボアルネ夫人に言い寄って彼女に資金援助した。

ボナパルトは、ウヴラールの財産や、ジョゼフィーヌにたいする馴れ馴れしい態度が赦せなかった。彼は密売人を軽蔑し、「国家にとって危険」な者たちだと考えていた。しかしまた、平和なときであれ戦時下であれ金がものを言うことも知っていたのである。統領になると、彼は金融の手品師たちに顔を向けざるをえなくなった。皇帝になると、ウヴラールに前貸しを要求しなければならなかった。ウヴラールは自らの城のコレクションに、ライン地方にある八〇の農場とパリの――ショセ＝ダンタンやヴァンドーム広場に建つ――八軒か一〇軒の館をつけ加えた。

ウヴラールは国庫に二億フラン、ついで四億フランの信用貸しをすることに同意し、その見返りとしてスペイン領植民地との貿易の独占権を得た。彼の「統合交易商人会社」はマドリッドの宮廷から、メキシコのピアストル貨を輸出する特権を得た。この貨幣には純銀二四・四グラムが含まれており、三・七五フランに相当したが、イギリスの巡視船をごまかしてヨーロッパに持ち込めば、確実に五フランで売れた。ウヴラールは貨幣の輸送をオランダの商事会社に委託した。この商社はイギリスの商事会社や、中立国の船旗を掲げるアメリカの会社ともつきあいがあったからである。トラファルガーの海戦で交易が中断し、フランス国庫はあてにしていたピアストル貨を手に入れることができなかった。ウヴラールは国庫に五八〇〇万フランの借りがあった。彼は博打を打って失敗したのである。

アウステルリッツからもどったナポレオンは怒った。彼はウヴラールをテュイルリ宮殿に呼びつけ、持っている財産、有価証券、債券をすべて放棄するよう命じた。ウヴラールは破産宣告をして会社を整理せざるをえなかった。しかし彼は用心深く、個人資産は安全なところに託しておいた。一八一〇年、彼は軽率にもアムステルダムでイギリスの密使と交渉した。謀反である。ウヴラールはマドレーヌ大通りに持っていた豪華な館で逮捕され、サン＝ペラジに投獄されたが、保釈金を積み釈放を要求した。為替商と銀行家が一人ずつ保証人になった。ウヴラールは時を移さず、皇帝に新たな財政プランを提出したものである。栄光ある地位に成り上がったナポレオンはやむをえず成り金相手に手を打った。

ナポレオンがエルバ島からもどってくると、ウヴラールは健在で、財産も失っていなかった。皇帝は彼に「私は五〇〇〇万必要だ」と言った。

「私なら二〇日で五〇〇〇万を御用立てできます。」

「軍の装備全般も賄えるか。」

「もちろんでございます。しかし陛下、今度私が告発されました折には、私の言い分を聞かずに罰せられることのありませぬよう。」

ウヴラールは二股も三股もかけた。彼はゲントにいる亡命貴族とも接触していたのである。しかしナポレオンとの約束は守って、実際に毎日二〇〇万フランずつを帝政の国庫に振り込んだのだった。ワーテルローの敗北後、彼はナポレオンと一緒にパリに帰還した。皇帝は彼にアメリカ公債を担保にして一四〇〇万の貸付を要求した。今度はウヴラールは聞こえぬふりをした。

彼は王政復古下でもルイ・フィリップのもとでも、フランス、スペイン、オランダ、イギリスで活動を続け、たえず政治的な陰謀をはかり、取引所で術策を講じ、ときには投獄されることもあった。ウヴラールこそまさに金融の魔術師だった。皇帝が彼に「五〇万の人間があれば、やりたいことができる」と言ったことがあるが、「五〇〇〇万フランあればそれ以上のことができます」とウヴラールは応じたものである。

資本主義は、必ずしも愛想のいい顔ばかりしているわけではない。しかしこれ以降、権力は資本主義を考慮に入れざるをえなくなった。大革命のあいだ、国家は金融家の意のままになっていた。帝政下ではたえず大金が必要で、彼らを無視することはできなかった。

十九世紀は金の支配を容認できるまでに成熟する。ミシュレを見るがいい。この完璧な民主主義者は投機家を賞賛しているのである（『十九世紀史』）。「この言葉、投機家というこの美しい言葉の意味がかなりねじまげられてしまっていることを、私は残念に思う。この言葉に値する人物とは、一段高いところに立って遠くを展望し、将来を予測し、そこに至るまでの見通しを立てる人物、豊かな精神で人や物を創り出す人物なのである。」

贈賄者と収賄者

金の支配は単に銀行家と投機家の社会的地位を向上させただけではない。買収の増加にもつながったのである。

あらかじめ認めておかなければならないのは、十八世紀にはそれ以前と同様、公人の誠実さという問題に関して、事実上はともかく原則的には、人に何かを要求してもその見返りを与えなければならないという考え方はなかったということである。政治家がマザランのように賄賂をとって金を蓄えても、世論は憤慨しなかった。しかし、大革命はこうしただらしのない道徳観念にケリをつけるべきだったのではないだろうか。民衆国家とは、モンテスキューによれば、徳が社会の原動力となるのではないだろうか。

徳は、大革命の歴史のなかで決定的に欠けていたものである。贈賄側は、良心や協力や票を買うために自由にふるまうことができた。買収されやすい人間は大勢いたし、彼らがいつでも誘惑に打ち勝てるとは限らなかった。

贈賄側には、当然ながら金融家がいた。誘惑の手段を持っていたし、成り金というのは、自分の力がおよぶ範囲を確かめてみたいものである。だがそれだけでなく昔からの金持ちや、さらには裕福な貴族すらいた。彼らは革命による転覆のうちに、新たな野心を満たす機会を見出したのである。その典型がオルレアン公だった。彼は長子系のブルボン家と分家筋を入れ替えて、自分が王座につこうという望みを隠そうとしなかった。平等公《エガリテ》を名のったオルレアン公フィリップは扇動家たちを激励し、資金を提供した。すなわち、七月十四日のバスチーユ攻撃や十月行進を扇動した者たちである。彼は自分を国民公会に選出させ、国王処刑に賛成の投票をしたが、やがて自らも処刑台にのぼることになるのである。彼のうちに、大革命の発端を指揮した「見えざる手」を認める歴史家もいる。

何人かの貴族がたくみに窮地を切り抜けたことは、ルイ・ベルジュロンの研究が証明している。一八〇六年にセーヌ県の多額納税者のうち上位を占める二〇人のなかには、リュイヌ（第一位）、ショワズール＝プラスラン（第三位）がおり、ほかにダルクール、ルフェーヴル・ドルメソン、モンテスキウ、タレイラン＝ペリゴールなどの名が見える。大革命は貴族全員を破産させたわけではなかった。かりに実行しなかったとしても、彼らは贈賄の手段を持っていたのである。

それに外国人――オーストリア人、オランダ人、プロイセン人、さらにはイギリス人――も贈賄していた。彼らは、ドラマの役者たちを買収することによって、事件の流れに影響を与えられると考えた。「聖ジョージ軍団」は必ずしも架空の話ではなく、当時は「ピットの金」と呼ばれ、実際に金が動いていたのである。介入資金をばらまく際に迷いがあったとすれば、それは誰を狙うかという点だけだった。

誰が贈賄に応じて身を売ったのだろうか。少なくとも、自分の影響力を売ったのは誰なのだろう。政治的命令の決定から裁判や判決への圧力に至るまで、状況は大小のあらゆる取引に適しすぎるほど適していた。人びとは金を使って留置人を釈放させ、公民証を公布させ、国有財産の競売で手心を加えてもらい、ある種の布告に投票させた。懐柔されたりしないと思われた革命家が宮廷から金を受け取っている場合もあったし、愛国者として賞賛されている者が敵の金を受け取っている場合もあった。清廉潔白で知られた指導者といえども、ある日研究者が公文書館で見つけた紙片によってその栄誉が色あせてしまうかもしれないのである。

何人かの純粋な人びとは腐敗のなかで迷いながらも、これに汚染されなかった。カルノー、サン＝ジュスト、ロベスピエールのような人びとは、そうでないという証拠が出ない限り、たぶん贈賄は受けなかったはずである。彼らは名誉を守ったのである。他の多くの人びとは過ちを犯し、あからさまな場合もあればこっそりやった場合もあるが、身を売っていたことは間違いない。大革命の収賄者番付にはあまりにも多くの名前が載っており、ここでは書き尽くせない。議論の余地がないと思われる例をいくつか示しうるだけである。

剛勇な気質と破鐘《われがね》のような声の持ち主だったミラボーは、宮廷に買収されていた。一七九〇年六月から九一年三月までのあいだ、彼は週に二回、自分がいかに行動したかの報告を宮廷に送っていた。彼の二面性を証明する五〇通ほどの文書がある。

ダントンは、長いあいだ伝説的な人物で、常に人を引きつけてきたが、あらゆる方面から提供される金を拒むことはなかった。研究者が明らかにする事実を前にして、彼のイメージは傷つかざるをえないだろう。彼は買収しようとする者すべてに身を売ったのである。宮廷にも、オルレアン公にも、そしておそらくプロシアにも……。

マラは、廉潔さとか独立性を誇りにしようとも思わなかった。市民平等氏《エガリテ》となったオルレアン公にたいして『人民の友』紙のために一万五〇〇〇リーヴルを献金するよう、おおっぴらにポスターに謳って請求したものである。

これらは傑出した人物たちの事例である。二流の連中も、金の受け取り方はみみっちかったが、だからましだというわけでもない。今や幻想を抱く人はいないだろう。ファーブル・デグランチーヌはインド会社のスキャンダルに巻き込まれたし、フーキエ＝タンヴィルは買収額の多寡に応じて留置人を放免するか死刑にするか決めた。ジャーナリストのカミユ・デムーランはミラボーに六ルイくれるよう懇願し、妻リュシルの持参金一〇万リーヴルを着服した。共和国の大蔵大臣だったカンボンは、自分と上の息子二人のために多くの国有地、すなわち地所や農場、家屋を買いうけ、かなりの資産を作った。デュムーリエは賭博場の常連で、金のためにしょっちゅう裏切り行為を働いていた。エベールは、革命家たちのなかで最も血気盛んで口汚かったが、「畜生」とか「この野郎」といった言葉遣いでカモフラージュしながら反動勢力と奇妙なつきあいを続けている（マリナ・グレイ『エベール、デュシェーヌ親爺、王党派の手先』）。

テルミドールのクーデタののち、そして総裁政府下ではタリアンやバラス、その他の主だった人物が盛んに買収するようになったことは言うまでもない。革命の嵐が吹き荒れたあとでは、これまで生きるだけで精いっぱいだった人びとが厚顔無恥に営利を求めるようになった。帝政下では、ナポレオンはあらゆる不正行為を厭うべきものとみなしていたものの、彼自身の家族をはじめ取巻き連中は、好機を逃すまいとあせり、つい職権を濫用しがちだった。ジョゼフィーヌがそのいい例である。彼女は金遣いが荒かったから、ためらうことなく、それほど優雅とはいえない手段で不足分をカバーしていた。皇帝の妹や大臣、将軍たちも、皇帝の宮廷同様、妥協と追従の雰囲気のなかで生きていた。軍の御用商人制や大陸封鎖は不正をおこなう機会をふやした。皇帝の兄弟たちも分け前を得ていた。リュシアンでさえ、スペイン国王から何百万フランかの金とダイヤモンドを手に入れたのである。

大革命と帝政の双方と関係を持ちながら、いかなる体制のもとであれ（体制に依存して）生きることができるタレイランやフーシェのような人物は、状況を存分に利用する術を知っていた。一七九七年にバラスがタレイランを外務大臣に任命したとき、タレイランは「われわれはしかるべき地位にいるのだ。ひと財産築かなければ」と言った。彼の財産は、統領政府の末期にすでに四〇〇〇万フランになると評価された。このオタンの元司教は、自分の職務にたいしてそれ相応の金を払わせるチャンスは決して逃さなかった。一八〇一年、オーストリアとのあいだにリュネヴィルの条約が結ばれた際には、優に七〇〇〇万フランにのぼる金を手にした。彼は、「平和の第一人者」デ・ゴドイから一八〇八年まで巨額の「外交チップ」を受け取っていた。一八一〇年九月には、一五〇〇万フランと引き換えにロシア皇帝に協力を申し出た。フーシェは、ジャコバンクラブの議長から帝政下の警察大臣になったので、さまざまな陰謀をめぐらし恐喝を働くには絶好の立場にあった。ウヴラールを介して、彼はロンドンとの秘密折衝を試みた。彼の行為に無償のものは一つとしてなかったのである。

公共道徳の頽廃は、社会階層の上から下へとおよんでいくものである。過ぎ去った二五年間はあまりにも波瀾に富んでいたので、人びとが身を持ち崩したり公金を横領したりする機会もまた多かった。フランスではすでにローのシステムの時代に、こうした財政の混乱が繰り返されていたが、今度は自ら熱狂してその混乱に身をゆだねた。「グランデ氏」のような人物が、アシニア紙幣や国有地、外国為替、植民地産物、軍への納入品、国からの発注などに乗じて儲けたのだった。そして、投機家、卸売商人、軍隊の御用商人、資本を移出する者、禁輸商品の輸入業者、封鎖破り、あるいは単に土地を安価で購入した者などが、これに加わった。フランスは国をあげて手っ取り早く法外な収益をあげようと、うさん臭い秘密の取引をし、思いがけない富を得たり破産を経験したのである。

またもやイギリス

革命という変事をめぐるすべての章は同じやり方で終わる。イギリスの勝利と比較してみることである。

フランスは他の分野と同様、財政面においても敗れた。もちろん、総計額——というよりは引き算になるが——を計算しようとしても、恣意的な数字を取り上げることになるだけだろう。国内の赤字はフランで、対外的な赤字は外国通貨で計算しなければならないのに、どうして両者を一つにできるだろう。また国家の赤字と個人の赤字をどうして一つにできるだろう。国際収支に関しても国家の会計についても、当時は統計がなかったのである。およそのところを推し量ることができるだけである。

三九〇億リーヴルにのぼるアシニア紙幣はその価値の三〇分の二九を失い、二四億にのぼる土地証書は一〇〇分の九九までが無効となったが、これらは別扱いとしよう。損失をこうむったのは紙幣を持っていた人びとなのである。しかし幸いなことに、十九世紀のフランスはこの経験に学んで、信用貨幣によるインフレに警戒心を抱くようになり、二月革命（一八四八年）の革命家やパリ・コミューン（一八七一年）を樹立した者たちは、通貨に関して賢明な施策をとるようになったのである。

三分の一整理公債の一件では、年金保持者は財産の三分の二を失った。年払い金にして一億七二〇〇万フランほどであり、これを元金に換算するとだいたい三四億フランである。

帝政はのべ一三億にのぼる財政赤字を残して終わった、と言われている。これに戦争の賠償金をつけ加えねばならない。プロイセンは一二億を要求したが、対仏同盟諸国は一八一五年に七億フランと決め、これを五年間で支払うものとした。また一八一六年の予算には「占領費」として一億八〇〇〇万フランが計上されている。

一八一四年の憲章は国有財産の移転を承認し、所有地を国有財産として没収された者は補償を受け取ることになった。補償は三パーセントの金利計算で、年三〇〇〇万フランであるから、元金に換算すると、当時「亡命貴族の一〇億フラン」と呼ばれた額になる。この一〇億フランは、取引所での相場が下がったので六億二五〇〇万となったが、これもまた革命の四半世紀のあいだに生まれた赤字の一部である。これは国家財政にとっては追加的な負担となったが、私人の資産という面からみると、地所の売却は単に所有者の変更しか意味しなかったのである。

合計しよう。三四億＋一三億＋七億＋一億八〇〇〇万＋六億二五〇〇万である。総計は六二億五〇〇〇万フランである。この計算では私人の損失（三四億）と公的な損失（二八億五〇〇万）分が一緒くたにされている。また三四億という金額は、アシニア紙幣を持っていた者の幻滅を考慮に入れていないのだから、現実を矮小化している。二八億五〇〇万のほうは、国家にとっての大革命と帝政の代償を示している。これは一年間の国民総生産――農業、産業、手工業、サーヴィス業――全体（J・マルチェフスキの研究によれば一七八一年から九〇年の一〇年間には年平均六〇億フラン）の半分近くに相当するのである。

金《きん》に換算すると、一フランは二九〇ミリグラム（ジェルミナルのレート）であり、国家の勘定書は金にして八〇〇トン以上にのぼることになる。

さらに最終的総計には会計収支の赤字をつけ加えねばならないだろう。第一に対外貿易の赤字である。だがこれは計算しようとしても無駄である。当時は戦争や封鎖によって公式な取引は縮小されており、闇取引は、言葉の定義からして、統計調査に含まれていないからである。

革命と帝政期の戦争は、多くの栄光をもたらしたが、財政的にみて高くついたことに変わりはない。金八〇〇トンというのは、十八世紀における世界の金の総生産高（二一五〇トン）の三〇パーセント近い数字なのである。

これにたいして、イギリスは人口動態、領土、経済のみならず財政面においても点数をかせいだ。金融業は、対仏同盟へ出費して、逆境から利益を引き出した。ロンドン市場は、ライバルだったアムステルダムの占領という事態から直接の利益を得たのである。

しかしながら、イギリス銀行とスターリング・ポンドにとって不安がなかったわけではない。最初の危機は一七九三年の戦争が始まったときだった。二番目の危機は一七九七年、同盟国オーストリアを援助しなければならなくなって正貨が大陸へ流出し、紙幣の流通量が危険なほどにふくれあがったとき（一〇〇〇万ポンドから一四〇〇万ポンドへ）だった。発券銀行は窓口を閉鎖し、紙幣から正貨への兌換を停止せねばならなかった。一七九七年五月三日、議会は五二日間の兌換停止を採択した。この期間はその後延長され、一七九七年に二回、ついで一八〇二年、一八〇三年に二回、さらに一八一五年と実施される。貴金属の保有高は八〇〇万ポンドに下がったのに、紙幣のほうは二八〇〇万を超えたのである。しかし、このインフレーションはアシニア紙幣のそれに比べれば些細なもので、紙幣価値の低下も一八〇一年に八パーセント、一八一〇年に一三パーセント、一八一二年に二〇パーセント、一八一三年に二九パーセントにとどまった。ナポレオンが、輸出封鎖によってイギリス財政を破壊し、スターリング・ポンドもアシニア紙幣と同じようにどぶに捨てられるものと信じたのは誤りだったのである。ポンドは健在だった。戦争に勝ったことでイギリス通貨は持ちなおし、紙幣と正貨は等価のレートにもどったのである。

平和がもどったとき、イギリスは疲弊した国ではなかった。侵略を受けなかった島に廃墟はなく、大陸における戦闘でも海戦でも戦死者はほとんど出なかった。税制度は近代化され、フランスに一世紀と四分の一は差をつけていた。所得税《インカム・タックス》は、ピットの主導によって一七九九年に導入された。税制改革に続いて通貨改革がおこなわれた。シティでは、イギリス銀行とポンドが十九世紀における偉大な成功に向けて準備を整えていたのである。

瓢箪から駒が出る。一八一六年六月二十二日、通貨制度を少しは整えようとして、ロンドンはそれと自覚することなく、また望みもしないまま金本位制を採用した。そしてこの本位貨は、最終的には世界中で採用されることになり、その後一世紀のあいだスターリング・ポンドとイギリスの覇権を支える道具となったのである。

民間銀行は、戦争の初期には苦しい思いをしたが、手形割引ではリードしていた。倒産する銀行もあるにはあったが、それ以上の数の銀行が創設された。一七九三年には四〇〇の「地方銀行」があり、一八一五年にはそれが九〇〇にふえた。地方銀行はロンドンに駐在員や事務所を置いていたが、その数がふえていくのは、うまくいっている証拠だった。

ロスチャイルド家は他の分野で活動していたが、すでに金融の世界でも重きをなしていた。当家の伝説によれば、一八一二年、始祖のメイヤーは死の床にあって自分の縄張りを息子たちに分け与えたという。フランクフルトはアムスケルに、ウィーンはサロモンに、パリはジャムに、ナポリはカルルに、ロンドンはナタンにという具合である。ナタンは一七九八年からロンドンに腰を据えたが、いくつかの大博打を打って事業を成功させていた。彼はポルトガルに駐在するイギリス軍に向けて、英仏海峡からパリとピレネー経由でひそかに大量の金を輸送するのに成功した。さらに、当家は認めていないが、別の伝説によれば、ワーテルローの戦いののち、六月二十日には、ロンドンの政府が知るよりも先に、密使がロスチャイルド家に会戦の結果を知らせていたのである。これを聞いたナタンは為替取引所で平然とイギリス貨幣を売り、イギリスが負けたと思わせた。相場が最低になった時点で貨幣をまとめて買い戻し、一族のために勝利を収めたのだった。この逸話が事実であれ単なるシンボルであれ、ロンドン市場は確立され、イギリスは金融大国となっていくのである。

イギリスにとって戦争は、結局のところ「平和時よりも金になる」ものだったとミシュレは言っている。イギリスとフランスが対立した長い戦いは、イギリスの勝利で終わった。フランスは貧しくなり、イギリスは富裕化に向かう下地ができたのである。

第五章　社会的決算

物価

最後に残っているのは、歴史から課せられたこの四半世紀のあいだにフランス人の生活条件がどのように変化したかを見ることである。偶発的な出来事を取り上げるのはここでの問題ではないから、恐怖政治の悲劇、「最高価格法」の苦悶、総裁政府の法外さ、帝政の束縛などはひとまず忘れよう。出発点と到着点、すなわち一七八九年前後と一八一五年だけをとって、物価、収入、賃金、購買力、生活水準と生活様式を比較してみよう。

この最も波瀾に富んだ時期を取り出して、公認市場と闇市場の双方に関して、年ごと、あるいは月ごとの物価曲線を追わなければならないとしたら、じきに混乱してしまうだろう。アシニア紙幣の時代の靴一足の値段、大陸封鎖の時代の砂糖の値段などは一時的な意味しかない。消費者は犠牲を強いられたものの、試練の時は束の間だったのである。一八一五年の時点で、人びとはもちろんインフレーションや封鎖を忘れてはいなかった。自分たちをひどく苦しめたからである。歴史家のほうはそうした細かいエピソードはさておいて、出来事の結末だけを考察する。一八一五年に靴や砂糖はいくらしたのだろうか。ロベスピエールやナポレオンは脇に置くとして、ルイ十六世からルイ十八世までのあいだに物価は上昇したのだろうか。

答えは「しかり」である。ただし、この上昇は一七三三年から一八一七年まで続き、西洋世界全体におよんだ長期的な上昇サイクルのなかにあることを指摘しておかねばならない。この上昇期には経済の全般的な発展、生産技術の革新、交換の発達、アメリカの銀の流入によって水ぶくれした貨幣量の増加、貨幣の流通速度の促進などが見られた。消費者は（木材を除けば）より多くの商品を手に入れると同時により多くの支払い手段を持つようになったのである。

新世界では、物価は十八世紀後半と十九世紀に入ってからの一五年間、ほとんど休みなしに上昇した。アメリカの卸売物価はこの六五年間で三倍になったのである。

イギリスでも同じく上昇が見られた。卸売物価は一七五五年から九〇年までに三〇パーセント上昇し、（一七九〇年から一八一〇年までに二倍になったのち）一七九〇年から一八一四年までだと三七パーセントの上昇を示した。

フランスでも、偶発事を除けば、大革命と帝政はこの傾向をひっくり返しはしなかった。最も困難な時代（アシニア紙幣や封鎖の時代）には商品が減ったり姿を消したりしたが、そのために物価はいっそう上昇したのだった。それ以外の時代は、経済の拡大と信用制度の進歩によって物価上昇の傾向が強まった。

食糧需要が家計の三分の二を占め、主としてでんぷん質食品を消費していた時代だったことを考えるなら、最も意味を持つのは穀物とパンの価格であろう。当然ながら、それは収穫高に応じて、地域ごとに異なっていた。しかし全般的な上昇傾向には従っていたのである。

穀物価格は農民（生産者）の収入に関係するものなので、今は一時的に脇に置いて、消費者の支出にかかわるパンの値段を取り上げよう。つましい家庭においてはパンだけで出費の半分を占めていた。上質小麦よりもライ麦から作られたパンのほうが多かったが、価格の上昇は明らかである。大革命前には一キロで四スー〔一スーはだいたい五サンチームに相当〕だったが、一八〇一年には三四サンチーム、一八一五年には三〇サンチーム、一八一六年には四一サンチームだった。

同じく値上がりしたものをあげると、砂糖（一カンタル当たりの卸値は、一七九〇年には一三〇フランだったが、一八二〇年には一六六フランとなり、これが小売値にはね返った）、コーヒー（キロ当たり三フラン三〇から四フラン三〇へ）、鋳鉄（一カンタル当たり二六フランから三〇フランへ）、鉄（同じく四五フランから四六フランへ）である。木材はしだいに不足し、ますます高くなった。

同じく騰貴したもののうち、少なくとも一八〇〇年から一三年にかけて値上がりしたものとして、ラシャ布（一メートル当たり八フランから一一フラン二五に）、シャツ（三フラン一〇から四フラン五〇に）、靴（一足四フランから五フランに）などがあげられる。綿価格は二五年のあいだに二倍以上になった。ブドウ酒の値段は、一七八九年から一八〇八年のあいだに消費が大幅に拡大したにもかかわらず、二〇パーセント上昇した。もっとも消費のほうは、ブドウの不作もあって価格が高騰したことから、その後はもとの水準にもどっている。コニャックのほうは、一七八九年には一ヘクトリットル当たり一一五フランだったのが一八一六年には二〇〇フランした。ジャン・フラスチエ（『物価の歴史と理論に関する資料』）によれば、私立中学の寄宿費は大革命前には五一八フランだったが、王政復古の直前には七五〇フランになっている。

比較的安定しており、値下がりの傾向もあったのは食肉（牛肉は一七九〇年に一フラン〇六なのが一八二〇年には〇・九六フラン）、羊肉（一フラン一四から一フラン〇四へ）、獣脂（一キロ当たり一二五フランから一二〇フランへ）などである。パリからトゥルーズまでの運賃は、駅馬に引かせる二輪幌馬車《カブリオレ》の場合、一七五一年から九〇年には三四二フランだったのが一七九八年から一八四〇年には三四〇フランとなり、ベルリン型馬車では六七一フランだったのが六一四フランになった。

当時は、公式なものであれ非公式なものであれ、卸売物価もしくは消費者物価の動向を明らかにする物価指数はいっさい存在しなかった。現存する資料をもとにしてこうした指数が計算されているだけのことであり、これを引き合いに出す場合には慎重さが必要である。

フランス統計年報によれば、卸売物価指数は一七九〇年の一三七から一八二〇年の一五三に上昇した。一一・七パーセントの上昇率である。パリの労働者の家庭における出費をもとに計算した小売物価指数は一八一〇年から二〇年までしかカバーしていないが、その間に七四から八〇に上がっている。一〇年間の上昇率は八・一パーセントである。生計費指数は、エルネスト・ラブルースの計算によれば、一八〇〇年から一〇年までは一〇パーセントの上昇であり、一八〇〇年から二〇年までは一六パーセントの上昇である。シャベールが割り出した指数には植民地産物が入っておらず、また基準年としては通常貨幣にもどった一七九八年から一八〇三年までが選ばれているのだが、一八〇九年から一二年については二六パーセント、一八一七年から二〇年についてはー八パーセントの上昇にすぎなかったとしている。われわれが手にする価格表や統計が不確実なものだとはいっても、物価は上昇しているが上げ幅は穏やかだという印象は確認できる。地域的格差を無視し、そしてもういちど言うがその間の波瀾も無視して考えれば、政治革命は物価革命ではなかったのである。

賃金

物価が上がるにつれてフランス人の収入はふえたが、賃金収入なのか別な収入源によるものなのかによって、上がり方はひどくまちまちだった。

賃金に関しては、エルネスト・ラブルースの研究（『大革命の起源と経済的・社会的諸側面』）が端緒となっている。大革命前夜にフランスの農村部には七五〇万人の賃金生活者がいた。すなわち四〇〇万人の日雇い農、土方、石工、ブドウ園労働者と樽職人が一七〇万人、石切り工、坑夫、荷車引き、車屋、召使、水夫などが一八〇万人いて、二〇〇〇万から二二〇〇万人の人口を抱える農村社会のなかで生活していた。これに都市の労働力をつけ加えると、当時は約九〇〇万人の賃金生活者がいたことになる。

彼らの賃金は地方によって異なる。南東部では一日二五スーだったが、後進地域ではそれより少なかった。南西部、北部、北東部では一五スーから一七スー、ブルターニュでは一二スーで、オレでは一〇スーだった。農業労働者の平均賃金はおそらく一八スーというところだろう。アーサー・ヤングは一九スーだったという意見である。仕事のない日も多かったので、年収は二六〇リーヴル前後となる。一日一五スー弱である。

一七八九年以降、賃金はどの程度よくなったのだろうか。ジャン・フラスチエはその『物価の歴史と理論に関する資料』において、日雇い農では、当初の日給を二〇スーとして、一八〇〇年にはその一・四〇倍、一八一五年には一・七五倍になったとしている。時給も同様に大革命当初を一とすると帝政末期には一・七五となっている。年収にすると、一七八〇年には三〇〇リーヴル（ラブルースの数字より多い）だったのが、一八二〇年には五四〇フランとなっている。パリでは、熟練労働者の年収は七五〇リーヴルから一二〇〇フランとなった。六〇パーセントから八〇パーセントの上昇率である。

賃金にはかなりの格差がある。やはりジャン・フラスチエによると、一八〇一年に女性の賃金は年に二〇〇フランを切り、官庁の守衛のほうは一〇〇〇フランで、参事院審議官や元老院議員は二万五〇〇〇フランだった。第一統領は五〇万フランを受け取っていた。彼が少尉だった頃の月給は、九三リーヴル弱で、一七九一年六月には一〇〇リーヴルだった。

帝政下では公職の実入りは最高になった。ブーシュ＝デュ＝ローヌ県知事は年に五万フラン、セーヌ県知事は一〇万フランをもらっていた。兼職はごく一般的で、手当のほかに歳費や賞与がついた。国有地特別総管財官の年俸は一二万フランだった。レニョー・ド・サン＝ジャン＝ダンジェリは帝室担当の閣外大臣で、年俸は一四万六〇〇〇フランだった。ダヴは元帥の俸給のほかに近衛兵大佐と軍司令官の俸給、それに一二万フランの特別手当をもらっており、総額で二八万フラン以上になった。ベルチエは俸給や手当を合わせて総額三五万フラン（ジャン・テュラールによる）を受け取っている。一八〇七年、ナポレオンは戦利品として減債基金に預けられた資産をたっぷり配分するよう命じ、三八人の将官が国債や現金でその分け前にあずかった。ウディノとベルトランが一〇万フラン、ランヌは三〇万、マッセナとベルナドットは四〇万、スールとネイは六〇万、ベルチエは一〇〇万である。これらの軍人たちが豪邸を購入できるように配当金が支払われたのである。

もういちど下層のほうに目を移して、平等主義的な革命の直後にどれほどの不平等が広がっていたかを見てみよう。フランス統計年鑑は、一八〇六年のパリ地域におけるさまざまな職業の賃金について、以下のような数字を載せている。土方の時給が二三サンチーム、大工が三〇サンチーム、石工が三三サンチーム、指物師や石切り工が三五サンチーム、鍛冶屋が五〇サンチーム、屋根屋が五五サンチームで、平均すると三五サンチームである。一八二八年の数値もさほど変わらない。

ジャン・テュラール（『パリ史』の「統領政府と帝政」）はいくつかの職業を取り上げて、一八〇〇年から一四年までの日給の推移を追っている。建築関係では全般的に賃金が上がっている。石切り工の場合は二フラン七五から三フラン七五、石工だと二フラン四〇から三フラン五〇、大工では三フランから四フランである。しかし印刷工は三フラン七五で変わらず、織物業では下がっている。綿紡績工は三フランから一フラン二五、織工は四フランから三フラン五〇という具合である。機械化の犠牲となったのである。

一七八九年から一八一〇年までは、あらゆる職業の賃金が上がったことは明らかである。パリにおける夏賃金は、土方は一日一フラン八〇から三フラン一〇になり、大工は二フランから三フラン一〇ないし四フラン、技能を持たない労働者は一フラン五〇から二フラン、指物師と錠前師は一フラン九〇から三フラン、タイル張り職人は〇フラン八〇から一フラン二五（新しくタイルを張る場合）、一フランから一フラン五〇（古いタイルの張り替え）、舗装工は二フラン五〇から三フラン一〇、ペンキ工は二フラン五〇から四フラン一〇、屋根屋の職人は二フランから三フラン、屋根屋の親方は四フランから六フラン、鉛管工も同じく四フランから六フランになった。冬賃金も同様に上がっているが、夏賃金ほどではなかった。

ジュイのオーベルカンプの仕事場の場合、一七八〇年の平均賃金は年額で一九〇リーヴルだったが、一八〇〇年には二五〇フランとなり、一八〇六年になると四〇〇フランに上がっている。二倍以上である。しかし女性の染色工は男性の半額しかもらえなかった。

農村でも労働者はずっと多くの給料を受け取るようになった。農場の召使の給料は賄いつきで一七八九年には年八〇フランから一〇〇フランだったが、一八一四年には二八〇フラン取るようになった。羊飼いの場合は三五フランだったのが九〇フランになった。

賃金の上昇率は五〇パーセントかそれ以上になることもしばしばだったが、それは主として、徴兵によって労働者が不足したことが原因だった。戦争のおかげで賃金が上がったのだった。一八一五年以降、平和が回復すると、賃金の上昇率は停滞することになる。

購買力

こうした数字の洪水にはうんざりするかもしれない。しかも確かな数字ではないから疑う余地は十分にあるのだ。しかし数字なしですませられるだろうか。物価にしろ賃金にしろ、少なくとももどの程度のものだったかを明らかにし、その動向を知るうえでは役立つのである。「革命の代償」は駄弁を弄するだけでは計れないだろう。一つの数字は多くの文章よりも雄弁でありうる。

そのうえ、こうした探究においては数字で示される結論は明快である。賃金の平均上昇率と物価のそれとを比較してみることで、購買力が増大したことがわかる。生活費よりも給料のほうがふえているからである。

極端なケースは、完全に無視してしまわないまでも、脇へ置こう。たとえば、ボルゲーゼ大公妃ポリーヌ・ボナパルトの場合である。彼女の暮らし向きは、なるほど、アジャクシオのマレルバ街で家族を抱えて生活していた母親の暮らしぶりとは全く違う。サン＝セレの食料品店の店員だったジョアヒム・ミュラはフランス元帥およびナポリ王となって、宿屋の主人だった父親とは違う生き方をした。大革命と帝政においてはこうした異例の出世や昇進が数多く見られた。社会から脱落したり成り上がったりすることの多い時代だったのである。成り上がり者はのうのうと生活した。

普通の人の賃金について別の比率で見れば、一連の出来事は全般において有利に作用した。労働者の時給は一七八九年には〇・一〇リーヴルで、一キロが〇・二リーヴルのパンを五〇〇グラム買える金額だった。二五年後の時給は〇・一七フランで一キロが〇・三フランのパン五六六グラム分だった。一三パーセントの上昇率である。

しかし、賃金は急激に変化しなかったのにたいして、パン――いちばん安かったので基準食糧となっている――の価格は年々大幅に変わった。一八一二年にはパリでパン一キロは五時間以上の労働に相当した。一八一五年には一時間四五分でしかなかった。だから賃金生活者の購買力の増大をパンの値段で計るのは根拠が薄弱なのである。例外的な年をならせば、購買力は十分増大したといえる。

農業経営者の収入は、生産物価格が上昇したおかげで、賃金と同じかそれ以上に増加する傾向にあった。しかし、それも季節に応じてかなりの差があった。小麦の価格は時期と地域に応じて変化した。一八〇三年と一八一二年には頂点にあり、一七九九年、一八〇九年、一八一四年には最低だった。小麦が不足している県では、ときには豊富にある県の二倍もの高値がついた。一七八一年から九〇年の一〇年間の平均価格（上質小麦一カンタル当たり二〇・七六フラン）もしくは一七八八年の価格（同じく二二・四〇フラン）を基準にとってみると、一八一五年の価格（二六フラン）は、約二五パーセントというはっきりした上昇を示している。しかし逆に一七八九年の価格（一カンタル二九フラン、凶作時の価格）を一八一五年の価格と比べてみるなら、一〇パーセント台の値下がりになるのである。一七八九年の価格は特異なものと考えられるので――なぜなら大革命の要因の一つにもなっているから――、一七九〇年の相場と一八一五年のそれとを比べてみよう。双方ともにほぼ同じ水準（二六フラン）にあり、長期的には上昇傾向にあるものの、相対的には停滞していたとの結論が導き出されるのである。

ライ麦のほうは急激に値上がりした。ライ麦の栽培はしだいに減る傾向にあり、一カンタル当たりの価格は同じ期間に六フラン六〇から一一フラン二七になった。ほぼ二倍である――もっとも帝政下では一四パーセントしか上がらなかったが。同じく価格が上昇したのが（J・マルチェフスキによれば）燕麦である。一七九〇年には一カンタルが一五フラン九五だった。一八〇一年には一二フラン九八に下がったものの、一八一一年には二〇フラン八七にはね上がり、一八二一年には一六フラン四〇となっている。結局、一カンタル当たりの穀物平均価格は、ライ麦や燕麦の上昇と小麦の停滞を含めて、大革命前の一六リーヴルから帝政下の一九フランへと上昇した。

値上がりしたものには、ブドウ酒もある。これは一ヘクトリットル当たり一五フランから二〇フランになった。また特に肉は、一カンタル当たり五六リーヴルから九三フランに値上がりした（J・C・トゥタンによる）。しかし羊毛は最終的には値下がりし、（帝政下には三三パーセント上昇したにもかかわらず）一七九〇年には一キロ当たり二フラン七四だったのが一八二一年には二フラン五八となった。

フランス農業の最終的な生産高は、すでに見たように、一七八一年から九〇年の二四億五五〇〇万リーヴルから一八一五年から二四年の三六億四三〇〇万フランへと増加している。四八パーセントの増加率である。賃金上昇率と同程度の伸びであり、消費者物価の上昇率を上回っていた。

生産物が値上がりしたからといって、農民の財布がただちに潤ったわけではないことも指摘しておいたほうがいいだろう。穀物の収穫のなかから種籾を差し引いておかねばならず、また生産物のかなりの部分を自給分にまわしたので、販売に充てる分はごくわずかしかなかったのである。

それに、購買力の発達については、家賃や小作料や税の負担が増したことを考慮に入れたうえで判断しなければならない。私用に建設される建物は少なく、家賃が値上がりした。パレ＝ロワイヤルではごく小さな店でも、帝政下には年三〇〇〇フランの家賃を払わねばならなかったのである。一七九八年から一八一五年までに、定額小作料（定額小作人にとっては出費であるが、土地所有者にとっては収入である）は六〇パーセント近く上がった。これは農産物価格の騰貴に刺激されてのことであり、また賃貸人が、廃止された十分の一税、シャンパール、領主の諸税に相当する額を借地料のなかに加えようとしたことから法外にふくらんだのである。ブルジョワの土地所有者が封建的な土地所有者に取って代わった。税に関しては、課税総額が二〇パーセントほどふえたことはすでに指摘したところである。

まとめてみよう。収入のほうは、賃金と定額小作料は少なくとも二倍になり、職人の収入はおそらくそれ以上にふえた。これにたいして小売価格は、信じられないくらい値上がりしたものの、その後の上昇率は、平均するとかなり低い数値になる。しかし家賃や税の負担は明らかに重くなっている。差し引きすれば、収入増のほうが確実にまさっている。大革命と帝政が終わったとき、フランス人はより大きな購買力を手にしていたのである。他の西洋諸国と比べるなら、もし大革命と帝政がなかったとしても、その結果は似たりよったりだったと判断できるのである。

生活水準

こうした購買力の増大は、生活のゆとりとなってあらわれた。もちろんすべての社会階級がそうだったわけではないだろうが、少なくとも比較的めぐまれた階層ではゆとりが増したのである。

消費は多様化した。大革命前には、つましい家庭では収入の半分をパンの購入に充て、一五、六パーセントをそれ以外の食料品（野菜、脂身、ブドウ酒やシードル）、一五パーセントを衣料、残りを住居やそれに付随する出費に充てていた。五パーセントが暖房、一パーセントがろうそく、などである。帝政後には食糧に充てられる分は若干減り、そのなかでは肉やチーズ、バターの占める割合がややふえた。町には肉屋が多くなった。小麦のパンがふえ、ライ麦を主とした混合麦のパンの比率が下がった。ジャガイモは、かつては名士たちの食卓にのぼるだけだったが、民衆も口にすることができるようになった。

一八一五年には一七八九年と同様、昼食や夕食のテーブルにはパンや青物の入った濃いスープが出された。労働者の食卓には脂身、インゲン豆、エンドウ豆、ソラ豆、チーズなどが添えられた。リムーザン地方、セヴェンヌ地方、コルシカなどでは相変わらず栗が主食だった。

平均すると、フランス人は一七八一年から九〇年の大革命前の一〇年間には一日一七五三カロリーを摂取していたが、一八一五年から二四年の王政復古期の一〇年間では一九八四カロリーを摂るようになった（トゥタン『フランスにおける食糧消費』）。一七九〇年と一八一五年を対比するならば、カロリー摂取量の増加はわずかなものである。貧困層のフランス人の場合、そのカロリー量は肉体労働者に必要とされている最低量に満たなかった。

富裕層はこれとはまた違った家計を持ち、その生活ぶりも違っていた。食通たちが夢中になっていたカレームの料理本に載っているような料理ばかりではないにしても、洗練されたご馳走が食卓に並ぶようになっていた。ごった煮ではないスープ、ニシンやイワシ以外の魚、カブ以外の野菜、リンゴや栗以外の果物を食べるようになった。ブリア＝サヴァランは憲法制定議会の議員で、統領政府下では破棄院判事だったが、『味の生理学』という本を出版している。しかしアンシャン・レジーム下にすでに豪勢な料理を賞味することができたのである。職人や小ブルジョワは日曜日には羊の腿肉を、祭日には七面鳥や肥育鶏を食べていた。貴族層のしゃれた夜食にはザリガニのポタージュ、ウズラの雛の切り身をトリュフで味つけした料理などが出た。

大革命以後も、それ以前と同様に、平均的なフランス人の家計には多少のゆとりができ、余暇が生まれ、見世物を楽しむようになった。農村にもカフェがふえ、都市には賭博場がふえた。宗教活動が後退するとともに、放縦な生活を送る者や売春がふえ、迷信が広まっていった。新興宗派、幽霊、魔法、狼男などが信じられるようになったのである。

フランス人はいいものを着るようになった。布地はさらっとしたものになり、都市では流行を追い求める風潮が生まれた。住居のほうはあまりよくならなかった。農村では石や煉瓦造りの家よりも木造や荒壁土の家が多く、瓦やスレートよりも藁葺きが多かった。伝統的な祭りは、大革命によって有害なものと宣告され、中断されたが、その後復活した。フランドル地方の守護聖人祭《デュカス》、プロヴァンス地方の肝だめし《ブラヴァド》、タラスコンのタラスク劇、パリの謝肉の火曜日《マルディ・グラ》などである。

全体的にみて、国民の収入は増加した。J・C・マルチェフスキは一七八一年から九〇年の国内総生産を、年平均約五九億リーヴル（そのうち四〇億リーヴル強が物的生産物で一九億がサーヴィス）と見積もっている。彼はその後の期間については、一八三五年から四四年（一一五億三〇〇〇万フラン）の見積もりしか出しておらず、物的生産については一八〇三年から一二年（五七億）と一八二五年から三四年（七二億七九〇〇万）の各一〇年間しか出していない。この数字から推測できるのは、一七八九年と一八一五年のあいだに国民的規模の成長があったということだけである。国内総生産の年間成長率は、一七九六年から一八一五年のあいだに、高いときで三パーセント近かったようだ。住民一人当たりに換算すると、収入の伸び率よりは緩やかだったはずである。

最も顕著な変化は、おそらく、金持ちと貧乏人の数が変わったことだろう。金持ちの数が減ったわけではないが、必ずしも同一人物ではなかった。不動産の比率は動産の陰に隠れて目立たなくなっていく傾向にあった。貧民あるいは極貧民の数は減ったと思われる。中間階級が成長したのである。

改造された社会

二五年間におよぶ激動の時代（「貴族が街灯に」ぶらさげられ、サン＝キュロットがほぼ権力を握り、投機家がアシニア紙幣や国有財産、軍への物資納入、密輸などで財をなし、帝政貴族が一時的にアンシャン・レジーム貴族のあとを継いだ）を通過したフランス社会は、これほどの幸不幸があったことから予想されるほどには変化することなく、この試練から抜け出した。長い伝統や慣習が革新にブレーキをかけたのである。一七八九年以前のフランス社会は硬直してはいなかった。その発展は大革命によって形が変わったのである。一八一五年にこれが終わったとき、諸階級はたしかに変化していたが、階級社会であることに変わりはなかった。フランス社会は修復されるとともに改造されたのだった。

貴族が何も学ばなかったと言ったり、それを真に受けたりするのは誤りであろう。

それどころか、彼らは追放やときには貧困という厳しい学校で、多くのことを学んだのである。財産が脅かされていたからこそ、それをよりよく管理する術を知った。貴族が多少の復讐心を抱いてフランスにもどってきたとき、領地の多くは没収されていた。彼らは動乱に関して第一の責任は国王の弱さにあると信じていた。これには理由がないわけではなかったが、自分たちが啓蒙哲学や流行にへつらったこともまた自らの不幸の原因だということは忘れていた。今日では、一七八九年の貴族は自身の信念として「左寄り」だったと言われている。一八一五年には彼らは明らかに「右寄り」であり、当時の言葉を使えば「過激王政主義者《ウルトラ》」だった。自分たち一流のやり方で、戦争での勲功によって貴族の称号を得た帝政下の安物貴族と一線を画し、自分たち一流のやり方で失った領地にたいする補償を要求し、復古王政のチャンピオンを自任した。

一八一五年の聖職者は、一七八九年のそれではなく、王座と祭壇の擁護者をもって任じていたとしても、彼らは寄せ集めにすぎなかった。アンシャン・レジームに忠実な宣誓拒否僧や、大革命が与えた聖職者民事基本法を受け入れた立憲派僧がやむをえず共存しているといった状態だった。さらにはナポレオンに任命された政教条約派の僧侶もいたが、彼らはもともと宣誓拒否僧や立憲派僧だったのである。教会の位階制の上部ではウルトラが支配的だった。彼らは離婚の廃止と日曜日の休業義務を押しつけようとした。しかし彼らは戸籍台帳を教会に取り戻すことも、国有財産として売られた教会所領を取り戻すこともできなかった。一八〇一年に結ばれた政教条約の撤廃すら勝ち取れなかったのである。

実際、聖職者は分断されていた。一七八九年には、特権に執着する伝統主義者と肩を並べて、戦闘的な聖職者が改革や、さらには革命を求めて活動していた（あらゆる妥協を受け入れたオタンの司教タレイランから、過激派《アンラジェ》の指導者になるジャック・ルーまで）。また下級聖職者だった多くの司祭は細民に親近感を抱いていた。一八一五年以降になると、多数派を占める保守派はひと握りの自由主義派とぶつかりあい、何人かのフランス教会派《ガリカン》が教皇至上派《ウルトラモンタン》と対立することになる。

第三身分はといえば、最も裕福なブルジョワから貧民すれすれのプロレタリアに至るまで、一八一五年も一七八九年と同様ばらばらだった。ブルジョワジーは、アンシャン・レジーム下でもすでに高い位置についていたが、今や自分たちが国民の活力そのものであり、権力は手中にあると知っていた。国有財産を手に入れたのは主として彼らであり、総裁政府以降になるとさらに豊かになった。自由のために戦いながら、とりわけ利潤獲得の完全な自由を手に入れた。彼らが大いなる勝利者だったのである。

商人は、いわゆるブルジョワと呼ばれる層とはちょっとずれていたが、社会闘争のなかではよりよい位置を占めることになった。新しい時代になると、貨幣の安定、外国との競争にたいする関税の保護、信用取引の便宜、それに思いもよらなかったような便利な交通手段がもたらされたのである。

農民についてみれば、失ったものより得たもののほうが多かった。以前より多くの者が土地所有者となり、技術が改良され、市場が拡大した。しかし彼らの境遇は基本的には変わらなかった。土地は以前よりも細分化された。これは第一に国有財産を売却したことから、そして民法典が長子相続を否定するという誤りから生じたのである。

損失をこうむった者がいるとすれば、それは、逆説的ながら、底辺層に求められなければならない。徒弟組合《コンパニョナージュ》が廃止され組合制度が禁止されたことから、労働条件は悪化した。サン＝キュロットが支配権を握ったのは一時的なことで、民衆層は結局は従属的な立場に置かれていた。大革命と帝政期の兵士たちは、ヨーロッパを転戦しながら、家庭と平和を恋しがったかもしれないが、一八一五年に復員した者たちは、栄光と広大な領土にノスタルジーを抱くことになる。復員兵は失業者となり、プロレタリアとなっていった。パリには一〇万人以上の乞食がおり（一八〇二年、一八一三年）、慈善事務所は一〇万人以上の貧民を救済した（一八〇三年）――住民五人に一人（一八一一年）が貧民であり、サン＝タントワーヌ場末街《フォブール》では一八一三年には三人に一人が貧民だったのである。地方から首都へ人口が集中し、パリでは貧民と、犯罪や売春をこととする層が厚くなった。大工業と機械の登場によって貧困階級は完全に零落することになる。そしてこの階級は、最初はエティエンヌ・カベ流のユートピア的社会主義、ついでマルクス学派の科学的社会主義にとらえられるのである。

このようにして、フランス人はこの四半世紀を、どこへ向かっていくのかわからないままに乗り越えていった。あちこちから風が吹いてくる時代の風見鶏のシンボル、タレイランは、ひどく冷笑されている。だが、多くのフランス人が、彼らなりのやり方でタレイランのようにふるまったのである。王党派、ブリソ派、ジャコバン派、革命派、テルミドール派とつぎつぎに党派を変え、統領や皇帝に熱狂し、ルイ十八世が追放からもどれば頭を下げ、ナポレオンがエルバ島からもどれば敬礼し、いつでも豹変することができた。ルイ十六世、ダントン、ボナパルト、ローマ王、父祖の王座に返り咲いたブルボン家を、同じフランス人が歓呼の声で迎えたのである。そしてその人びとは、よりよい、もしくはより悪くない時代への希望をこめて、善意からそうしたのだった。人民は無節操なのだろうか。むしろ、変わるのは環境なのである。

しかし、そのようにふるまわなかったフランス人たちはこうした出来事すべての外側に立ち、極力巻き込まれまいとし、事件がひとりでにおさまるのを待っていたのである。

結論に代えて

ラ・セル＝アン＝エルモワにて

ラ・セル＝アン＝エルモワはガチネ地方の小さな村である。何も特徴がないというのがこの村の特徴で、それゆえ、フランスの基本的な生活のあり方を典型的にあらわしている。どこにでもあるような歴史しか持たない、ありきたりの村なのである。

この村のケースが意義深いのは、大小の反乱が起きた西部諸州や、侵入や脅威を受けた東部国境地帯、そして戦争や封鎖の害を受けた沿海諸州が経験したような波瀾を免れているからである。

大革命当時は戸数八五戸、約五〇〇人の住民がいた。五〇人ほどの成人男子のうち自分の名前がサインできる七人だけが、村の公職につけるものとされた。村の寄り合いの議事録（未公刊）は、無邪気な何のレトリックもない記録だが、村の生活をたどるのに役立つ。それによれば、大革命の初期の頃、恐怖政治が始まるまでは、ガチネ地方の「市民」たちはパリの出来事に無関心である。首都に近く（三〇里《リユー》以内）、ニュースはかなり早く届いていたが、そうしたニュースも、この小村をまどろみと慣習墨守から引き離すことはなかった。革命熱もなければ、パリの出来事に憤慨したような反応もなかったのである。わずかに伝統的な暦を守ろうとする様子が見られたぐらいである。一七九〇年四月一日は復活祭に先立つ「聖木曜日」であり、一七九二年六月七日は相変わらず「聖体の祝日」だった。共和暦のヴァントーズは二月もしくは三月のままだった。司祭が聖職者民事基本法に忠誠を誓っても何も問題は起きなかったし（一七九一年一月十六日）、彼が教区台帳をあっさりと市長に引き渡して、戸籍がそれに替わることになっても（一七九二年十一月十五日）、教会が村の中心であることに変わりはなかった。村議会は教会で——一度はポーチの下で（一七九一年十二月二十五日）——開かれた。住民は教会の鐘を合図に総会に集まり、公職の宣誓は「教会委員席で福音書に手を置いて」なされた（一七九二年九月二十三日）。村の選挙のときには司祭が選挙集会の司会をつとめたのである（一七九一年十二月九日）。

村の議事録に「王制やその他人民主権に違反する権力をフランスに樹立しようとする者は誰であれ」死刑を宣告すると記載し（一七九三年一月六日）、村当局が（教会においてて）国家への忠誠を誓った際にも、書記はうっかりして、「王国の憲法」を全力をあげて守るとつけ加えてしまっている。

選挙の際に候補者が出ないこともしばしばあり、選出された者が年齢を理由に辞任してしまうこともあった（一七九〇年五月九日、一七九一年五月二十九日）。帽子が投票箱として用いられた。選挙人は投票が長いのに「うんざりした」と言い合った（一七九〇年一月十七日）。「一時間が過ぎると、村はずれに住む村民はそれ以上待っていられなくなり、議長は集会を次の日曜日に持ち越すことを余儀なくされた」（一七九〇年十一月十四日）。だがその当日には鐘が鳴っても一五人の「能動的市民」しか集まらなかった。

国民衛兵に登録しようという志願者は一人もいなかった。村当局が郷《カントン》の首邑《しゆゆう》に、市民のリストを提出しただけである（一七九二年一月九日）。

部隊を召集する際にも、鐘を降ろして競売する際（一七九三年十月）にも、志願者はいなかった。市民サンボンに指揮された「モンタルジ革命部隊分遣隊」が来てそれらを実施し、税の滞納分を徴収せねばならなかった。サンボンの任務は、「必要と思われる数の革命兵を自己の裁量で順次、村役人の家に配置すること、滞納分の税の納入が完了するまで兵士をその地に留めておくこと、金持ちで、なおかつ悪意の滞納者であると村役人に宣告された滞納者のもとへ革命兵を派遣すること、村役人をして、割当額を払えない貧民のリストを作らしめ、その分は村に住む金持ちの滞納者に払わせること、革命的に支払わせること、すなわち必要なら逮捕すること、税の支払いを拒む者および村役人によって反革命容疑者もしくは公共の安寧を乱す者として告発された者を逮捕しモンタルジの留置所に移送すること、なお村役人は反革命容疑者や危険人物の告発を怠った場合は、革命委員会にたいして責任を負う」(共和暦二年ブリュメール二十一日)というものだった。

ラ・セ＝アン＝エルモワ村は、三〇万人の動員を命じる共和国や、「祖国防衛のために」七人の志願兵の召集を村に割り当てるモンタルジ郡の要求に応じることに、さほどの熱意を示さなかった。志願兵として登録した者には、戦闘が一回なら六〇リーヴル、二回なら一五〇リーヴル、三回なら三〇〇リーヴル、四回なら五〇〇リーヴルが支給されることになっていた。この金額をみて、「死ぬまで戦う」覚悟のある村の市民が三人志願し、近隣の村――サン＝フィルマン＝デ＝ボワ、ルズエ、トライユ――からも市民三人の志願があった。七人目の「志願兵」は出なかった。帽子に二二枚の札を入れてくじ引きをしなければならなかった。七人目として選ばれたのはクロード・ベゾー、「十歳かそこら」(原文のまま)だった(一七九三年三月十六日)。

これまたモンタルジの革命家からの緊急の要請によって、村当局は百合の花の紋章を撤去する作業にとりかかることになった。モンタルジの市民ルネ・デュボワ、通称ボルガールがこの作業にあたっている。彼は鐘の十字架についていた百合、教会委員席の百合、教会の壁にぐるっとついていたマルタ十字章、その他「封建制と王制主義」を示すあらゆる印を撤去し、村は「三六リーヴルを支払い、前記百合の紋のうち鉛製のものは何一つ残さなかった」。

法に従い、村長と司祭および何人かの市民は聖器のカタログを作成した。「銀製聖体器、内側は金メッキ、重量九オンス四グロ半。聖杯《カリス》と聖体皿《パテナ》、内側は金、重量一六オンス七グロ半。病者用聖油の入った秘跡用の小聖体器、重量三オンス四グロ半。聖油入りの聖器、重量四オンス四グロ。これらはすべて日用品であり、市民司祭が当教会での祭務に用いているものである。」

明らかに、ラ・セル＝アン＝エルモワは法に従ってはいるが、法の適用に熱心に取り組んでいるわけではない。それよりもむしろ地域的な小さな事柄のほうにずっと大きな関心を寄せている。労働者の賃金が一日二〇ソルに決められたこと（一七九〇年四月一日）、書記の手当が年二四リーヴルとされたこと（一七九一年四月七日）、議会を開く部屋の賃貸料が一二リーヴルと決められたこと（同日）などである。あるいはまた次のような事柄である。村はろうそくの年予算を削った。二人の村役人が「国民の利益のために没収された」ブルスの森を視察した。村当局はクルトネ郷《カントン》よりもラ・セル＝シュル＝ル＝ビエ郷《カントン》への編入を希望した……。

それ以外の点に関して、村の議事録はパリでの決定を柔順に、何のコメントも加えずに記載している。ユダヤ人の高位への登用容認――といっても言うまでもなくラ・セルにユダヤ人はいなかった。第一次集会からの貴族の排除――言うまでもなく貴族はいなかった。女性教会参事会員の結婚の承認——女性教会参事会員はいなかった。女性も三色記章をつけるようにとの命令——しかしラ・セルに三色記章はほとんどなかった……。

この村にも大革命は存在したが、和らげられていた。中央集権化のために、ガチネでもパリと同様、アンシャン・レジームは取り払われた。衝撃は上から与えられたものであり、地方はこれに不承不承従っていたにすぎないようだ。司祭は聖職者民事基本法を受け入れたが、信徒のほうは教会もその祭儀や用語も、放棄しようとはしなかった。聖器を差し出したり、百合の花を削ったり、軍に加わったりしたのは、革命家に命令されたからなのである。村民は自給自足で食糧を節約しながら生活しており、アシニア紙幣からさほどの損害はこうむらなかった。教会領地がなかったので、国有財産の売却もここではたいしたことはなかった。農業生産はいつもと変わらず続けられていた。工業は村では全くおこなわれていなかった。人権に関する論争は誰にも感銘を与えなかった。

このように、国中を沸かせている問題が地方レベルではひどく味気ないものになっていることが見てとれる。ラ・セル＝アン＝エルモワではギロチン処刑はおこなわれなかった。市民になったことや、新しい社会状態を自覚せねばならないことを農民たちに教えるためには、モンタルジの扇動家が介入してこなければならなかったのである。

大革命は、ここでは受け入れられはしたものの、上澄みをすくい取られ、非ドラマ化された。他の村々と同じように、人びとは首都がつぎつぎと押しつけてくる憲法に忠誠を誓った。王、法、国民、共和国などである——そうしているうち、皇帝の天下となったのである。

プランにて

ブルゴーニュのはずれにある小さな自治体プランの公文書館には、一七九三年から九六年までの村の議事を毎日記した三冊の議事録がある。ほかの多くの自治体議事録と同様、それらからもラ・セル＝アン＝エルモワで記されたような革命事件にたいする反応が読み取れる。ここでも他と同様に、農村民の無関心もしくは消極的抵抗や、彼らがパリの布告《デクレ》よりは収穫の出来具合と季節の移り変わりに関心を抱いていたことがうかがわれる。プランでは血なまぐさい処刑は一度もおこなわれなかった。徴発は——人間であれ穀物であれ——歓迎されなかった。革命家が禁じても祖先の宗教にたいする忠実さを捨てなかったところ、首都や首邑《しゆゆう》から押しつけられた施策にたいして、暗黙のうちに陰険な拒否を示していたところも同じだった。プランは決して、パリとも オセールとも進んで手を結んではいなかったのである。

自治体の自由は大革命以前に獲得されていた。一七八七年七月八日の王令は、討論の場を持たないところにはそれを設置した。各町村では、「筆頭領主」と司祭を中心に、(集落が一〇〇世帯以下か、一〇〇世帯から二〇〇世帯までか、それ以上かに応じて)三人、六人、もしくは九人からなる議会が召集されることになった。この議会には、住民代表と書記がおり、税の分担を決め、年予算を確定し、自治体の利益を守ることを任務とした。プランには二〇〇世帯以上、一二〇〇人の住民がいたので、九人の村会議員がいた。名前はラヴォレ、ドジュスト、オジボン、ジュヴァンティ、ロワ、プレヴォ、トゥテ、ロランおよびスランだった。ジャン＝バチスト・ドジュストが住民代表をつとめていた。

村当局が起草した「陳情」書は、忠君精神の公言から始まっている。「国王にたいして感謝と服従と忠誠を表明することは、プランの住民の第一の願いである。」だがそのあとには、税(タイユ、人頭税《キャピタシオン》、二十分の一税、エード、塩税《ガベル》)に関する昔ながらの陳情や、一七八九年の冬の災禍についての愁訴が続く。この災禍では「ブドウ、梨、リンゴ、栗の四分の三が根まで凍った」のだった。陳情書は、混乱の是正と「王国の繁栄をもたらすよき行政、われわれの尊厳ある君主の生が永く続くこと」を願う、全く月並みな言葉で締めくくられている。

大革命の初めに「野盗」の襲来という不確かな噂が流れると、プランはパニックに陥った。住民は大事なものを隠し、槍や三叉で武装した。「当時は皆が空騒ぎをしていた。」

一七九〇年に国民衛兵が組織された。登録した住民一七四名は能動的市民の権利を享受する。投票し、武器を携行するのである。しかし日常生活はほとんど変わらなかった。教会の舗装をやりなおし、司祭館を修繕した。新しい村議会が選出された。今度は市長一人、検事一人、村役人五人、名士一二人からなっていた。そのなかには、一七八九年以前から村議会に加わっていたドジュスト、オジボン、スラン、トゥテもいた。彼らは昔の「聖歌隊員養成所」の家（学校のこと）に礼服で、すなわち半ズボン、編んだ髪、角帽といういでたちで集合した。

しかし司祭は宣誓を拒否した。数カ月のあいだそのポストは空席だったが、サン＝セロタンの司祭が着任し、プランの村役人となった。それも、礼拝が中止されて（一七九四年と九六年のあいだ）今度は彼が村を去るまでのことだった。

一七九三年三月には国民公会が命じた兵士の動員により、プランは一八名を徴集せねばならなくなった。志願したのは二人だけだった。残りの一六人はくじ引きで決めたが、そのなかにはよそ者が一人と、オセール市が軍務に不適と宣告した市民一人が含まれていた。その市民の代わりを決めるために、武器を携行できる市民全員が教会で開かれた総会に召集された。彼らは、自分たちは「十分に公民精神を持ち、祖国への熱烈な愛に貫かれている」と断言したが、もう一人の「志願兵」を決めることについては全員が断固として反対した（一七九三年四月六日）。再度集会が開かれ、市長が説得にあたったが無駄だった（四月八日）。三回目の集会にはオセールの広場に急派された郡の行政官が出席し、プランにたいして法に服従するよう強く命じた。集会に出た者たちはあきらめて、くじ引きをした（四月二十一日）。この一件は議事録のなかで何ページにもわたって記載されている。

しかし徴集された一八名は公民証書をかざしにきて、権利を濫用した。教会付近の共有地にある二五本の太い楡《にれ》の木と樫《かし》の木を切り倒したのである。市長と村役人が綬《じゅ》をつけて犯行現場に赴き、長文の調書を作ってオセールに送った。志願兵たちは、自分たちは国家に属しており、国有財産を使用する権利があると主張した。そうではない、これは自治体の財産だ、と村当局は述べたが、郡は、くだんの木は国民のものであると反論した。この論争のあいだに「志願兵」は逃げ出した。彼らは捕らえられて前線に送られた。

一七九三年五月、国民公会の布告による命令にもとづいて、新たな総会がやはり教会で開かれ、公安委員会が設置された。一二名の市民が、最高で三九票、最低は二二票で公安委員に選ばれた。選挙人は一八四名、住民総数一二〇六名だった……。多くの投票者が選挙に時間がかかることにうんざりし、また「全力をあげて、最後の息をひきとるまで、自由と平等、そして共和国の統一を守る」という強制的な宣誓を逃れようとする者もあった。

この同じ一七九三年五月に、もう一つの出来事があった。プランの市民ロベール・マチエがオセールで、携行を義務づけられている三色記章をつけていないところを見つかったのである。彼は大真面目に、雨から守るために、記章は角帽の内側につけている、と答えた。調書がとられ、記章をつけていない他の市民が告発された。村当局は討論の末、自らの公民精神を明言した。

さらに深刻なこともあった。町の市場ではアシニア紙幣で取引がおこなわれたことから、農民が小麦を出荷しようとしなくなったのである。郡当局は彼らにたいして「差し迫った食糧需要に鑑《かんが》み」穀物備蓄の余剰分を出荷するよう勧告した。オセールの五人の委員はプランの村長にたいし、穀物六〇ビシェと小麦六五〇リーヴルを徴発するよう命じた。人びとは仰天し、抗議した。村議会は「オセールの兄弟にたいする友邦愛を」表明したが、同時に、要求された量を村民が供出することは不可能である旨を声明した。犬ですら墓穴から死骸を掘り出して食べている有様だと言った。「あらゆる種類の食糧、とりわけ穀物が村に不足していること」を説明し、その代わり、「プランの国民衛兵が以前に購入した旗から八つの百合の花の紋章を切り取り」「それを自由の木の根もとで燃やすこと」を決定した。しかし百合の花は不足している穀物の代わりにはならなかった。この紛争がもたらした結果、最もはっきりしているのは、多くの土地が耕されなくなったことだった。ラブールの水車の周りに広がる台地全体、およそ四〇ヘクタールが放置された。そこが再び耕されるようになるのは一八一五年以降のことである。

穀物のあとは市民が徴発される番だった。一七九三年九月、国民公会はすべてのフランス人の常時徴発を決め、十八歳から二十五歳までの未婚もしくは子供のいない寡夫である若者は即刻、出頭するよう命じた。集結するのは九月五日の木曜日、朝七時と予定された。プランからは四八名の召集兵を出すよう要請された。求められた人員の「せいぜい四分の一」が出頭した。村当局は「大きな自治体においては市民が集合するのは極度に難しく、出頭しなければならない市民のなかには近隣の自治体で仕事に従事している者もいると思われる」と釈明した。

穀物と人間の次は馬車だった。馬糧をモーゼル方面軍に輸送するため、二台の荷車に馬三頭ずつをつけて供出するよう求められた。この一行を編成するため一二名の農夫に懇願しなければならなかった。一人が車軸を提供し、もう一人が車輪、三人目が荷車、四人目が馬、五人目が馬具……という具合である。これらの部品をどうやって組み合わせたらよいのだろう。村の議事録はこの徴発が引き起こした窮状について詳細に語っている。荷車がモーゼル方面軍まで届いたのかどうか、届いたとしたらどのようにしてか、歴史は述べていない。

国と郡とは同様に、他の物品も徴発し、村と住民にとってはなはだ不都合な事態をもたらした。秣《まぐさ》と藁、ブドウ酒、騎兵に必要な鞍と馬勒《ばろく》、木靴、袋用の布、「共和国の皿に載せる豚」、焼却灰から火薬製造用のカリを得るためのヒース、プランに鉱脈がある染色用の黄土などである。

ヨンヌ県のこの小さな村では、大革命は右のように展開したのである。そこでは相変わらず「晩課のあとに」住民を召集し、法に従って教会の二つの鐘のうち一つは降ろされた。「聖杯《カリス》二点、聖体器一点、聖体容器一点、聖体顕示台一点および聖油の器三点、総重量は銀一〇マール七オンス」が郡に引き渡された。国からの派遣委員が辻に立つ十字架を「不寛容の印」だとして撤去させた……。

ヴァントーズ十日には自由の木の植樹のために大祭がおこなわれ、「この日、仕事のために祭りを欠席することは厳禁、違反した者には罰金一〇リーヴルが科せられる」とされた。仕事ができないので、人びとは酒を飲んだ。二人の市民が酒代の払いをめぐって喧嘩をした。そのうちの一人が「いんちき野郎」扱いされたことに腹を立て、相手が穀物二五ビシェを申告せずに隠匿していると告発した。五日たって、犯罪構成事実がなくなってから家宅捜索がおこなわれた。何も見つからなかった。

この同じヴァントーズ十日、近隣のジャコバン派が教会に押し入り、祭壇の上にあった聖人像をひっくり返した。プランの女たちは聖母像を守るために集まり、嘲弄と呪いの言葉でデモ隊を追い払った。

ジェルミナル三十日（一七九四年四月二十日）、司祭のいない教会に群衆が集まり、復活祭を祝った。またもや近隣のジャコバン派が信徒を非難した。トゥシの治安判事が赤い服を着て椅子に上り、カトリック信仰を冷やかす演説を始めようとしたが、子分ともども石つぶてを浴びて逃げ出さねばならなかった。翌日警察隊が派遣され、この「騒乱」の首謀者を逮捕しようとした。家々の戸は閉められたままだった。

郡の委員がオセール教会参事会の所有地、建物、司祭館を（二三二二フランで）国有財産として売却させ、そこは宿屋になった。もとは学校として使われていた聖歌隊員養成所も売却されようとした。村当局は抗議した。初等教育は二年来おこなわれておらず、「村の若者は共和主義の原則にも無知になっている。それらの知識は自由人にとって不可欠なものである」。だが、無駄だった。聖歌隊員養成所は五つに分割され、総額一万四六七五フランで売られた。教育はあとまわしになったのである。

プランの村議会議事録の三冊目は未完だが、テルミドールのクーデタ後の時期と総裁政府時代の一部をカバーしている。村長はその当時も、やはりジャン＝バチスト・ドジュストがつとめていた。彼は一七八九年以前にも同じ職についていた。それから八年たった。プランは相変わらずもとのままなのである。

過去を俯瞰してみると

ラ・セル＝アン＝エルモワやプランや、またはフランスや世界が、もし大革命がなかったらどうなっていただろうと考えるのは空しいことだ。大革命はあったのだ。帝政がそのあとに続き、新しい社会が生まれたのである。歴史を作り替えることはできない。

挿話的な事件がリズムを変化させた。一七八九年以前は普通の速さでいろいろな出来事が生じた。一八一五年以降には平常時のテンポを取り戻した。一七八九年から一五年までは、歴史が駆け足をしたのである。政治的、社会的な転変、ヨーロッパを席捲した二一年間におよぶ戦争、王座の崩壊、一つの王朝を作り出した兵士たち、土地所有者の交替、破壊された美術品、新しい経済や財政制度、新しい度量衡、新しい交通、金と権力の新しい力関係。これらは、二つのゆっくりとした歴史のあいだにはさまれた、急ぎ足の歴史なのである。

例外的に密度の濃いこの四半世紀の出来事のすべてが残ったわけではない。フランス人はじきに革命暦や、革命がもたらした奇抜な宗教を忘れてしまった。リヨンが解放都市《コミューン＝アフランシ》と呼ばれたり、モンマルトル（殉教の丘）がモンマラ（マラの丘）、アンヴァリッド館が人類の寺院《タンプル・ド・リュマニテ》、自由《フラン》ブルジョワ街が自由市民街《フラン＝シトワイヤン》、赤十字《クロワ＝ルージュ》広場が赤帽《ボネ＝ルージュ》広場と呼び名が変わったことも忘れられた。一八一五年にはブルボン家が王座に即き、その宮殿には白旗がひらめいた。そしてフランス人のポケットにあるフラン貨は昔のリーヴル・トゥルノワをそのまま引き継いだものだったのである。ラ・セル＝アン＝エルモワでもプランでも、悪夢からさめたかのようにもとの生活が再開した。

革命と帝政という幕間の寸劇が終わってみると、フランス人はアヴィニョンとミュルーズ、理工科学校とフランス銀行、一貫した税制立法、県制度、学士院、そしてビート砂糖を手に入れていたのだった。彼らは、生まれによる特権の廃止と土地の分割のおかげで、平等へと向かう道を進んでいた。

一方、二〇〇万の人間が戦場に斃《たお》れ、北東部国境のいくつかの地域、サン＝ドマング島とフランス島、大聖堂、修道院、城館が失われた。いくつかの自由、たとえば地方の自由とか労働者の自由を失い、それは長らく取り戻されなかった。産業や商業の面では修復しがたいほどの遅れをとってしまった。激動の時代をくぐり抜けて出てきたとき、フランスは弱っていたのである。

同時代のイギリスはと言えば、政治革命をやらなかった代わりに、もっと重要な問題に取り組んでいた。真におこなうに値する革命、すなわち農業革命と産業革命を達成したのである。フランスより人口は少なかったが、未来を約束するあらゆる面においてフランスに差をつけていた。子供の数も石炭も鉄も、蒸気機関も織機も外国市場も、すべてフランスより多かったのである。イギリスの艦隊は世界の海に君臨し、その通貨は時代を支配するようになる。

イギリスとの抗争は七〇〇年にもおよぶ古くからのもので、その間わずかな休止期間があっただけだった。この抗争は一〇六六年、ウィリアム征服王がイギリス王位を要求してヘイスティングスで戦ったときから始まった。その後ジゾールの領有が問題となったり、またギュイエンヌ地方を領地に持つ南仏アキテーヌ公女エレオノールが、プランタジュネット家のヘンリー（英国王ヘンリー二世となる）に嫁いだことからギュイエンヌ地方の宗主権が問題となった。さらにその争いは、ヴァロワ家とプランタジュネット家の諸王のもとで、百年戦争として激化した。フランスは、イギリスを自国領土から「追い出し」て、この戦争を勝利のうちに終えた。百年戦争中、クレシ、ポワチエ、アジャンクールでは敗れたが、フォルミニやカスティヨンでは勝利してこれに報いている。宗教戦争の時代、ついでブルボン家の諸王のもとで抗争が再燃し、勝ったり負けたりした。マルプラケでは敗れたが、七年戦争の際にフォントノワでは勝利している。パリはカナダを失ったが、アメリカ独立戦争には勝った。君主制の末期に最終得点をあげたのはフランスである。しかし革命での戦いの終わりには、（トラファルガーののち）ワーテルローでイギリスが勝利を確たるものにした。もっとも、これ以降イギリスの覇権は、軍事的な優位よりはむしろ人口、銀行、産業の各分野における力に立脚するようになるのである。

大革命と帝政はイギリスの経済的な覇権の確立に貢献した。高揚したり無気力になったりした二五年におよぶ苦難の時を経たフランスは、この試練によって生気を失った。数世紀にわたる喧嘩にケリをつけたライバル両国は軍事的な力に訴えることを止めた。

フランスは敗れたにしても、イギリスとの和解は少なくとも肯定すべき結果だった。

終わりに、伝説の聖化

大革命の代償は、ワーテルローの平原でこの体験に終止符が打たれた時点で考察してみるだけでは十分ではない。革命ののちに数年、数十年かけて支払うことになるツケを評価することも大切である。このときヨーロッパと世界は多少は革命のおかげで、もしくは革命の欠陥のせいで異なる相貌をとるようになっていた。最終的に大革命はどれほどについたのだろう。

明らかに、フランスは革命によって栄光と威信を獲得した。この栄光は、政治家や芸術家、詩人などに利用されることになるが、それは共和暦二年の兵士やナポレオンの近衛兵、共和国の将軍連や皇帝の元帥たちの栄光である。ヴァルミの会戦をめぐって伝説が紡ぎ出された。グロの絵筆はアルコール橋の戦いを後世に伝え、ダヴィドは、ジュ・ド・ポームの誓いを画面に固定し、ナポレオンの戴冠を不朽ならしめた。オラス・ヴェルネはフォンテーヌブローの別れを描き、リュードは志願兵の出発を彫刻にしたが、これは『ラ・マルセイエーズ』と愛称されることになる。カノヴァはポリーヌ・ボルゲーゼを裸にし、古代風の寛衣を着せた姿で彫刻した。スタンダール、ポール＝ルイ・クーリエ、ベランジェ、ユゴーは、それぞれの流儀で革命神話を語り、これを賞賛した。ラマルチーヌは伝統的王党派でボナパルトにたいする嫌悪のなかで育てられたが、やがてナポレオンを理想化するようになる。

フランスの外でも、大革命と帝政は人類史の決定的な段階と考えられた。大革命は諸国民に自由を教え、帝政はヨーロッパを作り替えたからである。世界のすべての「進歩主義者」の目から見ると、フランスは時代錯誤的な暴君のくびきを振り払うよう諸人民に呼びかけたのであり、人権のチャンピオンであった。バスチーユの攻略は専制にたいする勝利のシンボルであり、『ラ・マルセイエーズ』はあらゆる反乱の讃歌である。そして一七八九年の諸原則は世界中の革命家に指針を与え、ナポレオン法典は近代的立法の模範だった。

こうした見方は以下の点をあっさりと忘れ去っている。つまり、恐怖政治と帝政は人権を軽視したこと、バスチーユは貴族の収容に充てられていたこと、『ラ・マルセイエーズ』の一節やそのリフレインは外国の獰猛な兵士をこきおろしていること、一七八九年の偉大な先駆者たちはブルジョワジーの支配をもたらしたこと、民法典は女性を蔑視し、子供の数を制限しようとしたこと、などである。しかし寓話のほうが長もちしたのである。

　革命期と帝政期のフランスが打ち破り、従属させた諸国民が、フランスを恨みつづけたわけではなかった。多くの者が、フランスに反抗したこと、あるいはフランスの領土やさらにはその軍隊に編入されたことを鼻にかけた。イタリアではアルフィエリ、レオパルディ、マンツォーニが英雄たちの栄光を詩にした。ドイツではハインリッヒ・ハイネからヘーゲルやニーチェまでが超人を賛えた。ロシアでも、フランス軍の侵入やモスクワの火災は忘れてしまい、自分たちが打ち破った皇帝に夢中になった。サロンや店のなかはナポレオンの絵でいっぱいだった。トルストイとドストエフスキーは彼を好意的に描いた。皇帝アレクサンドルはティルジットでナポレオンからもらった名誉十字勲章を得意げに佩用《はいよう》したものである。

　イギリスでさえ、ナポレオンの生前には成り上がり者ブオナパルト〔ナポレオンのコルシカ時代の姓。「ボナパルト」はフランス移住後、フランス風に改めたもの。「ブオナパルト」と呼ぶのは彼が田舎者であることを忘れていないことを示す〕をさんざんに戯画化し、失脚した皇帝を島流しにし、監禁したのであるが、その彼から勝利を奪ったことを自慢するようになる。トラファルガー広場《スクウエア》とウォータルー（ワーテルロー）駅はロンドンの中心に位置している。イギリスはナポレオンの遺骸をパリに返し、ウォルター・スコットからアントニー・バージェスに至る絵画や文学作品のなかで、敵の思い出を育んでいるのである。

スペイン人が「五月二日の虐殺《ドス・デ・マヨ》」を赦そうとしなかったのは確かであるし、明敏なポーランド人は自国の不幸の責任はフランス革命にあると考えている。ポーランドがロシア、オーストリア、プロイセンによって分割されたのは、フランスが自国の問題で手いっぱいになっており、これら三国にフリーハンドを与えたからなのである。しかしながらポーランド人は、おそらくマリー・ワレフスカのおかげで、そしてまた間違いなく、一時的ではあったがワルシャワ大公国を成立させてくれたことで、皇帝には心から忠実なのである。

終わりに、作り替えられた世界

伝説とは別に、世界中がフランスのドラマから実際上の影響を受けている。大革命と帝政下の諸戦争が海上のつながりを断ち切ったので、大西洋の向こう側ではそれに代わるような打開策を探さざるをえなくなった。不幸なサン＝ドマング島に代わって、キューバの地位が上がった。政治的に見れば、ラテン・アメリカが解放されたのは革命と帝政期の危機のおかげなのである。第一、スペイン領植民地が自治の準備をしたのは、啓蒙哲学とフランス革命の際の種々の言論から学んだのだ。ヴェネズエラの革命軍を指揮したミランダはデュムーリエ軍で軍務についていたし、ヴェネズエラやペルーをはじめとする南米諸国を独立させたボリヴァールはルソーに心酔していた。サン＝マルティノは、ボリヴァールと同じく、フリーメーソンの結社に加わっていた。蜂起したサン＝ドマング島の事例に倣わない手はないだろう。ナポレオンがマドリッドのブルボン家を廃位して、スペインのアメリカ領がいわば孤児になったとき、待っていたときが来たのである。メキシコでは村の司祭だったミゲル・ヒダルゴが分離を要求した。ブエノスアイレスでは反乱者が副王を銃殺した。ヴェネズエラではミランダが権力を掌握した。ブルボン家の諸王がマドリッドで復帰しても、アメリカ領は容易に回復できなかった。イツルビデはメキシコ皇帝となり、ボリヴァールはヴェネズエラの大統領になった。サン＝マルティノはチリとペルーを解放した。スペイン領アメリカ全体が独立熱にとらえられたが、その後は長いこと政治不安の状態に陥り、クーデタや軍部反乱《プロナンシアメント》を繰り返すことになる。

　ブラジルもポルトガルから分離したが、ほとんど合意のうえでのことだった。フランス人がホアン六世をポルトガルから追放すると、彼はリオデジャネイロに移住した。そしてそこが気に入ってしまい、ナポレオンの部隊がポルトガルから去ったあとも故国にもどろうとしなかったのだった。息子のペドロが「立憲皇帝」となり、分離が成就したのである。

　これは植民地の大崩壊であり、非植民地化の新局面だった（歴史はすでに、ローマの没落、十字軍の失敗などの際に、非植民地化を経験していたし、のちにもういちど経験することになる）。オランダは喜望峰とセイロンを失った。ナポレオンはセント＝ヘレナ島で、「われわれが知っていた植民地制度はわれわれにとっては終わったのだ。ヨーロッパ大陸全体にとって終わったのであり、われわれはそれをあきらめなければならないのだ」と言った。しかしながら、イギリスにとっては終わっていなかった。解放された北米一三州を失いはしたものの、オランダが失った植民地をわがものとした。カナダとインドで手を広げ、オーストラリアをうかがい、ジブラルタルとマルタ島を強化し、ボナパルトが稲妻のような一瞬の思い出しか残さなかったエジプトを渇望するようになっていたのである。

海の向こうの世界にも増して、ヨーロッパが混乱から抜け出したときにはその姿を変えていた。神聖同盟は諸国民の不満を長引かせただけだった。オランダ王国は分裂を余儀なくされ、ベルギー国が誕生した。スウェーデンにはフランスが始祖となる王朝がもたらされた。

ドイツとイタリアが今日あるのは、ともかくも、大革命と帝政（第二帝政まで引き延ばされるが）のおかげである。それまで両国は単に地理的概念にすぎなかった。帝国体制はライン同盟を形成し、それはヨーロッパ大陸を広範な市場とすることによって、統一ドイツの関税面での前奏曲となる関税同盟《ツォルフェライン》の先触れとなったのである。革命期とナポレオン期のフランスは、両国をジグソーパズルのように分割していた封建時代の王国や公国の国々にたいして、国民性の権利という考えを打ち立てた。それによって、二つの強国の未来を準備したのだった。ドイツとイタリアが統一国家として存在していない頃には、勢力が弱まったオーストリアや遠い国ロシアと対峙しつつ、フランスはヨーロッパ大陸に揺るぎない覇権を打ち立てていた。自らの手でドイツとイタリアの統一を作り出したフランスは、自分で自分の優位に疑義をさしはさんだのだった。ある意味では、大革命と帝政が二十世紀の大戦に関して責任の一部を負っているのである。

したがって、外国人がフランス革命を評価し、ある種の感謝の念を表明するのは、それなりに理由のあることである。イギリスは自らの覇権を、ドイツとイタリアは統一を、ベルギーとラテン・アメリカは独立を、フランス革命に負っている。アメリカ合衆国は、フランス革命のおかげで、ルイジアナ領有を確固たるものにし、また自らの国民的アイデンティティを確立したのだった。

しかしフランス人にとってはどうだろう。彼らは、そうするように教えられてきたから、ためらうことなく大革命を崇拝している。しかしながら彼らにもその差引勘定と、そしてその代償について、疑問を持ってみる権利はあるのだ。

一七八九年は、世界レベルでみると偉大な年であり、フランス一国のレベルでは異論の多い年であった。

一七八九年から一八一五年までは、人類にとっては幸運な四半世紀であり、フランスにとっては苛酷な波瀾の時代だったのである。

訳者あとがき

本書はルネ・セディヨ（René Sédillot）著 *Le coût de la Révolution française* (Librairie Académique Perrin, 1987) の全訳である。

著者のセディヨ氏は歴史に造詣の深いジャーナリストで、経済雑誌 *La Vie Française* の編集長を長く務めた。また経済史を中心に歴史に関する著作も多い。本書は同氏が初めてフランス革命について論じたもので、「まえがき」にもあるように、フランス革命に関するこれまでの評価や伝説を排し、革命がもたらしたプラスとマイナスを秤に載せて、冷静に客観的な損得計算をおこなおうとしたものである。その結果は、本文中に見るように、大革命はプラスよりもマイナスのほうをより多くフランスにもたらしたという結論になる。

本書は二つの角度から光を当てなければならないだろう。すなわち、時事論争的な側面と歴史書としての側面である。

まず、時事論争的な面を見よう。これには背景の説明が必要である。話は一〇〇年前、すなわちフランス革命一〇〇周年の頃にさかのぼる。一八七一年にナポレオン三世が普仏戦争に敗れて第二帝政が崩壊し、第三共和制が成立した。しかし新生の共和国は右翼・王党派からの攻撃にさらされ（一八八九年のブーランジェ事件、九四年のドレフュス事件などはそのあらわれである）、政治的にもイデオロギー的にも不安定だった。王党派は一〇〇〇年以上におよぶ君主制の伝統を自らのイデオロギー的正当性の根拠にできた。それにたいして第三共和制は自らの正当性の根拠をフランス革命の原理の輝かしさに求めた。時あたかもフランス革命一〇〇周年である。七月十四日は国民の祝日となり、ソルボンヌ大学にはフランス革命史講座が設置された。初代教授はアルフォンス・オラール。自らも熱烈な自由主義者であり、果たすべき使命を十分に心得ていた。

それ以来、現在に至るまでの一〇〇年間、最初は自由主義的共和制の出発点として、一九一七年以降は労働者の解放をもたらす共産主義革命の先駆けとして、フランス革命はつねに仰ぎ見るべき理想（もちろん、王党派からみれば諸悪の根源）という位置を与えられたのであり、ソルボンヌのフランス革命史講座担当教授は、やや誇張して言えば、フランス革命礼拝をつかさどる司祭としての役割を果たしてきたのだった。

ところが近年、フランス革命二〇〇周年が近づくと、風向きが変わってきた。「フランス革命は社会全体に混乱をもたらし、イギリスに立ち遅れる原因となった」「革命期の民主主義とは実は独裁であり、ロベスピエールはスターリンの先駆者である」などとして、これまでのバラ色のフランス革命像に疑問を投げかける傾向があらわれ、しだいに大きな流れとなっていったのである。最近では、マスコミ・ジャーナリズムのレベルでは、こちらのほうがむしろ主流と言ってもよい。実はこうした傾向の議論は第二次世界大戦の直後にイギリスにあらわれ、アメリカにもそれに呼応する動きがあったのだが、フランス国内にはほとんど影響を与えなかった。当時のソルボンヌのフランス革命史教授ジョルジュ・ルフェーヴルの権威は揺るがなかったのである。それがなぜ、一九八〇年代になると様子が一変するのだろうか。

答えはフランス社会の変化に求められるべきだろう。一言でいえば、六〇年代からの経済の復興・発展により、豊かな中産層がしだいに膨らんだのである。並行してテクノクラートの重要性が増した。要するに、都会的なスマートな新エリート層が出現し、しだいに数を増していったのである。彼らは自由主義的ではあっても過激な革命は望まない。エリートによる改革の必要は認めても、民衆の無秩序な介入には嫌悪感を持ち、基本的には保守派である。これまで進歩的な自由主義者は、右翼・王党派の影響を抑える必要から、社会主義者・共産主義者と連帯してきた。しかし六〇年代からの社会の変化により、近代社会そのものを否定するような右側勢力の影響は無視できるようになった。自由主義的なエリートにとっては、すでに自分たちのものとなった豊かな生活を守り、民衆に依拠する社会主義・共産主義と一線を画するほうが、むしろ重要になったのである。社会党のミッテランが一九八一年に大統領に選ばれたのが、一つのターニング・ポイントだった。

こうした状況のときに八九年の革命二〇〇周年が迫り、一般の人びともフランス革命に関心を持つようになる。フランス革命を社会主義と結びつけ、ロベスピエールをスターリンと一体視してその脅威をあおる論調はまたたく間に保守的ジャーナリズムに広がり、読者層＝知的エリート層をとらえたのである。

フランス革命を批判する立場は大きく二つに分かれる。一つは一七八九年の改革も含めてフランス革命の全体を否定してしまう意見で、王党派的・カトリック的な立場に立つ。歴史学者ではピエール・ショーニュがその代表であるが、これは保守勢力のなかでも少数派と言ってよい。重要なのは「一七八九年の革命」＝エリート層による穏和な改革・人権宣言と、「一七九三年の革命」＝民衆の政治への介入・恐怖政治を区別して、前者のみを評価し、後者を逸脱とみなす意見である。その代表がフランソワ・フュレで、彼が社会主義者と一線を画そうとしている自由主義者の立場を代弁していると言っていいだろう（フュレの代表的著書『フランス革命を考える』は岩波書店より邦訳が出ている）。

本書の著者セディヨも基本的にはフュレと同じ立場だと言えよう。本書で彼が主張しているのは、要するに、「アンシャン・レジーム末期からエリート官僚によって近代化が試みられており、その多くは成功していた。それなのにフランス革命が穏和な改革を中断し、科学者など知的エリートの役割を認めず、社会に混乱をもたらしたため、革命と帝政の四半世紀が終わったときにフランスはあらゆる面でイギリスに水をあけられていたのだ」ということである。エリートによる穏和な改革の賞賛、民衆の介入がもたらす無秩序への不安、こうした立場は、著者のセディヨ氏が裕福な中産層が「財テク」の参考にするために読む経済雑誌 *La Vie Française* の編集長だったことを考えれば、実に納得のゆく主張なのである。

時事論争的・イデオロギー的にはそれで納得がいっても、さらにもう一つの問題が残る。歴史書としてみたときに、著者の主張を受け入れることができるか否か、という点である。

フュレに代表される立場を通常「修正派」と呼んでおり、フュレらが批判する伝統的なソルボンヌのフランス革命史講座の立場を「正統派」と呼ぶ。「正統派」が中心となって出しているのが『フランス革命史年報』*Annales historiques de la Révolution française* であるが、その二七二号(一九八八年四—六月)に本書の書評が載っている。評者はマルセル・ドリニ。「正統派」の中堅の論客で、前記の時事論争的な絡みもあって、当然ながら酷評である。多少長くなるが、あえて全文を引用しよう。

言うなれば「俯瞰史学」の専門家であるルネ・セディヨ――彼には『世界史の俯瞰』『ヨーロッパ史の俯瞰』『フランス史の俯瞰』などの著書がある――の新著は、フランス革命について数字に基づいた公正無私な決算をおこなう試みを装っている。著者は堂々と「したがって、大革命の代償に関するこの研究では、一七八九年から一八一五年までに展開した一連の出来事全体が視野に収められることになる。……決算書を作るというのは、二つのものを秤にかけてみるということである。秤の皿に得たものと失ったもの、進歩と後退を載せて、その重さを計ってみよう。秤の竿は嘘をつかないだろう。」（「まえがき」）と書いている。多少とも気のきいた読者ならば、このような計画を前にして困惑し、「仮に秤の竿は嘘をつかないとしても、『得たものと失ったもの』『進歩と後退』を確定するのはそんなに簡単なのだろうか」という疑問を発するだろう。諸特権、封建的諸権利、通行税、出版の自由などの廃止がもたらす諸結果をどちらの皿に載せるべきか、あるいは数世代を経なければ成果のあらわれないような性質のものをどうやって計測し、数量化するのか、著者以外に誰が決めるというのだろう。ゆえに、このような無謀な著作の計画自体が問題なのであり、読むにあたっては細心の注意を払わねばならないと思われる。その点を念頭において、各章を読み進めるなら、著者は客観的であると自称しているにもかかわらず、その決算が否応なしにマイナスとされているのを見ても、誰も驚かないだろう。著者によれば、長子相続制の廃止と遺産の平等分配がフランスの人口減少の原因なのである！　著者だって大革命の肯定的要素を指摘してはいる。それは確かだ。しかし、それは単にアンシャン・レジームのほうがもっとよかったと言うためなのである。紙面の関係で、いちばん仰天させられる一例のみを挙げよう。大革命が若者の「昇進」をもたらしたことを認めたあとで、著者は「君主制もまた若者の昇進をもたらしたし、ルイ十四世、ルイ十五世がともに五歳のときに王冠を戴いたように、若すぎると言えることもあったのである」とつけ加えている。本書を一読して受ける印象は、神秘的な「普遍中立」の立場に立っているというよりは、非難・糾弾の文書だということだ。著者は、大革命がフランスの人口、経済、知的活動、さらには社会の飛躍的発展の腰を折ったのだと言いたいのである。この考え自体は新しいものではないが、数字の力を借りて証明してみせようとしたわけである。しかしセディヨのこの本に賛成するのは、本書を開く前から大革命に否定的な見解を持つ者だけだろう。

フランス革命を特に研究していない方でも、このむきだしの敵意から、「正統派」と「修正派」の関係がどのようなものか、推察できるだろう。ただし、ドリニの書評を単に反対派に投げつけた罵倒として片づけることはできない。本書は、歴史の専門家よりは一般読者を対象に書かれているので、読ませるための工夫として、単純化して論じている点はあらかじめ割り引いて考えねばならないだろう。それにしても、著者の立論が、ときとして牽強付会に近く（たとえば、現在のフランス国歌『ラ・マルセイエーズ』が人種差別であるとの説）、またアンシャン・レジーム下の不都合には点が甘く、革命期については重箱の隅までほじくり返している（たとえば農民の税負担の比較）という印象は、やはり否定しがたい。

それに、方法に関して言えば、ドリニも指摘するように、たとえば「フランス人は自由や民主主義を、上から与えられたものとして受け取ったのではなく、自分たちで戦って手に入れた」という国民的経験の持つ意味は、いかに工夫しても数量化しえないし、「この経験は犠牲者が何万人以内ならぺイするか」などという議論はナンセンスである（したがって秤の皿に載せて比較することはできない）。だが、フランス革命の持つ第一義的な意味とは、数量化できない質的変化に求められねばならないのである。すべてを数字であらわして得失を計算しようという（テクノクラート的発想の）方法は、結局は数字化できるものしか比べられないのである。

それではドリニに倣って本書を一蹴してしまうべきだろうか。そうではあるまい。それでは盥とともに赤児を流してしまうことになる。本書には、これまでの「正統派」的な理解にたいするいくつかの貴重な批判がみられる。

たとえば、市民革命は封建制から資本主義への移行の重要な画期とされ、またフランス革命は典型的な市民革命であると言われている。さらに、フランス革命が典型的なのは、土地改革が徹底的におこなわれたからだ、とされている。では、フランス革命は本当に資本主義の発展に有利に作用したか、封建制は本当に廃棄されたのか、土地問題は解決されたのか、と問うと、本書によればそうではない。この点に関しては数量化による計量が効果を発揮して、議論が説得的である。また、これまで革命＝進歩を守るための戦争について語られはしても、それがもたらした犠牲や、個々の兵士からは戦争がどのように見えたかは、ほとんど語られなかった。「フランス革命＝自由・平等・博愛」という図式が人びとの印象に強いだけに、革命によって失われた自由もあるという指摘は貴重である。

「正統派」「修正派」のどちらにより多くの共感を抱くにせよ、どちらか一方の立場に一〇〇パーセント与《くみ》して相手方を罵倒するだけでは、生産的ではないだろう。第一、「正統派」「修正派」ともに、相手の主張を考慮しながら、少しずつ変化している。両派の統合・止揚がこれからの課題なのである。

訳者は、一七八九年に自由主義的な貴族を中心に人権宣言が作られてから一七九一年に穏和な立憲君主制の憲法が作られるまでの過程は「修正派」が説得的であり、その後に民衆の政治介入が拡大してジャコバン派が政権を握るようになる過程は「正統派」の説明がすぐれていると考えている。だからと言って、単に時期に応じて二つの説明を使い分ければいいというものではない。両者は異なる原理に基づいているのであり、その原理までさかのぼって統合・止揚を考えねばならないのである。

本書に関して言えば、「フランス革命を非難・糾弾する文書だ」「考え自体に新しいところはない」と切って捨ててしまっては統合・止揚の道には進めないのであって、的はずれの部分は正すにしても、正しい批判は批判として率直に受け止めねばならないだろう。そのうえで、セディヨの批判にもかかわらずフランス革命に意義を認めるとすれば、それはどのような点であるかを考えねばなるまい。本書が、これまで特に日本では知られていなかった、フランス革命に関する全く斬新な切り口を示していることは確かなのである。

本書は歴史家向けの専門書というよりは一般読者向けの教養書であることを考慮し、読みやすさに配慮するため、訳注はほとんどつけず、わかりにくい個所には本文中に適宜説明をつけ加えた。そのため細かくみれば原文と多少異なっているところがあるが、ご理解いただきたいと思う。訳者の誤解や誤訳もあろうかと思う。ご指摘いただければ幸いである。草思社の増田敦子さんにはいろいろお世話になった。記して謝意を表したい。

一九九一年七月

山﨑耕一

解説　フランスをかくも素早く立ち直らせたもの

鹿島　茂

フランス革命二〇〇周年の一九八九年には、さまざまな角度からフランス革命を眺め直す研究書が出たが、本書もそうした一冊で、大革命勃発の一七八九年とナポレオン帝政崩壊の一八一五年という二つの時点の間に経過した二六年間にフランスは果たして「得」をしたのか「損」をしたのかという問題について、「数字にもとづいて、人口動態、領土、法律、文化、芸術、そして農業、産業、商業、財政、社会の各分野の決算書」を作成してみるという試みである。いいかえれば、大革命とナポレオン帝政はあった方がよかったのか、なかった方がよかったのかということになるのだが、で、著者が各分野の決算を総合した総決算はというと、それは次のようなものである。

「一七八九年は、世界レベルでみると偉大な年であり、フランス一国のレベルでは異論の多い年であった。一七八九年から一八一五年までは、人類にとっては幸運な四半世紀であり、フランスにとっては苛酷な波瀾の時代だったのである」

つまり、フランスは大革命とナポレオン帝政によって世界全体のパラダイムを変えるような巨大な変化をもたらしたが、そのために人的にも社会的にも膨大な損失を被ったというのである。そして、それゆえに、フランス革命とナポレオン帝政は世界のためには「あったほうがよかった」が、フランスのためには「なかったほうがよかった」という結論になるのである。

これは、決算の年を一八一五年に取れば、たしかに言うとおりかもしれない。だが、決算年をもう少し後ろにずらせば、セディヨの結論が正しいか否かは意見が分かれてくるだろうと思われる。

とりあえず、各項目別のセディヨのバランスシートを見てみよう。

まず、近年の歴史研究で最重視されるようになった人口動態はどうだろう？

「死者二〇〇万人。これが、大革命と帝政期における諸戦争でフランス一国が払った代償だったようである」

その内訳は以下の通り。

「一八〇〇年までの戦争における死者が四〇万人、ナポレオン戦争で一〇〇万人、内乱で六〇万人、念のためつけ加えるならさらに断頭台での死者もいる。総計二〇〇万人が死んだのである」

二〇〇万人という死者は、第一次世界大戦と第二次世界大戦でフランスが出した犠牲者数とほぼ匹敵するというから、かなり凄い。

「二〇〇万人のうちの大部分は若者であり、彼らは子孫を残さずに死んだのである。彼らとその子供や孫として生まれるはずだったフランス人がいなくなったことは、この時代の人口動態全体に影を落とし、人口衰退を招くことになる」

ただし、これだけの人口が失われたにもかかわらず、大革命からワーテルローまでの二六年間にフランスの人口は九パーセント増加している。結婚していると徴兵免除となったので若者が急いで結婚して出生率が伸びたことに加えて分娩法の改良で乳幼児死亡率が減少し、種痘の普及で死亡率が低下したことなどが原因として挙げられる。また、フランスは基本的に農業国なので、革命と戦争による飢餓は都市部に限られ、食料の豊富な農村部では人口は増え続けたのだ。

とはいえ、これはフランス一国に限定した場合に言えることで、参戦国にもかかわらず戦死者が最少で済んだイギリスと比較すると、人口増加競争におけるフランスの劣位は明らかだという。すなわち、二十六年間でフランスの人口増加率が九パーセントだったのに対し、イギリスは二三パーセントだったからである。「人間以上の富はないとするなら、フランスは以前よりも貧しくなったのであり、将来にわたって貧しいままでありつづけるだろう」

これは、十九世紀が専門の私の実感に照らしてもかなり真実をついている。というのも、『レ・ミゼラブル』の「マリユス」で描かれたようにフランスはこうした若年人口の喪失で七月王政期には老人支配《ジェロントクラシー》に苦しみ、ついで第二帝政期には出生率の減少に悩まされるようになるからだ。種は第一帝政期に撒かれていたのだ。

このような傾向は、どのジェネレーションに文学者が輩出したかという調査からもよくわかる。文学史に名を残した文学者は、一八〇〇年を挟んだあたりに生まれた層が第一のピークを成し、それから二〇年ないしは三〇年ごとに高い波（波の山）を迎える。具体的にいえば、一八〇〇年前後生まれがバルザック、ユゴー、デュマなどの欲望の強いロマン派第一世代、一八二〇年代前後生まれがフロベール、ボードレールの批評性を有するシニカルな世代、一八四〇年代生まれがゾラ、ユイスマンスらのペシミズムの強い自然主義世代、そして、一八七〇年前後がジッド、ヴァレリー、プルーストなど、むしろ二〇世紀文学者と呼んでよい世代。しかし、ストックはここでほぼ尽きる。

なぜ、このような波が観察されるかといえば、それは、バルザック、ユゴー、デュマが生まれた一八〇〇年前後は革命戦争とナポレオン戦争の端境期にあたるため、かれらの父親が戦死せずに子孫を残せたからだと思われる。この時期に生まれたバルザック、ユゴー、デュマの世代は思春期はナポレオン崇拝で育ちながら、成人したときにはすでにナポレオン戦争は終わっており、戦場を文学や芸術に求めざるをえなかったのだ。その後、彼らの子供、孫の世代が二〇年から三〇年の周期で生まれたが、しかし、一八七〇年でその波は終わったということになるのではないか？　これは逆にみると、バルザック、ユゴー、デュマよりも一〇年早い一七九〇年前後に生まれた世代はナポレオン戦争で戦死者が一番多く出たため、以後、二〇年〜三〇年周期で人口波の「谷」が訪れることの説明になっている。一八一〇年、一八三〇年、一八五〇年の世代には、これといった大物が出ていないのである。

では、近年の歴史学で人口の次の大きな指標とされている教育普及率と識字率はどうなっているのか？

大革命以前には教育を担当していたのはカトリック教会だった。初等教育ばかりか、中等教育もカトリックが担っており、大学のみが世俗教育だった。ところが、大革命の怒りは真っ先にカトリックに向けられたため、教育からカトリック勢力が一掃されたのである。「大革命になると、子供たち全員の教育を授けるために、つぎつぎと立派な計画が立案された。（中略）だが、こうした気前のいい文言は死文のままだった。オラトリオ会の学校や神学コレージュは消滅してしまったが、共和国はそれらに代わる施設を創設できなかった。共和国はまた士官学校も廃止した。（中略）墓掘り人夫、酒場の経営者、靴直し、破戒僧などが教師になったのである」

さすがにこの状況には革命政府も危機感を覚えたようで、一七九四年には中等教育教員の養成機関としてエコール・ノルマル・シューペリユール（高等師範学校）と理工系軍人の養成機関としてエコール・ポリテクニックを設立するが、これらの高等教育機関が実際に機能するようになったのはナポレオン帝政期でしかない。

　この二つの学校は、今日も超エリート校として知られているように、その後のフランスの高等教育の路線を決定づけたが、しかし、初等教育と中等教育は二六年間に被った被害が甚大で、王政復古でカトリック教会が教育に復帰しても、いや復帰したからこそ逆に識字率の回復は遅れ、公教育が普及して識字率を向上させるには第三共和政におけるジュール・フェリーの改革を待たねばならなかった。

　こうした教育改革の失敗と識字率の停滞は、今日の歴史学の観点から見ると、セディヨが「経済的要因」として挙げている産業・商業・財政分野でのマイナス決算のすべてを説明していると思われる。なぜなら、イギリスの歴史家ロレンス・ストーンが示したように、国力の基礎は教育を受けた人口がどれくらいあるかで計られるからだ。二六年間に及ぶ教育の混乱こそが、トータルなマイナス決算の最大の原因だと思われる。

　しかし、十九世紀屋の私から言わせると、それにしてはフランスはよくやったと言わざるをえない。つまり、大革命とナポレオン戦争という未曾有の「災厄」にもかかわらず、十九世紀のフランスは、パリが「十九世紀の首都」と呼ばれたように、ヨーロッパ文化の中心であり得たのであり、決算の年を大革命一〇〇周年記念の第四回パリ万博が開催された一八八九年まで引き延ばすなら、決算は大幅なプラスに転じるはずなのだ。

では、なにゆえに、一八一五年以後のフランスはかくも素早い立ち直りを見せたのか？

それは、ひとえにフランス革命が第一原理として掲げた言論の自由に依る。言論の自由はたしかにセディヨの言う通り恐怖政治時代とナポレオン帝政期には一時期抑圧されたが、しかし、王政復古でブルボン王朝が復帰したあとには、フランス人は絶対に譲れない革命の成果としてこれを死守したのだ。

いいかえると、言論の自由が保証されたことにより王政復古以後に大量に発行されるようになった新聞と雑誌、つまりジャーナリズムが、普及が停滞した教育の代替物となって識字率をアップさせ、中間層の底上げを果たしたのである。

この意味では、広告を大幅に導入することで予約購読料を半額に下げ、予約購読者数を倍増させて、知識の大衆化に成功したエミール・ド・ジラルダンの功績はまことに大きかったと言わざるをえない。これは、拙著『新聞王ジラルダン』（ちくま文庫）で示したようにジラルダン革命とさえ呼んでいい。ジラルダン革命のおかげで、本来なら知識や学歴にアクセスできないような下層中産階級までが識字階級の仲間入りを果たし、次には、その子供たちが表現者に回るという好循環が確立されたからである。

そして、その好循環はもう一人の革命児シャルル・フィリポンが開拓した絵入り新聞のおかげでさらに効率よく回るようになったのである。

ひとことでいえば、フランスは大革命の唯一の遺産ともいうべき表現の自由を手放さなかったために、人口停滞と識字率の横ばいという二六年間の決定的な決算マイナス分をそれに続く七四年の間に穴埋めすることに成功し、さらにはプラス分を上乗せすることができたのである。

ジャーナリズムの大発展によって生まれた好循環はもう一つ、セディヨがすべての分野でマイナス決算とした産業分野においてもプラス決算を呼び込んだ。

すなわち、定価を引き下げるために新聞に導入された広告が消費者の潜在的な欲望をかきたてた結果、フランスではイギリスに先駆けて消費革命が起こったのである。その消費革命にあっては、拙著『デパートを発明した夫婦』（講談社現代新書）で描いたように、「ボン・マルシェ」の創業者ブシコー夫妻が制度設計を手掛けたデパートが牽引車の役割を演じたことはあらためて指摘するまでもないだろう。

ことほどさように、大革命勃発の一七八九年から四半世紀後の一八一五年を決算年とすれば、フランスのバランスシートはセディヨの言う通りマイナスに傾くが、決算年を大革命から一世紀後の一八八九年とすれば、バランスシートはプラスに転じるのである。

さらに、プラス決算はその後の四半世紀、つまり一九一四年までの、一般にベル・エポックと呼ばれている時代においては一貫して上がり勾配を続け、フランスの国力は頂点に達したのである。

フランスの国力の決算がマイナスに転じるのは、一九一四年に始まる第一次世界大戦以降である。第一次世界大戦こそは、真の意味でフランスの国力を復元不可能な程度までに損なった不幸な出来事であったのだ。

フランスは、大革命とナポレオン帝政の四半世紀には、セディヨの指摘通り、巨大なマイナス決算に見舞われたが、しかし、歴史が証明しているように、その後の七四年間において見事な復原力を示した。だが、第一次世界大戦はその復原力さえも無に帰したのだ。この意味で、セディィヨに続いてなされるべきは第一次世界大戦の総決算ではないだろうか？

（フランス文学者）

11　ウィーン会議開始.

1815

1. 3　イギリス，オーストリア，フランスが同盟条約を締結.
3. 1　ナポレオン，エルバ島を脱出し，この日ジュアン湾上陸.
20　ナポレオン，テュイルリ宮に入る．百日天下始まる.
6. 18　ワーテルローの戦い．連合軍に決定的敗北.
22　ナポレオン，パリで退位声明．第2次王政復古.
7. 7　連合軍，パリ入城.
8　ルイ18世，復位.
8. 14　新議会の選挙．この頃，白色テロがおこなわれる.
9. 26　神聖同盟成立.
10. 16　ナポレオン，セント＝ヘレナ島着.
11. 20　第2次パリ条約.

1811

1.22 ドイツの北海沿岸部をフランスに併合.

1812

2.23 ナポレオン，教皇との政教協約を破棄する.
3 食糧危機．カーンで民衆騒乱が起こる.
5. 8 再び穀物最高価格制が実施される.
6.24 ロシア遠征開始.
9. 5 モスクワ川の戦い.
14 モスクワ入城．翌15日から3日間，モスクワ火災.
10.19 モスクワより撤退開始.
12.18 ナポレオン，パリに帰る.

1813

1.25 フォンテーヌブローで新たな政教協約を結ぶ.
2 第6次対仏同盟成立.
3.16 プロイセン，ナポレオンに宣戦.
17 ドイツ解放戦争開始.
24 教皇，政教協約を撤回する.
5. 2 リュッツェンの戦い．連合軍を破る.
8.12 オーストリア，ナポレオンに宣戦.
10. 8 ウェリントン指揮下のイギリス軍，南フランスに侵入.
16 ライプツィヒの戦いで，連合軍に敗れる.
11. 2 ナポレオン，ライン川を渡って退却（-4).
16 アムステルダムを明け渡す.

1814

1.29 連合軍，ライン川を渡る．フランス戦役開始.
3.31 連合軍，パリ入城.
4. 6 ナポレオン退位.
5. 3 ルイ18世が即位し，王政復古.
4 ナポレオン，エルバ島着.
30 第1次パリ条約.

1807

2. 8　アイラウの戦い．プロイセン・ロシアと戦うが決着はつかず．
6. 14　フリードラントの戦い．プロイセン・ロシアを破る．
7. 7　ティルジット条約締結．ロシアと和約を結ぶ．第4次対仏同盟は解消．
22　ワルシャワ大公国成立．
8. 18　ナポレオンの弟ジェローム，ウェストファリア国王になる．
9. 11　商法を公布する．
11. 23　ミラノ勅令発布．大陸封鎖を強化する（-12）．

1808

5　マドリッドで反仏蜂起．スペイン戦争（半島戦争）始まる．
6. 6　ナポレオンの兄ジョゼフ，スペイン王に，ミュラ元帥，ナポリ王になる．

1809

4. 10　第5次対仏同盟成立．対オーストリア戦争，再開される．
22　エックミールの戦い．オーストリアを破る．
5. 22　エスリングの戦い．オーストリアを破る．
6. 10　教皇ピウス7世，ナポレオンを破門する．
7. 6　ワグラムの戦い．オーストリアを破る．
30　イギリス軍，オランダに上陸する．
10. 14　ウィーン条約締結．オーストリアと講和が結ばれる．
12. 15　ナポレオン，ジョゼフィーヌと離婚．

1810

4. 2　ナポレオン，オーストリア皇女マリー・ルイーズと結婚．
28　刑法を公布する．
7. 9　オランダを併合．
8　イギリス，経済危機．
1　トリアノン・デクレにより，関税を強化する．
12. 31　ロシア皇帝アレクサンドル1世，大陸封鎖を破る．

12　労働手帳制が確立する.

1804

2　ピシュグリュ，モロー将軍のナポレオン暗殺計画が発覚.両名処刑される.
3　王党派の反乱指導者カドゥダルおよび亡命貴族アンギアン公の処刑．ナポレオン，王党派に対して攻勢をとる.
21　ナポレオン法典発布.
5.18　ナポレオン，皇帝に即位する．共和暦12年憲法.
12.2　ナポレオンの戴冠式.
＊この年，以下のことがあった．農業協会，農事改良に貢献.河川，運河の通行税を再定.

1805

6.4　フランス，ジェノワを併合する.
8　第3次対仏同盟.
26　徴兵にもとづく軍隊制度が最終的に確立される.
10.18　ウルムの戦い．オーストリア軍を破る.
21　トラファルガー沖の海戦でイギリス艦隊に敗北.
12.2　アウステルリッツの戦い．オーストリア・ロシア連合軍を破る.

1806

1.1　ウヴラールの会社，破産する.
3.30　ナポレオンの兄ジョゼフ，ナポリ王になる.
6.5　ナポレオンの弟ルイ，オランダ王になる.
7.12　ナポレオンは神聖ローマ帝国を解体し，その西側部分の連邦を集めてライン連邦を成立させる.
8.1　フランツ2世退位．神聖ローマ帝国，崩壊する.
10　第4次対仏同盟成立.
14　イエナ＝アウエルシュタットの戦い．プロイセン軍を破る.
27　ベルリン入城.
11.21　ベルリン勅令発布．大陸封鎖始まる.

12　メートル法の決定.
24　統領政府成立．翌25日，新憲法成立.

1800

1.18　フランス銀行設立.
3　亡命者リストの閉鎖.
8　兵役免除税設立.
6　ボナパルトのイタリア第2次遠征始まる.
14　マレンゴの戦い．ボナパルトがオーストリア軍に圧勝.
12.24　サン・ニケーズ街においてボナパルト暗殺未遂事件発生.

1801

7.11　サン＝ドマングの黒人トゥーサン・ブレダ，独立を宣言する.
16　ボナパルト，法王と宗教協約を結ぶ（翌年4.8に批准).
＊この年，以下のことがあった．国内工業奨励協会が設立される．パリで博覧会が開催される．第1回の国勢調査が実施される．ジャカール，模様織機械を作る.

1802

1　ボナパルト，イタリア共和国大統領となる.
3.25　イギリスとのあいだでアミアンの和約が結ばれる.
5　エコール・サントラルをリセに改組.
8.2　ボナパルト，終身の第一統領に任ぜられる.
4　共和暦10年の憲法.

1803

3.28　複本位制確立．金銀の双方を本位貨幣とする.
4.14　フランス銀行に銀行券発行独占権を付与する.
5.16　イギリス，アミアンの和約を破棄．フランス，イギリスに宣戦.
6.20　ボナパルト，イギリス商品の輸入を禁止する.
7.8　ネルソン，ツーロン港を封鎖.
8　フランス銀行，商業割引銀行を合併する.
9.27　ボナパルト，出版印刷の検閲を設ける.

10.10 政府，国民にイギリスとの戦いを布告.
17 オーストリアとカンポ・フォルミオ条約を結ぶ.
11.24 パリに商業割引銀行設立.
26 ラシュタット会議．仏墺はマインツ，ヴェネツィアからの相互撤退を決める.

1798

2.15 フランス，ローマ共和国を設立.
4. 9 共和暦6年の選挙，ジャコバン派が勝利する（-18).
26 ジュネーヴ併合.
5.11 フロレアール22日のクーデタ．ジャコバンの進出を恐れて，五百人会は新議員のうち104名の当選を無効とする.
19 ボナパルト，エジプト遠征に出発．187名の学術委員が同行する．6月12日，マルタ島占領．7月21日，ピラミッドの戦いで大勝.
8. 1 フランス艦隊，アブキールでイギリス艦隊に敗れる.
9 両院，戦時徴兵法を可決する.
22 産業博覧会開かれる（-10.2).
11.12 直接税特別委員会の設立.
24 窓門税設定.
12. 4 ナポリに宣戦.

1799

2 ボナパルト，シリアに侵入.
3 第2次対仏同盟成立.
12 オーストリア，フランスに宣戦.
5.16 シエース，総裁に選ばれる.
6.18 プレリアール30日のクーデタ．共和派が実権を握る.
28 強制公債発行.
7. 6 ジャコバン・クラブ，再建される.
8.22 ボナパルト，エジプトを放棄し，10月2日，フランスに帰国する.
11. 9 ブリュメール18日のクーデタ．ボナパルト，総裁政府を廃して統領政府をたて，自ら第一統領となる.

数の者のクーデタにより社会主義的な政権を作ろうと企むが，仲間の密告により発覚する（なお，この陰謀が手本となって，「少数前衛による政権奪取」という共産主義革命の理論が作られる）.

5.14 フランス軍，ミラノ入城．ロンバルディアを平定する．

17 フランス軍，モデナ公国，法王領を降す．

6 モロー，ジュルダン将軍等ラインをこえてドイツに侵入．

15 ナポリ占領．

29 パリに当座勘定銀行が設立される．

8.19 スペインと和約が結ばれる．

10.31 イギリス商品の輸入が禁止される．

11.15 アルコラの戦い，ボナパルト，オーストリア軍を破る．

12 軍隊への派遣委員制が廃止される．

4 反革命家の復権に関する法．

1797

1.14 リヴォリの戦い．ボナパルト，再びオーストリア軍を退ける．

2. 4 土地証書以外の紙幣廃止．7日には土地証書そのものが廃止される．

19 トレンチノ条約．教皇はフランスにアヴィニョンの譲渡を認める．

3 4月にかけて共和暦5年の選挙がおこなわれ，王党派が勝利する．

4 レオーベンにおいてオーストリアとの休戦協定が結ばれる．

20 アシニア紙幣が回収される．

5.27 王党派のバルテルミー，総裁に選任される．

6.27 亡命者に対する財産没収処置が廃止される．

7.16 宣誓忌避聖職者に対する聖職罷免と国外追放処置が廃止される．

26 諸クラブの閉鎖命令が出される．

9. 4 フリュクチドール18日のクーデタ．王党派新議員の当選を無効とする．共和派の勝利．

8 メルラン，ヌシャトーが，カルノー，バルテルミーの代わりに総裁に選ばれる．

1.12 シュアンとの和平交渉がおこなわれる.
20 エコール・ノルマル開校.
31 外国貿易禁止が撤廃される.
3 食糧危機が激化する.
1 パリにエコール・サントラルを5校設置.
8 ジロンド派復活.
4. 5 プロシアとの和平交渉成立.
7 地方にエコール・サントラルを96校設置する.
5 白色テロが地方都市に広がる.
16 オランダとの和平条約.
31 革命裁判所が廃止される. 同日, 教会が再開される.
7.22 スペインと和平条約.
8.15 フラン銀貨を本位貨とする.
22 共和暦3年の憲法が可決される (9.23 実施).
9 対オーストリア戦再開.
18 聖職者民事基本法を守る誓約をしなくても聖職者になれることが認められる.
10. 1 ベルギー併合.
2 フランス軍, ルール渡河.
3 ヴァンデミエールの王党派の蜂起. ナポレオン, 副官としてこれを鎮圧 (-5).
25 国立学士院が設立される.
26 国民公会解散. 翌27日, 総裁政府成立, 公安委員会を廃止する.
31 総裁選挙がおこなわれる.

1796

2 2月から3月にかけてシュアンが弾圧される.
3.10 アシニア廃止が決まる.
18 土地証書 (マンダ・テリトリアル) 発行を決定. 7月には価値が暴落する.
27 ボナパルトのイタリア遠征 (第1次) 始まる.
5.10 ロディの戦い. フランス軍がロンバルディアを事実上, 制圧する. またこの日, バブーフの陰謀発覚. バブーフは少

3.31 サン＝ジュスト，ダントン弾劾演説をおこなう．
4. 5 ダントン派処刑．
5. 8 パリ裁判所の権限を全国に拡張するデクレ．ラヴォワジェ没．
26 ロベスピエール暗殺未遂事件．
6. 1 バレール，士官学校設置を提案，可決される．
8 反キリスト教化運動を批判したロベスピエールは，最高存在（＝神）を崇める祭典を挙行する．
26 フルリュスの戦い．この戦いの勝利によって戦争の危機はほぼ解消される．
7.27 ロベスピエール派逮捕（テルミドール9日のクーデタ）．ロベスピエール派は「徳と恐怖」の理念を強化しようとしたが，他の議員たちは恐怖政治を戦争を遂行する上での必要悪と考えており，フルリュスの勝利により，もはや恐怖政治は必要ないと判断した．当時，地方で残酷な虐殺をした派遣議員たちがパリに呼び戻されていたが，彼らはその残虐行為の責任を問われるものと恐れ，先手を打ってロベスピエール打倒をめざした．これらの動きが重なりあって，この日のクーデタとなった．翌28日，ロベスピエールら22人が処刑される．27日，アシニアの流通高，64億リーヴルとなる．
9 公共事業中央学校設立．翌年，理工科学校と改称．
10 工芸保管所が設立される．
11 プロシアとの和平交渉，バーゼルで始まる．国民公会，食糧輸入の自由を宣言．フランス植民地における奴隷制および植民地貿易が廃止される．追放されたジロンド派，帰国する．
12 ジャコバン・クラブ閉鎖．
12 公安委員会，パリの国営工場を閉鎖する．
24 アシニアが急落し，物価が高騰するなか，最高価格令が撤廃される．

1795

1 オランダ占領，バダヴィア共和国宣言．
2 生活必需品の輸入に限り，正貨輸出を許可．

7. 27 ロベスピエール，公安委員会に参加．この頃から恐怖政治が本格化する．
29 ヴァンデーの暴動激化．
8 大学およびアカデミーの廃止が決められる．
1 度量衡の統一．またこの日，国内で用いる品を外国に出すのは利敵行為だとして輸出が禁止されるが，実際には密輸が続く．
10 共和国憲法布告．
23 国民総徴用法が可決され，強制徴兵制が実施される．
9. 11 革命軍の創設．
13 公安委員会の権限が強化される．この日，逃亡貴族の所有地売却に関するデクレが発せられる．
17 反革命容疑者に対するデクレ．
10 サヴォワ解放．
10 公安委員会，平和到来までの独裁を要求する．
16 マリー＝アントワネットの裁判・処刑．
18 ヴァンデー地方の反乱，鎮圧される．同地方の王党派は残存し，主に「シュアン（ふくろう党）」としてゲリラ闘争に転じる．
31 ジロンド派の処刑．
11. 10 パリ市は，神の代わりに理性を崇める大市民祭（理性の祭典）を挙行する．反キリスト教化運動のクライマックス．
24 共和（革命）暦が発布される．同日，教会閉鎖．
12. 4 フリメール14日のデクレ，革命政府の行動指針を定める．
25 義務教育拒否に対する罰則が定められる．
26 国境の町ランダウを解放．対オーストリア・プロシアの戦線がフランス国内から国外に移る．

1794

1 公文書をフランス語に統一．
2. 26 「革命の敵」の財産を没収し，「貧民」に分配するというヴァントーズ法が可決される．実施はされなかった．
3. 4 コルドリエ・クラブ，蜂起を声明．
24 エベール派処刑．

9. 22　共和国宣言.
25　ジロンド派とロベスピエールなどジャコバン派の闘争激化.
10. 2　国民公会, 公教育委員会を設置する.
11. 6　ジェマップの戦い. フランス軍, オーストリア軍に圧勝. ベルギーを制圧.
8　自治体の金券発行禁止令が発布される (73.1.1 実施).
19　国民公会, 解放戦争支持の声明を出す.
27　サヴォワ併合.
29　食糧品の最高価格が決められる.
12. 4　国王裁判始まる.
8　穀物取引規制 (穀物の移送の制限など) の廃止, 商業自由の宣言.

1793

1. 21　革命広場 (現コンコルド広場) にて国王処刑.
31　ニース併合.
2. 1　対イギリス, 対オランダ宣戦. 第1次対仏同盟成立する.
24　30万人の動員令が出される.
3. 1　イギリス商品の輸入禁止.
7　対スペイン宣戦.
10　革命裁判所設置. ヴァンデー地方に反革命暴動が起きる (-秋).
4. 6　公安委員会が設置される.
9　軍隊への派遣委員制が決まる.
5. 4　穀物・小麦に関する特別最高価格令が出される.
20　10億リーヴルの強制募債.
30　小学校設置に関するデクレ.
6. 2　ジロンド派の逮捕.
24　1793年憲法が可決される.
25　ロベスピエール, 過激派 (アンラジェ) に対する闘争を開始.
29　共和軍, ナントに進撃した反革命軍を破る.
7. 13　マラ, ノルマンディ出身のシャルロット・コルデに暗殺される.
17　一切の封建的諸権利の無償廃棄.

1792

1　ロベスピエール，ジャコバン・クラブで反戦演説をおこなう．
3　資本の海外流出．経済危機．生活費の騰貴．
10　ジロンド派内閣が成立する．
20　パン価格騰貴のため，各地で暴動が起きる（-31）．
24　植民地の有色自由民に市民権を付与．
4. 20　対オーストリア宣戦布告．
25　『ラ・マルセイエーズ』作曲．
30　フランス軍敗走．
5　パリにジャック・ルーなどの過激派（アンラジェ）が出現，経済統制を求める．
15　国庫が破産に瀕する．
6. 13　ジロンド派内閣罷免．ボリュなどのフイヤン派内閣成立する．
20　パリの民衆，テュイルリ宮に侵入する．
27　マルセイユの義勇軍，パリに進撃．
7　ヴァンデー地方に王党派の反乱が起こる．
10　フイヤン派内閣の辞職．
11　フランス軍の敗北が続くため，「祖国は危機にあり」の宣言が出される．
8. 10　「8月10日の蜂起（ジュルネー）」．議会，国王の権利停止．
13　国王，タンプル塔内に幽閉される．
14　国有地の細分割売却のデクレ，共有地の強制分割に関するデクレが出される．
18　教会施設における公教育が禁止される．
20　封建的諸権利が無償撤廃される（-25）．
9. 2　国境の町ヴェルダンがプロシア軍に包囲されたとの報が届き，パリ市民は危機感を持つ．この日から6日にかけて，パリ市内では王党派が虐殺される（“9月の虐殺”）．またこの日，亡命貴族の財産売却が決まる．
4　軍用穀物，馬糧の徴発．9日には穀物の徴発が実施される（-16）．
20　ヴァルミの会戦，プロシア軍を破る．
21　国民公会召集．王政廃止．

権を国王が持つか議会が持つかが問題となる.
6.12 アヴィニョン, フランスへの併合を議決する.
17 貴族の尊称が廃止される.
7.12 聖職者民事基本法可決. 聖職者は公務員となり, 憲法遵守の宣誓を求められる.
14 全国連盟祭. バスチーユ攻略を記念し, 全国民の一致と議会主導の革命への支持を訴える.
8.11 十分の一税の無償廃止.
11 議会, アルザスをフランス領と宣言する.
2 国内関税の撤廃を布告する. 翌年実施される.
27 地租が全国的に統一される.

1791

1 アシニアの下落. 生活費が高騰する.
3. 2 同業組合が禁止される (-17).
15 保護関税が設定される.
4. 2 ミラボー死去.
5. 1 入市税 (オクトロワ) が廃止される.
17 アシニアの価値, 切り下げ.
6.14 ル・シャプリエ法可決 (-17). 労働者の団結権が否定される.
20 国王の逃亡. 翌日, ヴァレンヌで逮捕される.
7.15 議会, 国王を弁護する.
17 シャン=ド=マルスの虐殺. 共和制を求める請願作成に集まった民衆に向かって国民衛兵が発砲.
8.21 ピルニッツ宣言. 神聖ローマ帝国皇帝とプロシア王が共同でフランス革命への介入を示唆する.
9. 3 憲法が可決される.
14 アヴィニョン合併のデクレ.
30 憲法制定議会解散.
10. 1 立法議会成立.
31 亡命貴族の財産没収に関するデクレ.
11 ブリソなどのジロンド派, 開戦論を主張する.
9 王族の財産没収に関するデクレ.
12.16 ロベスピエール, 反戦演説をおこなう.

7.11 第三身分の動きに好意的なネッケルが貴族の圧力により罷免（7.16 復職）.
13 パリの騒擾激化．ネッケル罷免の報に接し，パリの民衆は貴族勢力からの攻撃に備えて武装.
14 バスチーユ攻略．パリの民衆は弾薬を求めてバスチーユに赴くが，守備兵の挑発から戦闘になる.
17 王弟アルトワ伯亡命.
＊7月から8月にかけて「領主が民衆を攻撃するため野盗を雇った」などの噂が流れ，ほぼフランス全土で農民がパニック状態となる（“大恐怖”）.
8. 4 封建制廃止の会議（-11）．封建的諸権利の廃止が表明される.
20 憲法に関する討議（-10.1）.
22 国内商業の制限撤廃．国内関税や通行税などが廃止される.
26 人権宣言が定められる．フランス革命の基本理念の表明である.
9 奢侈品工業の衰退．失業がふえる．パン価格の騰貴.
10 租税負担平等の原則の宣言.
5 パリの民衆，ヴェルサイユへ行進．翌日，ルイ16世をパリに連れ戻す.
19 憲法制定議会，テュイルリ宮へ移る.
11 ジャコバン・クラブ設立される．革命派議員の大部分が参加.
2 教会財産没収が決議される．没収財産は国有財産として売却し，国庫収入にあてられることになる.
12. 19 アシニア紙幣発行．国有財産を担保にする.

1790

2. 13 聖職者が生涯清貧を守る誓いをたてることが禁じられ，修道院が廃止される.
3 マンモルト（＝領主の領地回収権），市場権等が廃止される．また，長子相続制も廃止される.
9 国有財産売却法が可決される.
4 ダントン，マラなど，コルドリエ・クラブを設立.
16 アシニアに強制通用力を付与.
5 宣戦ならびに講和の権に関する討議がおこなわれる．この

関 連 年 表

1787

2.22 財政総監カロンヌが提案した国政改革案審議のため名士会が召集される.

4. 8 カロンヌが罷免され，ブリエンヌが後任となる.

5.12 名士会解散. 改革案は認められず，棚上げされたままとなる.

1788

8. 8 翌年5月に三部会を召集することが公約される.

23 ブリエンヌ，財政総監を辞職.

25 ネッケル，財政長官に復職（プロテスタントなので，財政総監にはならないが，実質は同じ).

＊87年から88年にかけての冬には雹が降り，その後は大旱魃で，農業生産は落ちこんだ. また，87年5月から実施された英仏通商条約で関税が下がると，安価なイギリス製品が流入し，工業も壊滅的打撃を受けた. 失業者がふえ，社会不安が増した. この経済危機が大革命につながる. この年の12月から翌年の春にかけて，各地で農民一揆が起こる.

1789

1 シエース『第三身分とはなにか』.

4.27 壁紙製造業者レヴェイヨン，給料を下げるとの発言をしたため，労働者の焼き打ちにあう.

5. 5 三部会召集. 議決方法をめぐって意見がまとまらず，空転.

6.17 第三身分の議員は単独で国民議会を宣言.

20 テニス・コートの誓い. 国民議会は憲法制定まで解散しないことを誓う.

7. 9 国民議会，憲法制定議会と改称.

＊本書は、一九九一年に当社より刊行した著作を文庫化したものです。

草思社文庫

フランス革命の代償

2023年2月8日　第1刷発行

著　者　ルネ・セディヨ
訳　者　山﨑 耕一
発行者　藤田 博
発行所　株式会社 草思社
〒160-0022　東京都新宿区新宿1-10-1
電話　03(4580)7680(編集)
　　　03(4580)7676(営業)
　　　http://www.soshisha.com/

本文組版　有限会社 一企画
本文印刷　株式会社 三陽社
付物印刷　株式会社 暁印刷
製本所　加藤製本 株式会社
本体表紙デザイン　間村俊一

ISBN978-4-7942-2634-1　Printed in Japan

草思社文庫既刊

孤独な帝国　日本の一九二〇年代
ポール・クローデル外交書簡一九二一―二七

ポール・クローデル　奈良道子＝訳

フランスの詩人大使が、第一次大戦の戦勝国としてさらなる近代化に向けて邁進する一方で、英米提携強化により孤立を深める日本社会の諸相を活写。初公開の第一級資料。

ヒトラーとは何か

セバスチャン・ハフナー　瀬野文教＝訳

画家になり損ねた我の強いオーストリア人青年はいかにして類を見ない独裁者になったか？　ナチスの興亡を同時代人として体験したジャーナリストがヒトラーの野望の軌跡を臨場感あふれる筆致で描いた傑作評伝。

ドイツ現代史の正しい見方

セバスチャン・ハフナー　瀬野文教＝訳

ヒトラーによる権力掌握はドイツ史の必然だったのか？　第二次世界大戦の真因とは？　独自のヒトラー論で知られる歴史家が、ドイツ現代史の分岐点となった数々のトピックスを取り上げ、「歴史のイフ」を考察。

草思社文庫既刊

毛沢東の大飢饉
史上最も悲惨で破壊的な人災1958−1962
フランク・ディケーター　中川治子＝訳

毛沢東のユートピア構想は未曾有の大飢饉を発生させ4500万もの死者を出していた。中国共産党最大のタブー、「大躍進」運動の全体像を、党の資料をもとに明らかにした衝撃の書。サミュエル・ジョンソン賞受賞。

わが魂を聖地に埋めよ（上・下）
ディー・ブラウン　鈴木主税＝訳

フロンティア開拓の美名の下で繰り広げられたのは、アメリカ先住民の各部族の虐殺だった。燦然たるアメリカ史の裏面に追いやられていた真実の歴史を、史料に残された酋長たちの肉声から描く衝撃的名著。

文化大革命とモンゴル人ジェノサイド（上・下）
楊　海英

一九六六年からの中国文化大革命のさなか、内モンゴル自治区で実行されていた恐るべきモンゴル人粛正。六千頁にのぼる膨大な資料をもとに、封印された殺戮の全貌を検証した決定版。